数字时代图书馆学情报学青年论丛（第三辑）

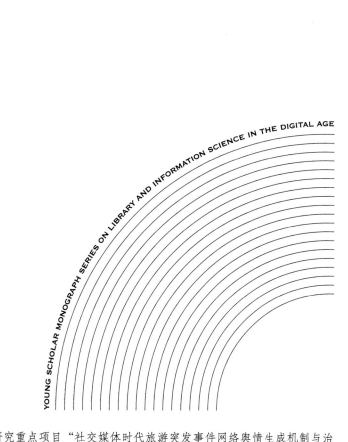

YOUNG SCHOLAR MONOGRAPH SERIES ON LIBRARY AND INFORMATION SCIENCE IN THE DIGITAL AGE

湖南省教育厅科学研究重点项目"社交媒体时代旅游突发事件网络舆情生成机制与治理策略研究"（项目编号：22A0361）；吉首大学旅游管理国家一流本科专业建设项目

旅游网络舆情研究

Research on Tourism Online Public Opinion

董坚峰　著

WUHAN UNIVERSITY PRESS
武汉大学出版社

图书在版编目(CIP)数据

旅游网络舆情研究/董坚峰著.—武汉：武汉大学出版社,2024.6
数字时代图书馆学情报学青年论丛. 第三辑
ISBN 978-7-307-24147-3

Ⅰ.旅…　Ⅱ.董…　Ⅲ.旅游业—互联网络—舆论—研究
Ⅳ.F590.3

中国国家版本馆 CIP 数据核字(2023)第 222434 号

责任编辑:詹　蜜　　　责任校对:鄢春梅　　　版式设计:马　佳

出版发行：**武汉大学出版社**　（430072　武昌　珞珈山）
　　　　（电子邮箱:cbs22@ whu.edu.cn　网址：www.wdp.com.cn）
印刷:武汉邮科印务有限公司
开本:720×1000　1/16　印张:20.25　字数:406 千字　插页:2
版次:2024 年 6 月第 1 版　　2024 年 6 月第 1 次印刷
ISBN 978-7-307-24147-3　　定价:80.00 元

目　　录

第1章　绪论·· 1

1.1　问题的提出 ·· 1

1.2　研究背景 ·· 2

　　1.2.1　政治背景：网络民主与电子治理推动民众权利
　　　　　　诉求表达 ······························· 2

　　1.2.2　经济背景：经济飞跃与社会消费升级促进旅游
　　　　　　消费 ··································· 5

　　1.2.3　社会背景：社会转型改革与群体分化加剧利益
　　　　　　冲突 ··································· 7

　　1.2.4　技术背景：大数据技术与新媒体应用创新舆情
　　　　　　治理模式 ······························· 9

　　1.2.5　行业背景：休闲旅游与自助旅游打造新型旅游
　　　　　　业态 ··································· 11

　　1.2.6　生态背景：空间治理与绿色政务构建和谐网络
　　　　　　生态 ··································· 13

　1.3　国内外研究现状 ··································· 16

　　1.3.1　旅游网络舆情治理相关研究 ··············· 16

　　1.3.2　旅游网络舆情分析相关研究 ··············· 17

　　1.3.3　研究述评 ······························· 20

　1.4　研究意义 ··· 21

1

1.4.1　理论意义 ·· 21

1.4.2　实践意义 ·· 22

1.5　研究内容与创新之处 ·· 23

1.5.1　研究内容 ·· 23

1.5.2　创新之处 ·· 24

第2章　旅游危机事件中的网络舆情 ··· 25

2.1　旅游危机事件 ·· 26

2.1.1　危机与旅游危机 ·· 26

2.1.2　旅游危机事件及其类型 ·· 28

2.1.3　旅游危机事件的特点 ··· 30

2.2　网络舆情 ·· 32

2.2.1　网络舆情的概念 ·· 32

2.2.2　网络舆情的要素 ·· 33

2.2.3　网络舆情的特征 ·· 38

2.2.4　网络舆情的生命周期 ··· 39

2.3　旅游网络舆情 ·· 42

2.3.1　旅游网络舆情的概念 ··· 42

2.3.2　旅游网络舆情分类 ·· 43

2.3.3　旅游网络舆情的构成 ··· 45

2.4　旅游危机事件中的网络舆情形成规律 ································· 52

2.4.1　旅游危机事件中的网络舆情特点 ··································· 52

2.4.2　旅游危机事件中的网络舆情成因 ·························· 55

第3章　旅游网络舆情的传播与演化 ··· 60

3.1　旅游网络舆情事件中的网民行为 ····································· 60

3.1.1　旅游网络舆情事件中的网民行为方式 ················· 61

3.1.2　旅游网络舆情事件中的网民行为动机 ················· 68

3.2　旅游网络舆情的传播 ··· 73

3.2.1　旅游网络舆情传播规律 ·· 73

3.2.2　旅游网络舆情传播形态 ·· 76

3.3 旅游网络舆情的演化 ················· 78
　　3.3.1 旅游危机事件网络舆情的演化阶段 ······· 78
　　3.3.2 旅游突发事件网络舆情演化要素 ········· 81
　　3.3.3 旅游危机事件网络舆情的演化规律 ······· 85
　　3.3.4 旅游突发事件网络舆情演变 ··········· 86

第4章　旅游网络舆情信息工作 ··············· 93
　4.1 旅游网络舆情信息工作必要性分析 ·········· 94
　　4.1.1 网络环境下的旅游网络舆情危机预警现状及
　　　　　问题 ······················ 94
　　4.1.2 面向旅游危机预警的网络舆情信息工作必然性 ····· 96
　4.2 旅游网络舆情信息工作要求及原则 ········· 102
　　4.2.1 旅游网络舆情信息工作要求 ·········· 102
　　4.2.2 旅游网络舆情信息工作原则 ·········· 103
　　4.2.3 旅游网络舆情信息工作特点 ·········· 104
　4.3 旅游网络舆情信息工作流程及内容框架 ······· 106
　　4.3.1 旅游网络舆情信息工作流程 ·········· 106
　　4.3.2 旅游网络舆情信息工作内容框架 ········ 109
　4.4 旅游网络舆情信息工作关键支撑技术 ········ 111
　　4.4.1 自然语言处理技术 ·············· 112
　　4.4.2 舆情信息采集与特征提取技术 ········· 120
　　4.4.3 语义挖掘技术 ················ 131
　　4.4.4 文本倾向性分析技术 ············· 142

第5章　旅游网络舆情分析 ················ 152
　5.1 旅游网络舆情分析概述 ·············· 152
　　5.1.1 旅游网络舆情分析 ·············· 152
　　5.1.2 旅游网络舆情分析的作用 ··········· 153
　　5.1.3 旅游网络舆情分析的原则 ··········· 155
　　5.1.4 旅游网络舆情分析的组织实施 ········· 158
　5.2 旅游网络舆情分析方法概述 ············ 160

5.2.1 网络舆情分析方法 ……………………… 160

5.2.2 旅游网络舆情分析方法体系 …………… 162

5.3 旅游网络舆情分析常用方法 …………………… 165

5.3.1 内容分析法 ………………………………… 165

5.3.2 网络计量法 ………………………………… 173

5.4 大数据背景下的旅游网络舆情智能分析

方法 …………………………………………………… 182

5.4.1 文本挖掘法 ………………………………… 183

5.4.2 主题聚类法 ………………………………… 188

5.4.3 链接挖掘法 ………………………………… 191

5.4.4 社会网络分析法 …………………………… 194

5.5 旅游网络舆情分析报告 ………………………… 200

5.5.1 旅游网络舆情分析报告及其类型 ……… 200

5.5.2 旅游网络舆情分析报告案例 …………… 202

第6章 旅游网络舆情预警 ……………………………… 210

6.1 旅游危机事件中的网络舆情预警需求 …………… 211

6.1.1 新媒体技术应用给旅游网络舆情信息工作

带来挑战 ………………………………………… 211

6.1.2 旅游突发事件与网络舆情交互加剧舆情预警

工作难度 ………………………………………… 212

6.1.3 网络舆情要素与旅游突发事件的结合产生

新的舆情预警需求 ……………………………… 212

6.1.4 在线旅游服务的开展拓展预警范围和深度 … 213

6.2 旅游网络舆情预警方法及内容 ………………… 214

6.2.1 旅游网络舆情预警方法 …………………… 214

6.2.2 旅游网络舆情预警的渠道和内容 ……… 219

6.3 旅游网络舆情预警机制 ………………………… 221

6.3.1 旅游突发事件中的网络舆情预警工作流程 … 221

6.3.2 面向突发事件处理的网络舆情预警机制 ……… 223

6.3.3 旅游突发事件网络舆情预警机制的保障策略 …… 226

6.4　旅游网络舆情预警指标体系的构建与实施案例 ……… 228

　　6.4.1　旅游网络舆情预警指标的选取 ………… 228

　　6.4.2　旅游网络舆情预警指标体系的构建 ………… 232

　　6.4.3　旅游网络舆情预警典型案例剖析 ………… 235

第7章　旅游网络舆情治理 ……………… 240

7.1　旅游网络舆情治理概述 ……………… 240

　　7.1.1　网络舆情治理 ……………… 240

　　7.1.2　旅游网络舆情治理 ………… 242

　　7.1.3　旅游网络舆情治理中的重点关注问题 ………… 243

7.2　旅游网络舆情治理模式 ……………… 247

　　7.2.1　国外网络舆情治理的特色模式 ………… 248

　　7.2.2　旅游网络舆情治理模式 …………… 251

7.3　旅游网络舆情治理策略 ……………… 253

　　7.3.1　培养网络舆情治理观念，树立现代旅游公共

　　　　　服务理念 …………… 253

　　7.3.2　划分舆情事件发生类别，打造相关主体主动

　　　　　负责机制 …………… 255

　　7.3.3　识别舆情发展演化阶段，健全官方网络舆情

　　　　　引导策略 …………… 256

　　7.3.4　治理舆情传播网络空间，关注网络媒体社会

　　　　　情绪动态 …………… 257

　　7.3.5　强化网络世界法律监管，制定社交平台信息

　　　　　审核制度 …………… 259

7.4　大数据背景下的旅游网络舆情治理 ……………… 260

　　7.4.1　大数据背景下的旅游网络舆情治理方式 ……… 260

　　7.4.2　基于大数据的旅游网络舆情云治理平台 ……… 263

第8章　旅游网络舆情危机应对与处置 ……………… 270

8.1　旅游网络舆情危机 ……………… 270

　　8.1.1　旅游网络舆情危机及其内涵 ……………… 270

　　8.1.2　旅游网络舆情危机特征 ······················ 273

8.2　旅游网络舆情危机应对 ·························· 275

　　8.2.1　旅游网络舆情危机应对机制 ·············· 275

　　8.2.2　旅游网络舆情危机应对策略 ·············· 280

8.3　旅游网络舆情危机处置 ·························· 284

　　8.3.1　旅游网络舆情危机处置的原则 ············ 284

　　8.3.2　旅游网络舆情危机处置能力 ·············· 286

　　8.3.3　旅游网络舆情危机处置策略 ·············· 288

　　8.3.4　旅游网络舆情危机处置预案样本 ·········· 293

第9章　新环境下的旅游网络舆情 ···················· 297

9.1　新技术环境下的旅游网络舆情 ·············· 297

　　9.1.1　移动通信技术的迭代发展和推广拓展了网络
　　　　　　舆情传播的速度和渠道 ·················· 297

　　9.1.2　5G的应用推进了舆情传播场域的重构 ······· 298

　　9.1.3　区块链技术的应用打造了全新的舆情机制 ······· 300

　　9.1.4　虚拟现实技术改变了舆情传播形态并颠覆
　　　　　　传统舆情传播方式 ······················ 302

9.2　新业态背景下的旅游网络舆情 ·············· 303

　　9.2.1　旅游新业态 ······························ 304

　　9.2.2　旅游新业态背景下的网络舆情 ············ 305

参考文献 ·· 310

后记 ·· 317

第1章 绪 论

1.1 问题的提出

网络环境下的旅游舆情应对与危机预警是伴随着 Internet 和移动互联网在旅游业的广泛应用而产生的新问题。据 CNNIC 最新发布的《第 51 次中国互联网络发展状况统计报告》，截至 2022 年 12 月，我国网民规模达 10.67 亿，手机网民规模达 10.65 亿，互联网普及率达 75.6%[①]，互联网舆论主阵地地位凸显。与此同时，网民借助微博、微信、贴吧等社交媒体进行诉求表达、情感倾泻，围绕各类热点事件和突发事件发表评论，参与者众多、信息量大、各类舆情泛滥，网络舆情大数据特征和新媒体特征明显[②]。

旅游业作为国民经济中最易遭受冲击的行业，其涉及的各类自然灾害、交通事故、食品安全、交易纠纷等危机事件往往是引发网络舆情风暴的焦点话题，旅游突发事件与网络舆情的交互加剧了危

---

① 中国互联网络信息中心. 第 51 次中国互联网络发展状况统计报告 [EB/OL]. [2023-03-02]. https://cnnic.cn/NMediaFile/2023/0322/MAIN16794 576367190GBA2HA1KQ.pdf.

② 董坚峰，陈家鑫. 大数据背景下旅游突发事件的网络舆情治理 [J]. 福建电脑，2021，37(12)：17-21.

机的产生和演化，极大地影响了消费者的安全和旅游企业的形象及运营安全，也在一定程度上危及整个产业的发展，建立长效可行的旅游网络舆情分析、预警与治理机制已经势在必行。

旅游网络舆情是以网络为载体，广大网民围绕旅游突发事件和热点现象所表达的情感、意见、态度、观点等社情民意的集合。同其他领域网络舆情一样，旅游网络舆情集中反映了旅行者、旅游企业等当事人以及社会公众对旅游突发事件、旅游现象的认知和态度，为旅游管理部门、旅游企业等处理旅游危机事件提供了重要的借鉴。① 如近年来"凤凰景区收费""华山游客被捅""九寨沟景区游客滞留"等事件的爆发和解决均有网络舆情在其中发挥作用。旅游网络舆情研究涉及旅游突发事件相关的主体、客体、媒体等舆情要素以及应对舆情危机所实施的采集、分析、预警、治理等信息管理要素，是旅游公共危机管理的有机组成部分。尤其是伴随着以微信、抖音为代表的新媒体在网络舆情中的广泛应用，新媒体环境下的旅游网络舆情危机治理成为当前的焦点问题。

1.2　研究背景

1.2.1　政治背景：网络民主与电子治理推动民众权利诉求表达

民主政治最早产生于古希腊，其实质是人民和治理的有机体。民主作为一种政治体制形式，是指在一定的阶级范围内，依循在阶级内平等和"少数服从多数"原则来共同分析处理事务。② 畅通的

---

① 雷春，付业勤. 旅游网络舆情事件的时空分布与演化规律分析——以海南旅游热点事件为例［J］. 韶关学院学报，2014，35（1）：114-119.

② 王珏. 中国网络民主发展现状与对策研究［D］. 长春：吉林大学，2017.

政治参与渠道是民主意志表达能够实现的前提，是民众利益能够输入政治体系的保障。但是在互联网没有普及的时候，民众表达民意仅能通过报纸、电视和广播等有限的传媒形式①。由于广大民众缺乏表达意见的空间，其利益诉求、个人情绪及民众意愿的表达也被间接制约了。

20世纪90年代以来，随着现代网络技术的普及和广泛应用，逐步出现了网络论坛、微博、微信、网络社区甚至直播平台等多种网络交互平台，这为广大网民参与民主政治提供了新的渠道，网络"第四媒体"功能的发挥促进了现代网络技术与传统民主形式的结合，也催生出网络民主这一新形式。不同于传统民主，网络民主主要是依赖于网络技术构筑的网络虚拟空间实现的，民众可以自由地在空间内表达诉求、意愿和参与民主政治活动。早在1995年，斯劳卡提出的网络民主概念就将其界定为传统民主形式与网络媒介、网络成分的结合体。借助网络媒介，传统民主政治活动中的各项活动如民主评议、民主监督、民主决策等，可以同样甚至更加高效地实现，同时还能减少其中的信息不对称现象，提升民主决策的效率和水平。

在我国，随着20世纪90年代后期互联网的普及，网络民主也初显端倪。尤其是2005年以后，我国网络民主进入了迅速发展时期，主流媒体门户网站、政府官网、主题论坛等逐步成为网民参政议政的重要渠道。尤其是近年来，广大民众借助网络参与民主政治的热情和积极性不断高涨，网络民主参与意识、维权意识不断增强，对于政治民主进程、政府行政执政能力期许越来越高。与此同时，公众将社会发展、执政执法中出现的一些涉及民众切身利益的问题，如公共安全、公共卫生、政府执法、贫富分化、物价消费等纳入网络民主政治议题之中，在形成网络舆论倒逼机制的同时进一步推进网络民主化进程。2006年以来，总理网络问政环节开始纳入全国每年"两会"议程，温家宝总理等在记

3

---

① 赵丽莹. 网络民主对我国民主政治建设的影响及对策研究[D]. 哈尔滨：东北农业大学，2016.

者招待会上多次表态政府应该接受人民的监督，包括来自网络的监督和网民的呼声。此后，网络听政、问政渠道不断拓展，网民数量规模也不断激增，越来越多的网民参与到网络民主政治活动之中，从而诞生了各类新型网络民主形式，如网络评判、网络听证会、网络监督等。

2011 年以来，以微博、RSS、Ajax 等为代表的 Web2.0 应用推进了网络民主的更进一步普及应用，各级政府纷纷借助新浪微博、腾讯微博等平台开设了政务微博账号，政务微博和政府网站形成了互动争鸣的新形态。相比完全由政府主导的政府官网，政务微博因其碎片式信息发布、强交互性、粉丝规模大等特点受到网民青睐，网络民主交互特性凸显。微博、微信等移动电子政务平台的开放和普及，实现了人民群众与政府的跨时空互动，也确保了民众诉求能够被政府听到，促进了部分民生问题的及时解决，释放了公众对于政府的负面情绪，从一定程度上保障了人民的参与权，推进了政府和人民之间和谐关系的养成。

与此同时，电子民主的普及也提升了人民大众电子参与的积极性，激发了潜在需求，电子政务进入电子治理甚至智能治理阶段。随着电子治理的广泛应用，电子民主进程进一步加快，基于治理方式的民主管理形式转化为管理、治理、监督一体化，电子治理和民主监督成为政府管理和社会事务治理的重要内容。借助电子治理，公民参与国家民主政治更加便利，政务信息管理中的信息不对称现象更进一步得到解决，公开化、透明化、互动化的信息发布和传播提高了治理效率，并在一定程度上提升和改进了公民参与国家治理的质量和方式。公民参与和电子治理的融合，加深了政府与民众的互动，促进了政府对于民意的了解，进而拓展了广大群众参与民主政治的渠道和深度。

网络民主的推进和电子治理的应用既为广大民众提供了参政议政的"7×24"平台，也完善了参政方式和民意渠道，激发了民众抒发诉求的愿望。在网络民主时代，民众的核心权利诉求从满足普通生活逐步转向获得更加美好的生活，从获得普适的公共服务转向高质量、个性化公共服务，并在社会事务参与、参政议政方面有了更高的追求。① 在这种情况下，社会公众诉求表达的内容、方式、载体与传统时代有了很大的不同，个人维权、意见倾诉、情绪表达均成为权利诉求的内容，网络论坛、移动终端、政府官微、自媒体平台均成为公众诉求表达的新载体和新渠道。可以说，网络民主、电子治理与公民权利诉求的交互，深入推进了中国民主化进程，也加快了政府公共治理向规范化、数字化发展的进程。

1.2.2 经济背景：经济飞跃与社会消费升级促进旅游消费

作为全球人口大国和经济大国，根据世界银行和经合组织的数据，中国在 2010 年已经超过日本成为世界第二大经济体。得益于改革开放以来采取的各项经济措施，新中国成立 70 多年以来取得了举世瞩目的成就：我国国民经济持续快速增长。相比 1952 年，国内生产总值于 2018 年达到 91.93 万亿元，增长了 175 倍；人均国民总收入达到 9732 美元，已经高于中等收入国家平均水平②。与此同时，国家经济实力的增强带来了生活水平的提高和可支配收入的大幅增加，以居民人均可支配收入这一评价一国国民贫富程度的重要指标为例，2018 年城镇和农村居民年人均可支配收入达到了 39251 元和 14617 元，而新中国成立初期这一指标值仅为不到 100 元和 50 元；在消费体量方面，1952 年全社会消费品零售总额仅为 277 亿元，而 2018 年已经达到了 38 万亿元，其间增幅达 1371 倍，中国人正式从生存型消费迈向发展型消费（见表 1-1）。③

居民消费支出的增加，也带来了居民消费理念和模式的变化，促进了新消费业态的产生。在消费理念方面，居民逐步从传统的物

---

① 赵家仪. 城市治理现代化进程中网络舆情危机的教育引导对策研究 [D]. 西安：西安理工大学，2020.

② 杨伊静. 新中国 70 年经济社会发展伟大飞跃 [J]. 中国科技产业，2019(10)：3-6.

③ 杨伊静. 新中国 70 年经济社会发展伟大飞跃 [J]. 中国科技产业，2019(10)：3-6.

质消费转向精神消费，从趋同性消费转向个性化消费，康养、绿色、休闲、个性化成为新的消费理念，也成为新的消费投入点；在消费模式方面，我国居民正处于从传统生存型消费模式向享受型消费模式转型期，衣食等传统消费支出比重逐步下降，信息消费、旅游休闲、健康养生等精神上的消费支出比重逐步上升，休闲消费模式效应凸显；在消费业态方面，富含高科技、文化娱乐元素的新消费业态不断出现，新媒体、5G、虚拟现实等现代信息技术及高科技成果逐步与居民消费生活进行融合，网络购物、数字文化、网络直播、虚拟现实等凝聚了新的消费产业增长点，消费市场产业融合加剧，消费业态呈现多元化、复杂化等特征。[①]

表 1-1　2015—2019 年我国居民人均可支配收入及城乡居民消费支出情况表

年份(年)	全国居民人均可支配收入(元)	城镇居民人均可支配收入(元)	城镇居民人均消费支出(元)	农村居民人均可支配收入(元)	农村居民人均消费支出(元)
2015	21966	31195	21392	11422	9223
2016	23821	33616	23079	12363	10130
2017	25974	36296	24445	12432	10955
2018	28228	39251	26112	14617	12124
2019	30733	42359	28063	16021	13328

数据来源：2019 年国家统计年鉴

　　居民消费观念、消费支出的变化直接影响了消费对象，催生了旅游业为代表的体验服务消费发展和升级。近年来，大量民众将旅游作为个人精神消费的第一选择；同时，传统的旅游消费模式，如低价的"跟团游""一日游"等不再受到青睐，拥有更多自主支配资金的游客纷纷选择"自驾游""深度游"等消费层次更高、消费体验更佳的旅游消费模式，推动了旅游目的地的收益增加和旅游产业的

①　金丹. 居民消费升级背景下海南国际旅游消费中心建设的对策研究 [J]. 财经界，2021(12)：164-166.

升级发展。实际上，消费升级趋势对于旅游业的影响，主要体现在旅游业的经济效率之中，并进一步扩大了旅游业的总体消费规模和行业贡献①。以新冠疫情前的 2019 年为例，2019 年全年，国内旅游人数 60.06 亿人次，入出境旅游总人数 3.0 亿人次，实现旅游总收入 6.63 万亿元，比上年同期增长分别达 8.4%、3.1%、11%，旅游经济增速高于全国 GDP 增长率。同时，旅游业 GDP 贡献率占全国 GDP 总量的 11.05%，行业就业人数达 7987 万人②，旅游业带动经济增速效应明显。

由此可见，随着我国改革开放的深入推进和国家经济的飞速发展，居民消费无论是理念、模式、结构还是需求都发生着翻天覆地的变化，居民消费结构也正从原来的传统型向现代型升级、从生存型向发展型升级、从物质消费向服务消费升级。在这种背景下，旅游消费作为服务消费的代表、大众消费市场的重要组成部分，呈现出消费全民化、消费大众化、消费个性化等特征。③ 随着社会公众对于旅游消费的认可度提升及旅游消费参与者的不断增加，旅游消费市场向着提供更加休闲、定制、高端、精品和深度旅游产品和服务趋势发展，文化和旅游产业融合、高科技、旅游和演艺融合成为新的旅游消费增长点。

1.2.3 社会背景：社会转型改革与群体分化加剧利益冲突

当前，我国正处于社会转型期，经济体制深刻改革，社会结构深刻变动，利益格局深刻调整，思想观念深刻变动。经济社会转型是我国改革开放以来经历的社会大变革，内容包括经济转轨（由计

---

①　陈美娜. 居民消费升级与我国旅游消费的协调增长机制实证分析[J]. 商业经济研究，2019(12)：43-46.

②　https://baijiahao.baidu.com/s? id = 1661473652812001030&wfr = spider&for=pc[EB/OL].

③　李直蓉. 新发展格局下旅游消费市场与内需扩大协同发展关系探讨[J]. 商业经济研究，2021(12)：180-183.

划经济转变为市场经济）、政治转型（由人治政治转变为法治政治）、文化转向（由传统文化转变为现代文化）、家庭转式（由依赖型家庭转变为自立型家庭）。① 这四个方面的转型带来了新的思想观念、群体结构、行为方式、利益分配的变化，也加剧了社会阶级群体分化和利益冲突。

在经济社会转型演进过程中，多种类型的利益群体逐步分化，呈现出三类利益群体：一是在计划体制下延续下来的利益群体，二是在计划体制与市场体制博弈中形成的中继性利益群体，三是随着市场体制的推进而生成的当下利益群体。② 这些利益群体分布在不同职业、阶层和年龄段，拥有不同的利益诉求，也在社会转型变革中受到改革发展影响和分配制度影响产生利益冲突。如在1978年改革开放前，我国居民普遍贫穷，个体贫富差距小，基本上没有什么利益冲突，即使是政府中的党政领导与普通企业职工、劳务人员收入差距也不大，社会财富总体平均化程度较高。随着改革开放的实施和社会转型的推进，我国国民贫富差距逐步拉大，在不同行业、职业、区域间呈现多层次扩大的局面：一是城乡居民收入差距不断扩大；二是区域间居民收入差距不断扩大，尤其是东部发达地区与西部欠发达地区收入差距不断扩大；三是行业间职业收入差距明显，政府机关、事业单位与企业职工之间，高新技术行业与服务业从业人员之间收入差距明显；四是不同群体之间收入差距明显。收入差距的影响无疑会使不同群体、区域和行业的人产生各异的利益对比和利益诉求，进而产生利益冲突。与此同时，在社会转型中出现的利益分化所形成的不同利益群体会围绕利益关系的调整进行博弈，并伴随社会分工调整、社会治理推进出现新的利益冲突点及矛盾，这些冲突和矛盾主要体现在管理者与群众之间的干群矛盾、城镇化进程中的社会矛盾以及公共治理中的权力应用产生的矛盾

---

① 温淑春. 试论经济社会转型时期的舆情特征[J]. 理论界，2008(7)：6-8.

② 高天琼. 转型期利益群体需要及其结构特点——以构建社会主义核心价值观为视角[J]. 湖北大学学报（哲学社会科学版），2015，42(1)：18-23.

等。如政府管理者在处理处置群众诉求时出现的不作为、在群体性事件处置中的不及时，企业管理者在保障职工权益方面不到位、处理劳资纠纷时不公正等，是当前干群矛盾的主要聚焦点。另外，随着城镇化进程的推进，征地拆迁成为常态化现象，失地农民、拆迁户、建设方等代表了不同利益诉求的群体之间也引发了众多矛盾，甚至引起大规模群体性事件。更有甚者，政府官员在政府治理中存在滥用公权力、侵吞国有资产甚至群众合法权益的现象，既损害了政府形象，也进一步激发了社会矛盾，影响了当前和谐社会的建设。

可以看出，社会转型改革的推进，加剧了社会群体的分化，进而产生了新的利益冲突，使得网络舆情的产生和发展演化呈现日益复杂的情况。

1.2.4 技术背景：大数据技术与新媒体应用创新舆情治理模式

近年来，大数据作为一种战略资产和技术方法在社会生活各个领域得到了充分应用，并不断向社会各个领域渗透，推动着社会、经济、文化等多个领域的变革和创新发展。在互联网领域，大数据效应初显，正如 CNNIC 最新的统计数据，截至 2022 年 12 月，我国网民规模达 10.67 亿，手机网民规模达 10.65 亿，互联网普及率达 75.6%①。与之对应的则是海量网民产生了规模巨大、结构形式多样、价值密度低的网络数据，其中蕴含着大量网民对于各类事件的态度、看法、情绪，这些网络舆情信息往往暗示并推动着突发事件的发展动向。② 网络舆情信息的大数据化、智能信息处理技术的

9

---

① 中国互联网络信息中心. 第 51 次中国互联网络发展状况统计报告[EB/OL].［2023-03-02］. https://cnnic.cn/NMediaFile/2023/0322/MAIN1679 4576367190GBA2HA1KQ.pdf.

② 李伟超，杨照方，潘颖婧，齐云飞. 大数据环境下网络舆情预警服务研究[J]. 情报工程，2020，6(6)：15-21.

进步，又反过来推动了大数据技术应用，数据资产逐步成为社会进步的战略资产。与此同时，微信、微博、直播、手机 APP 以及其他各类移动应用催生了新兴媒体的应用，新媒体的富媒体呈现、碎片化表达、动态化更新一方面让广大网民有了更多的舆情表达、传播平台，另一方面又加大了舆情监测、预警和治理的难度。

在新媒体时代，基于新兴媒体的网络平台成为舆情传播的重要载体，并从多维时空上对社会舆情的传播、演化及价值引导产生影响。由于新媒体富含的碎片化、异构化、交互性、个性化等特征，新媒体与社会舆情的互动传播更加动态化和复杂化，从而增加了舆情治理难度。以微信、抖音、微博这些常用的新媒体为例，它们一方面打破了传统单向交流、一对一或者一对多的舆情传播模式和官方媒体、知识精英的话语垄断格局，构建了普通草根网民、网络意见领袖为主导的舆情传播格局和多元互动、多对多交流的舆论传播模式；另一方面覆盖了最广大网民的舆论话语权利，让底层大众、普通网民也有了话语表述机会，形成了"人人都能发声"的自媒体舆论场，最终促进自组织网络舆情生态的形成。① 借助新媒体，广大网民可以作为主体之一参与到社会治理之中，通过网络建言献策、网络监督、网络吐槽等抒发其对网络公共事务、公共现象、热点事件的看法，形成舆情治理场域，如在新冠疫情的应对和处置、明星偷税漏税等热点事件中，通过微博、抖音直播等方式推进事件解决的案例层出不穷。

大数据技术创新了当前网络舆情治理模式。在传统网络舆情治理中，事后应对、多主体干预是政府等治理公共危机事件的普遍路径。所谓多主体介入，是指政府、社会媒体、社会组织以及广大网民参与舆情干预、治理的方式，这也是我国网络舆情治理的一大显著特征②。政府主导多主体介入，最终形成舆情应对和治理的相关

① 陈楠. 政务新媒体：开展社会舆情治理的重要载体[J]. 传媒，2021（12）：53-55.

② 李净，谢霄男. 网络舆情治理中大数据技术的运用研究[J]. 东南传播，2020（3）：100-101.

决策，进而引导突发事件解决。面向频发多变的新媒体网络舆情，传统的人工监测和预警研判方式完全无法适用，基于大数据的技术治理以其高效、实时、系统等优势成为当前舆情治理的新模式。在这种模式中，大数据因具有实时监测、及时预警、准确研判等技术特性，能够实现网络舆情全过程监测和预警，在舆情事件发生前进行预警、发生中研判趋势并提出应对策略、发生后反馈跟踪，从而发挥着重要的舆情治理作用。另外，基于大数据的舆情治理已经从实验室的技术探索阶段走向市场化阶段，出现了大量的标志性舆情平台，如谷尼网络舆情监控系统、人民网舆情监测平台、TRS 网络舆情分析系统等。这些平台集网络舆情信息自动抓取、自然语言信息处理、敏感词识别、预警研判等大数据技术于一体，具有舆情监测、大数据分析、趋势预测、舆情报告自动生成等功能，成为当前政府公共管理部门开展网络舆情治理的利器。

1.2.5 行业背景：休闲旅游与自助旅游打造新型旅游业态

休闲之事古已有之。《辞海》中将"休"释义为"吉庆、欢乐"，"闲"通"娴"，赋有娴静、安宁的意思。可以看出，休闲具有两个层面的含义，一是消除体力上的疲劳，即物质体力上的放松；二是得到精神上的安宁，即文化、思想层面的慰藉。休闲也是现代人的基本需求之一，尤其是对于生活节奏快、工作压力大的现代人来说，休闲可以让其舒缓压力、释放心情，从而达到养生保健、体能恢复、身心愉悦的目的。旅游则正是满足休闲这一特殊需求的重要途径，国家政策的出台，也为旅游成为固定休闲方式提供了契机。早在 2007 年 12 月 14 日，国务院发布了《职工带薪年休假条例》，并于 2008 年 1 月在企事业单位正式实施职工带薪年休假。按照我国目前的休假制度，公民的休闲时间主要包括周末、国家法定节假日和部分企业已经推行落实的带薪年假，累计年休息时间已达 115 天。公民休闲时间的不断增多，为旅游活动

11

提供了充分的时间保障。① 与此同时，2007 年 3 月《政府工作报告》也将休闲正式纳入我国经济社会发展总体安排，培育休闲消费热点成为当年甚至未来相当长一段时间内的政府重点工作内容之一。此后，"引导休闲度假"职能正式写入国家旅游局职能领域，标志着休闲在国家职能部门中的工作归口确定及旅游与休闲关系的确立。此后，党中央、国务院多次在全国两会、政府工作报告中强调要发展旅游休闲消费，以此满足群众生活的多样化、个性化需要。2015 年 8 月 11 日，国务院办公厅发布了《国务院办公厅关于进一步促进旅游投资和消费的若干意见》，强调"要大力开发休闲度假旅游产品，投资建设国民度假地"。2021 年 3 月11 日，十三届全国人大四次会议表决通过了《关于 2020 年国民经济和社会发展计划执行情况与 2021 年国民经济和社会发展计划草案的报告》，报告在 2021 年国民经济和社会发展计划的主要任务中提出，发展文化、旅游等服务消费，出台实施国民休闲纲要（2021—2035 年）②。关于休闲发展的重大政策陆续出台，"国民旅游休闲计划"在全国不同地方实施，海南三亚市亚龙湾旅游度假区、江苏南京汤山温泉旅游度假区等 45 个旅游度假区成为国家级旅游度假区……45 家旅游度假区分布在全国 23 个省、自治区、直辖市，涵盖多种度假类型，其中河湖湿地类 16 家、山林类 8 家、温泉类 6 家、海洋类 5 家、冰雪类 3 家、主题文化类5 家、古城古镇类 1 家、沙漠草原类 1 家，中国休闲旅游度假初显规模。

此外，国家相继出台一系列促进旅游业发展的政策来适应游客休闲旅游的需求和打造旅游新业态。如 2009 年 12 月国务院发布《关于加快发展旅游业的意见》，文中指出要把旅游业培育成国民

---

① 李小永. 自助游游客旅游信息消费特征研究［D］. 郑州：河南财经政法大学，2017.

② 文化和旅游部. 发展旅游等服务消费 出台实施国民休闲纲要［EB/OL］.［2021-03-15］. https://www.mct.gov.cn/whzx/whyw/202103/t20210315_922907.htm.

经济的战略性支柱产业和人民群众满意的现代服务业。2016 年 12 月 26 日国务院印发的《"十三五"旅游业发展规划》提出"要构建发展新模式，大力发展乡村旅游、红色旅游、自驾车旅游、海洋及滨水旅游、冰雪旅游、低空旅游等，实施'旅游+'战略，推动旅游与城镇化、新型工业化、农业现代化和现代服务业融合发展，拓展旅游发展新领域"。旅游"新业态"新发展理念和发展模式的提出，既是对于我国居民收入大幅度增长后的消费需求的响应，也是我国旅游业实现从传统观光旅游向休闲度假旅游转型的结果。

自助旅游成为当前我国旅游发展的一大重要趋势。国家旅游局于 2017 年发布的《2017 年全域旅游发展报告》显示，我国自助旅游游客比例已经超过 85%，散客出游成为出游新趋势。易观发布的《中国目的地旅游市场数字化分析 2018》同样显示，我国在线度假旅游市场结构及市场规模呈现出明显的自助游特征，如 2017 年自由行占比达 68.6%，市场规模达到了 650.1 亿元，跟团游仅占 31.4%，市场规模同 2016 年相比下降了 35.9 亿元。自助游取代跟团游成为新的旅游出行方式，自助旅游者成为各旅游目的地最重要的客源。相比传统跟团旅游者，自助旅游者在旅游过程中有如下表现：不购买旅行社包价旅游产品、没有付费导游陪同、自主安排旅游线路和活动、注重深度体验等，进而呈现出行程自由灵活、旅游体验深刻等优势[1]。

可以看出，随着休闲经济的崛起和国家政策的支持，休闲旅游产业化、规模化已经成为大势所趋，自助旅游成为目前旅游者出行首选的方式，为旅游新业态发展赋予了更强的驱动力。

1.2.6 生态背景：空间治理与绿色政务构建和谐网络生态

党的十八届五中全会提出了"创新、协调、绿色、开放、共

---

[1] 张肖杰. 旅游"新业态"发展指标体系构建与分析[D]. 杭州：浙江工商大学，2018.

享"的新发展理念，集中反映了党中央对经济社会发展规律认识的深化，创新性地为全面建成小康社会指明了发展思路和发展方向，也为网络空间治理和网络舆情治理提供了理论依据。2015 年 12 月 16 日，习近平总书记在第二届世界互联网大会主旨演讲中指出，网络空间是公共空间，也是绿色空间。绿色不仅是互联网经济的重要特征之一，也是互联网与传统产业融合促推传统产业发展的新要求。从习近平总书记的讲话可以看出，互联网的绿色既体现在产业发展上，也体现在网络空间中。基于互联网技术，传统工业、农业、国防等产业可以实现低碳发展、循环发展和绿色发展，从而被打造成低碳产业、绿色产业；互联网空间应该充满着健康、积极向上、正能量的内容，这才是互联网的绿色体现，对于那些低俗、黄色，甚至暴力恐怖的言论、内容应该以绿色发展的理念进行治理，使互联网恢复其本色。治理互联网、传播正能量，是贯彻落实新发展理念的要求，也是构建和谐网络生态的必经之举。

互联网空间治理离不开法律制度和组织体制的支持。随着互联网的普及和大数据、云计算、物联网、人工智能、5G、区块链等新技术与互联网融合应用的推进，国家陆续出台了一系列配套法律法规，建立和完善了配套组织管理体制。一是加快了普适性网络立法进程，出台了以网络安全、信息保护为主的专门法律，如《中华人民共和国网络安全法》《中华人民共和国电子商务法》《中华人民共和国数据安全法》《中华人民共和国个人信息保护法》等，为依法治网、网络安全保护提供法理依据；二是加快了网络数据治理、数据应用等专门法律法规的制定进程，出台了《中华人民共和国数据安全法》《中华人民共和国个人信息保护法》等专门法，实现了数字资产保护、数据应用、数据安全等方面的法律保护；三是加快了网络产业尤其是网络平台治理的法律建设和司法实践，针对网络平台中频繁出现的网络经济垄断、"大数据杀熟"、算法共谋等现象开展综合治理，从网络平台治理角度修订和完善了《中华人民共和国反垄断法》，出台了《国务院反垄断委员会关于平台经济领域的反垄断指南》，从法制上实现了对互联网平台的反垄断监管，成为维护平台经济领域公平竞争与良好市场秩序的重大制度创新；四是加强网络治理的配套体制建设，从部门机构设置、互联网法院设置等方面为法律法规的执行提供组织保障。近年来，地方政府积极探索依法治网新体制建设，杭州、北京、广州等地先后成立了互联网法院，推行依法化解涉网纠纷、维护网络安全；2018 年机构改革以来的四年多时间，国内绝大多数省、市、县成立了大数据管理统筹部门，如大数据管理局、大数据发展管理局等，负责推进数据资源整合、利用和治理工作；广东、浙江、江苏等部分地区开始探索政府首席数据官制度，统筹推进和指导数字政府建设，尤其是在第十四届全国人大一次会议上通过的《国务院机构改革方案》中正式设置了副部级的国家数据局，主要用于承担数据基础制度建设、数据资源整合共享和开发利用、数字社会建设等规划和统筹工作，第一次从国家层面提供了数据治理和数据利用的组织保障，依法治网的法律体系和体制格局基本形成。

在实践上，我国已经构建了以国家政务服务平台为枢纽、联通国务院有关部门政务服务平台和各地区政务服务平台的一体化政务服务体系和与之配套的数字资源体系，政府数据治理渗透到城市治理、公共服务、产业发展等多个领域；在网络安全和网络舆论环境方面，"十三五"期间国家各部委联合开展的"剑网""清朗"等系列互联网治理行动，有效地清朗了网络空间，严厉打击了网络不法行为，使得公众可以享受充分的数据权益尤其是数字交易安全，进而打造一个促推行业发展、公众放心使用的安全数据治理环境。

可以看出，随着我国政治经济的发展和网络的广泛应用，新时期旅游网络舆情的发展演化和治理面临着更大的机遇和挑战：网络民主和电子治理的普及推动了公众舆情场的构建；国家经济实力和居民收入的快速增长促进了居民消费从物质消费向服务消费的升级，旅游消费平民化、普及化；社会转型改革和群体分化加剧了利益冲突，公众诉求更加多样化；新媒体与大数据技术的广泛应用创新了传统舆情治理模式，技术治理效率凸显；休闲旅游、自助旅游等新需求孕育了多种新型旅游业态，旅游个性化、多元化特征明显；互联网空间治理成效显著，绿色政务理念深入人心，和谐网络生态已经初步构建……在政治、经济、社会、技术、行业、生态等背景的交叉影响下，旅游网络舆情的分析、预警和治理将会是当前社会经济面临的重大议题。

1.3　国内外研究现状

1.3.1　旅游网络舆情治理相关研究

旅游网络舆情研究源于早期的网络公共治理研究。早在 20 世纪 90 年代初，美国就在计算机传播领域开展了社会治理中的网络舆论应对探索，并将研究成果应用于民意调查、公共事务管理中。此后，经过 Mark Slouka（1995）、Cass Sunstein（2002）、Jovan Kurbalija（2005）等学者的推动，网络舆情研究逐步在欧美等国受到重视，形成了面向公共危机预警的舆情监测和预警体系。随着 Twitter 等微博的问世及网民个体参与积极性的提高，网络舆情预警民用化趋势加强，网购、旅游、资讯服务等领域开展了大量围绕舆情分析、监测与预警的研究。如 Anita Coleman（2007）从 Twitter 平台上的网络舆情特征入手，探讨了微博舆情信息分析与旅行者网络行为引导问题；Dave 等人（2012）则提出了旅游公司进行网络舆情应对的策略，并构建了包括舆情采集、分析、预警、处理的旅游网络舆情预警工作流程①，等等。

在国内，有关旅游网络舆情应对的实践远远超前于理论研究。早在非典期间，国内就出台了突发公共事件应急预案，并将网络舆情应对作为一项重要内容。近年来旅游管理部门及企业遭遇并处理了大量网络舆情危机，在这方面积累了一定的经验。然而，与之相匹配的理论研究却并不多，相关的观点多散布于一些关于网络环境

---

①　Dave Kusha, Lawrence Steve, Pennock David M. Mining the peanut gallery：Opinion extraction and semantic classification of product reviews［C］. Proceedings of the 12th International Conference on World Wide Web, 2012：519-528.

下提高导游服务质量、应对网络危机的论文中，没有形成系统性的研究。其中较有代表性的是付业勤等（2013、2014）提出的旅游网络舆情的研究框架，该研究分析了旅游网络舆情的构成要素、传播机理和管控手段①②；董坚峰等（2015）从分析旅游突发事件中的网络舆情预警需求出发，构建了涵盖舆情主题规划、舆情信息收集、舆情信息分析、舆情信息预警、舆情危机处理等旅游突发事件网络舆情管理全流程的预警机制，并从预警理念、组织体系和技术支持3个方面探讨了保障预警机制高效运行的策略③；梁俊山（2018）在分析旅游网络舆情危机起源及演化基础上，从网络舆情的政府治理创新的角度提出了系统治理策略，并以五台山景区为例进行了实证分析④，等等。

1.3.2 旅游网络舆情分析相关研究

近年来，随着互联网在旅游等行业中的广泛应用，网络舆情信息安全受到广泛重视，各国加大了对网络舆情监控和信息分析的关键技术研究，尤其是网络文本自动分析和自动摘要、舆情情感倾向分析、话题跟踪与检测等技术。⑤

第一，网络文本自动分析和自动摘要技术。这种技术主要是通过内容分析法对舆情文本进行自动扫描，并借助计算机自动化处理手段和人工智能技术采集与分析特定网站上的舆情内容，最后通过

① 付业勤，郑向敏．网络新媒体时代旅游网络舆情研究：源起、价值与构想［J］．河北学刊，2013，33（5）：182-184．

② 付业勤．旅游危机事件网络舆情研究：构成、机理与管控［D］．厦门：华侨大学，2014．

③ 董坚峰，肖丽艳．旅游突发事件中的网络舆情预警研究［J］．现代情报，2015，35（6）：20-24．

④ 梁俊山．旅游网络舆情危机与政治治理创新——以五台山景区为例［M］．北京：中国书籍出版社，2018．

⑤ 中科天玑网络舆情安全相关领域国际上的研究进展［EB/OL］．［2012-05-02］．http://www.golaxy.cn．

自然语言处理技术生成舆情文本自动摘要。

第二，舆情情感倾向分析技术。通过计算机手段分析舆情文本内容蕴含的各种观点、喜好、态度、情感等非内容或非事实信息，从而为舆情研判提供依据。目前该领域的工作主要集中在文本客观性分类、词的极性判别、语气分类等方面。同时，情感倾向分析方法、情感词典构建、语料库建设和系统建设也成为研究重心。如在分析方法方面出现了基于情感知识的分析方法和基于特征分类的分析方法，在情感词典构建方面出现了 GI 评价词典①、WordNet 和 HowNet 等较成熟的情感词典，在分析语料方面 Cornell 大学提供了电影评论数据集②，在分析软件和分析系统方面，Dave 等人研究并开发的 ReviewSeer 是世界上第一个情感分析工具和第一个针对给定产品评论区别其褒贬性的系统③，它能实现商品评价的语义倾向性分析从而获取顾客信息④，等等。

第三，话题跟踪与检测技术。这种技术通过计算机手段将各类舆情源的信息流分割为不同的新闻报道，并监控对新话题的报道，同时将涉及某个话题的报道组织起来以某种方式呈现给用户。该技术起源于美国国防部高级研究规划署的 TDT 项目，其主要目的是实现对新闻报道的主题监测和新话题发现。目前，话题监测主要有两类技术：基于统计规则的模式识别和基于内容挖掘的主题监测，其中代表性的有：高嘉鑫利用统计学方法总结出确定异常事件的知识规则和检测阈值，成功实施了论坛中的热点主题检测⑤；Seo 等人使用 single-pass 聚类算法检测新事件，高效率地实现了舆情内容

① GI［EB/OL］.［2012-08-20］. http://www.wjh.harvard.edu/inquirer/

② 电影评论数据集［EB/OL］.［2012-08-20］. http://www.cs.cornell.edu/people/pabo/movie-review-data/

③ Dave K, Lawrence S, Pennock D M. Mining the peanut gallery：Opinion extraction and semantic classification of product reviews［C］. Proceedings of the 12th International World Wide Web Conference, Budapest, Hungary, 2012.

④ ReviewSeer［EB/OL］.［2011-12-01］. http://www.reviewseer.com/.

⑤ 高嘉鑫. BBS 异常事件监控机制之设计［D］. 台北：台湾交通大学，2004.

挖掘；Dragon System 公司采用基于 KLdivergenee 的聚类算法进行话题跟踪的研究，并构建了包括 N 个训练集中的词的语言模型，采用 backoff 平滑技术实现了话题跟踪系统的形成。

　　国内学术界主要关注网络舆情的自动采集、预处理、主题识别和跟踪、情感倾向分析等技术。在舆情信息采集方面，主要是借助现有的网络爬虫或者对其进行改良完成信息的高效采集，通过自定义的 URL 完成数据爬取，也有学者提出通过正则表达式匹配和 MD5 加密构建主题爬虫完成网络舆情信息采集，这些方式均取得了较好的效果。① 在舆情信息过滤方面，一般采用基于内容的过滤、基于网址的过滤和混合过滤等多种形式完成舆情信息预处理。在具体实施中，舆情过滤主要通过判断页面内容与主题的相关性实现，这是一种基于关键词的模糊匹配方法。在舆情分词方面，主要借助现有成熟的分词系统(如中国科学院 ICLTCLAS 分词系统、哈工大统计分词系统、清华大学 SEG 分词系统等)完成分词，并利用语义分析法和人工智能分词法完成分词。为了提高网络舆情分词的精度，郑魁等在中国科学院 ICLTCLAS 分词系统的基础上提出了网络舆情热点发现分词法。② 在舆情主题识别方面，主要利用文本聚类技术和话题检测与跟踪技术(TDT)。为了适应海量动态舆情信息库中的主题识别，学者在 TDT 基础上构建了新的主题发现模型，如时达明综合考虑了舆情相关评论数、评论内容、话题内容等要素提出话题热点度的计算公式，根据计算得出的热点度(Hot Degree)进行排序，得到热点话题的排序，从而进行热点话题的发现。③ 舆情信息挖掘则主要利用传统的数据挖掘和 Web 挖掘技术来完成，近年逐步向语义挖掘过渡。④

　　① 龚海军. 网络热点话题自动发现技术研究[D]. 武汉：华中师范大学，2008.

　　② 郑魁，疏学明，袁宏永. 网络舆情热点信息自动发现方法[J]. 计算机工程，2010，36(3)：4-6.

　　③ 时达明. Blog 热点话题发现及其作者声誉度研究[D]. 大连：大连理工大学，2007.

　　④ 曹树金，陈少驰，陈珏静. 网络舆情信息监测研究进展[M]//资讯管理研究进展. 广州：中山大学出版社，2012.

1.3.3　研究述评

纵观国内外研究现状可以看出，经过多年的发展，危机管理与网络舆情相关研究在理论与实践上都取得了大量成果，为本课题的开展提供了一定基础。但是，旅游网络舆情作为一类特殊的网络舆情客体，相关研究成果远远落后于行业实践，与旅游危机相关的网络舆情分析、预警、治理研究成果并不多。

（1）缺乏深入、系统的旅游网络舆情基础理论研究

研究现状表明，目前大多数研究成果只对旅游网络舆情的定义以及在危机管理中的作用、管控手段等进行浅层次的分析，缺乏对旅游网络舆情治理体系的综合分析，尤其是在与旅游网络舆情治理相关的技术治理手段上涉及不多，尚未形成系统的面向公共危机预警的旅游网络舆情研究体系。

（2）研究现状落后于当前大数据环境和公共危机预警的实践需求

当前旅游网络舆情大数据特征明显，而现有的研究多围绕政府公共管理部门开展传统舆情监测和预警展开，舆情分析也多围绕传统网络载体展开，企业界的相关技术产品也大多围绕传统网络时代的舆情监控展开，对危机预警和舆情趋势预测力不从心，满足不了大数据环境和公共危机预警的现实需求。

（3）缺乏对旅游网络舆情的深层次、智能化的分析研究

目前，旅游网络舆情分析方法主要是将信息处理方法与传统领域特有的技术分析方法（如内容分析法、统计计量法）相结合，重采集和处理，轻分析，尽管目前已经开始研究如何借助于计算机工具实现网络舆情分析，但大部分研究主要从文本层次对网络舆情外部特征进行简单的零碎统计处理，没有深入分析网络舆情信息内容中所隐含的知识逻辑关联和舆情传播中所涉及的复杂主体关系，从而影响了旅游网络舆情分析的效果和结果信度。

（4）忽视对大数据背景下的旅游网络舆情治理模式及工作机制的研究

当前"重处理轻治理，重干预轻协作"视角下的旅游网络舆情治理工作机制研究无法与大数据时代错综复杂的舆情格局相适应，急需构建一个科学合理的旅游舆情分析、预警及治理协同工作机制。

1.4 研究意义

旅游网络舆情研究涉及旅游管理、公共管理、计算机科学等多学科领域，涵盖网络舆情采集、分析、预警、治理等多个流程，是一套系统的工程。对面向旅游危机处理的网络舆情分析、预警、治理进行研究，具有重要的理论和实践意义。

1.4.1 理论意义

本书拟以旅游网络舆情这一特殊信息客体为研究对象，借助图书情报、公共管理、信息管理等多学科知识分析旅游网络舆情治理的一般规律，构建涵盖分析、预警、治理全流程的旅游网络舆情研究框架，为应对旅游突发事件处理提供理论支持。成果的理论意义主要如下：

第一，有利于厘清旅游网络舆情危机管理的一般规律。旅游网络舆情作为特殊舆情客体，其涉及主体多元、行业多样、传播演化机制复杂，舆情治理和危机处理难度大。对于旅游网络舆情开展系统研究，有助于进一步厘清旅游网络舆情传播演化规律和治理思路，进而探索普适性的旅游网络舆情危机管理规律，构建旅游网络舆情危机处理的范式。

第二，有利于构建科学系统的旅游网络舆情研究体系。当前，

21

旅游网络舆情表现新媒体化、分布大数据化特征明显，传统的网络舆情研究成果无法适用于大数据背景下的旅游网络舆情，尤其是当前旅游网络舆情研究尚未形成学科体系。从理论上将公共管理、旅游管理、信息管理、图书情报等学科进行融合，结合旅游危机事件中的网络舆情预警现实构建涵盖分析、预警、治理全流程的网络舆情研究框架，是对当前旅游危机管理成果的补充和完善。

第三，有利于完善公共突发事件网络舆情危机处理的研究体系。以旅游网络舆情危机治理为着力点提出网络舆情分析、预警、治理方法、策略和工作机制，能补充和完善当前单纯从政府治理角度应对旅游危机的成果，引发理论界对网络舆情治理的关注，还能完善突发公共突发事件网络舆情危机处理的研究。

1.4.2 实践意义

目前，我国正处于社会转型和旅游新业态变革的新时期，旅游网络舆情成为社会治理和旅游行业可持续发展的"晴雨表"。开展旅游网络舆情突发事件应对与治理的相关研究，具有重要的实践价值。

第一，有利于推进旅游网络空间治理。我国是互联网大国，也是旅游大国，随着互联网在旅游中的应用和智慧旅游的普及，"互联网+旅游"成为当前自助游的主要载体，网络空间成为游客信息交流、诉求表达的主要阵地，互联网"双面刃"效应凸显，网络空间治理成为公共管理难题。开展旅游网络舆情治理相关研究，既可以为旅游网络空间治理提供理论和方法借鉴，又能推进和谐网络空间建设。

第二，有利于旅游危机处理和推进旅游业可持续发展。一般来说，旅游网络舆情均是建立在旅游危机事件(含热点事件、突发事件等)发生及处理基础之上，属于公共危机事件舆论范畴的一部分。在旅游危机事件爆发整个过程中，网络舆情在各参与主体引导、干预下逐步演化，从无序走向有序，从无到有再到不再关注。鉴于网络舆情具有对其反映对象的映射性，对危机事件中的网络舆情进行分析和预警，有利于旅游行业建立及时有效的监管，从而建立起相对规范的行业标准体系；有利于政府主管部门建立完善的风险预警机制和危机事后处置方案，从而抵制来自网络舆情中的正负信息传播带来的舆论压力。同时，良好的市场规范以及政府监管能够促使旅游业健康发展，提高游客量及旅游行业水平，最终推进旅游行业可持续发展。

1.5 研究内容与创新之处

1.5.1 研究内容

本研究以旅游突发事件中的网络舆情为研究对象，以网络舆情信息工作为技术路径，涵盖旅游网络舆情特征、旅游网络舆情传播演化、旅游网络舆情信息工作、旅游网络舆情分析、旅游网络舆情预警、旅游网络舆情治理、旅游网络舆情危机应对与处置等内容。具体而言，各章节内容如下。

第一章，绪论。主要阐述旅游网络舆情的研究背景、国内外研究现状及研究意义、研究内容。

第二章，旅游危机事件中的网络舆情。从分析旅游危机事件与网络舆情的概念入手，阐述旅游网络舆情的概念及特征。

第三章，旅游网络舆情的演化与传播。分析和阐述旅游网络舆情的传播演化规律，包括旅游网络舆情中的网民行为、旅游危机事件中的网络舆情演化要素、旅游网络舆情的演化与传播规律等。

第四章，旅游网络舆情信息工作。主要阐述旅游网络舆情信息工作的必然性及工作要求、工作流程及自然语言处理、数据挖掘等相关支撑技术。

第五章，旅游网络舆情分析。借助图书情报中的信息分析方法，阐述旅游网络舆情分析方法论、常用分析方法、智能分析方法，并介绍了大数据背景下的旅游网络舆情分析、旅游网络舆情分析报告写作等内容。

第六章，旅游网络舆情预警。主要阐述旅游突发事件中的网络舆情预警需求、预警方法及流程、预警机制、预警指标体系等内容。

第七章，旅游网络舆情治理。主要阐述旅游网络舆情治理的模式、策略，并探讨大数据背景下的旅游网络舆情治理方式。

第八章，旅游网络舆情危机应对与处置。从旅游网络舆情危机的内涵入手，阐述旅游网络舆情危机应对与处置的相关策略及机制。

第九章，新环境下的旅游网络舆情。结合当前旅游网络舆情面临的新技术环境、新业态环境，分析新环境下的旅游网络舆情动态及应对策略。

1.5.2　创新之处

第一，将网络舆情纳入旅游危机管理视域中之中，以二者的交互作用为切入点研究通过网络舆情预警促进旅游危机事件处理的策略和思路，并构建相应的工作机制，具有较强的操作性。

第二，本研究打破传统公共管理角度开展舆情治理的范式，借助图书情报、信息管理等学科方法和技术构建融旅游网络舆情分析、预警、治理与应对于一体的旅游网络舆情研究框架，弥补了传统舆情管理中"重处理轻治理，重干预轻协作、重引导轻技术"的舆情治理范式中的不足。

第三，本研究拟在前人研究的基础上，结合国家旅游发展战略和网络新媒体环境下应对舆情危机的现实需求，设计面向旅游危机事件处理的旅游网络舆情治理框架与工作机制，促进有关决策部门和从业者通盘考虑旅游公共服务体系改革的推进问题。

第2章 旅游危机事件中的网络舆情

自人类社会诞生以来，洪水、干旱、地震、战争、瘟疫等"天灾人祸"此消彼长，各类危机充斥于人类社会的各个阶段，严重威胁着人类的生存和发展。随着蒸汽革命的兴起和后工业时代的到来，人类社会抵御风险、应对危机的能力有了较大的提高，但各种非常态性、不确定性因素依然存在，制约了社会的可持续发展。在国内，自2003年SARS事件以来，起源于公共卫生领域的危机事件逐步扩散至社会各个领域，突发危机事件成为热点议题，深刻影响着政府治理、社会议程设置和公共舆论场的形成，也深刻影响着危机当事人、政府公共管理部门、涉事企事业单位。仅2012年，我国发生的具有较大影响的危机事件就有450余件，平均每天1.2件，社会危机常态化趋势明显。① 就旅游业而言，随着国内旅游市场规模的扩大和游客旅游诉求表达的多样化，涉及自然灾害、交通事故、设施事故、打架斗殴、强行消费、交易纠纷、不文明行为等主题的旅游危机事件不断发生，加上互联网这一开放媒体的推波助澜，网络舆情不断引发和推动危机事件进入公众视野，旅游危机事件中的网络舆情成为旅游行业的"晴雨表"。

25

---

① 董坚峰. 面向公共危机预警的网络舆情分析研究[D]. 武汉：武汉大学，2013.

2.1　旅游危机事件

2.1.1　危机与旅游危机

（1）危机的内涵

在研究危机以及旅游危机之前，需要对危机给出一个确切的基本界定，用以概括危机的根本特性。不同的学者对此做出不同的界定，如有的学者从词源意义上考查认为，"危机"本是一个医学术语，意为人濒临死亡、游离于生死之间的那种状态；也有学者从辩证法的角度认为"危机"即转机，是不利和有利两种对立状态之间的转折点。上述从词源意义上的探讨都认识到了危机与转机之间的关联关系。

从危机管理的角度来看，危机往往是一种威胁社会正常运行的不可控状态，其中西方国家比较典型的解释有：危机研究的先驱 C. F. Hermann 的决策学说，即危机影响决策，同时会缩短决策时间和影响事情发展路线①；美国学者 Rosenthal 的过程论，他认为危机是对社会价值和行为准则产生重大威胁并不得不及时作出决策的行为过程；Barton 的组织行为学说，他将危机的外延扩展到组织和人员的名声，认为危机是在商业等组织领域引起潜在负面影响甚至会对组织声誉带来严重威胁的不确定性因素或者事件②。我国学者则多从影响角度来解释危机或对危机涉及的各种情况进行列举，如杨寇琼、张成福等均认为危机是一种对社会系统的成员和秩序产

---

① 高云燕. 论公共危机与政府信息公开［J］. 软科学，2010（3）：48-51.
② 王德胜. 企业危机预警管理模式研究［M］. 济南：山东人民出版社，2010.

生影响、破坏、威胁的事件或者不可控状态①；胡鞍钢则以列举的方法描述了危机这一非正常状态的各种表征，将各类天灾、暴乱等涉及国家、组织和个人利益的冲突均视为危机②。

从上述对危机定义的梳理可以看出，危机具有以下几个特征：第一，爆发性，往往突然爆发；第二，破坏性，会对组织目标、社会秩序产生破坏和威胁；第三，不确定性，其产生和演变很难以把握；第四，广泛性，涉及社会生活的各个领域③。

（2）旅游危机

旅游危机是指由于不确定性的、突发性的重大事件的发生而对旅游业造成重大破坏和后续不良影响的状态。从旅游危机影响的范围来看，旅游危机可以划分为宏观类型的旅游目的地危机和微观类型的旅游企业危机。其中，前者是"在旅游目的地发生的无法控制的事件，需要采取激进而迅速的行动，包括应急的市场及管理措施以恢复旅游目的地从业人员与相关企业及游客的信心"④，是影响整个旅游行业大局的危机，也是危机预警的主要对象；后者往往发生于某个或多个旅游企业中，涉及企业品牌、市场、形象和经济运营状况等方面。

（3）旅游危机是公共危机

与危机不同，对公共危机的定义并不多，学界通常从系统论的角度来界定，认为其是一种与正常社会系统状态相偏离的现象或状态集合；也有学者笼统地认为，"凡涉及公共安全的危机就

---

① 张成福. 公共危机管理：全面整合的模式与中国的战略选择[J]. 中国行政管理，2003(7)：6-11.

② 胡鞍钢. SARS 是一场什么危机[J]. 瞭望新闻周刊，2003(19)：20-22.

③ 刘霞，向云良. 公共危机治理[M]. 上海：上海交通大学出版社，2010.

④ 杜艳，海米提·依米提. 旅游危机事件研究——以新疆"7·5"事件为例[J]. 河北旅游职业学院学报，2011(1)：13-19.

是公共危机"①。还有人采取类似列举危机的形式进行公共危机概念界定，将现代社会遭受的各类天灾人祸、疫情暴乱、冲突战争以及大规模集结活动等具有威胁的非常规状态均视作公共危机②。还有学者认为公共危机就是一种威胁社会公共利益与国家安全的不确定性因素和紧张状态③。

从上述定义可以看出，公共危机的内涵建立在危机基础之上，但更偏重于对社会公共秩序、公共安全方面产生的影响，它最突出的特点则是公共性和影响的广度，是社会系统达到非稳定状态的表征。同时，由于公共危机往往是在极其短的时间内爆发，并以极迅猛的态势对社会公众产生严重威胁和破坏，因此需要公共管理部门在极其有限的时间内做出应对决策来化解危机，很多国家和政府也将公共危机管理作为考察政府执政能力的重要指标。

对于旅游业来说，可以通过考察旅游危机的要素界定旅游危机的内涵，即旅游危机的涉事主体、发生地、危机事件等。一般来说，旅游危机的涉事主体多为普通公众、旅游企业，涉事地多为与吃、住、娱、游、行、购等旅游要素相关的空间（旅游目的地），危机事件多为自然灾害、交通事故、交易纠纷、旅游设施故障、游客不文明行为等公共事件，危机事件后果多为影响旅游经济交易、破坏旅游公共安全、扰乱旅游公共秩序等群体性事件。鉴于旅游要素多与公共资源相关，从这个角度可以认为，旅游危机实际上就是一种公共危机。

2.1.2　旅游危机事件及其类型

根据世界旅游组织对旅游危机的定义，"旅游危机是影响旅游

---

① 董坚峰，肖丽艳. 旅游突发事件中的网络舆情预警研究[J]. 现代情报，2015(6)：20-24.

② 吕瑛. 政府公共危机管理的战略思考[J]. 内蒙古大学学报(人文社会科学版)，2005(2)：10-13.

③ 王晓成. 论公共危机中的政府公共关系[J]. 上海师范大学学报(哲学社会科学版)，2003(6)：23-27.

者对一个旅游目的地的信心、对旅游正常持续性经营产生影响的非预期性事件"。旅游危机首先是一类非预期的涉旅事件，其次具有较大的影响力和危害性。在旅游活动中，旅游危机事件是由旅游行为和旅游产业运转直接产生，或与旅游行为、旅游产业、旅游地、旅游资源、旅游企业和旅游接待设施等有关的危机事件，包括旅游业内危机事件和涉旅危机事件。① 在国内，2016 年 9 月 27 日发布的《旅游安全管理办法》也对旅游危机事件进行了界定，认为旅游危机事件是指突然发生，造成或者可能造成旅游者人身伤亡、财产损失，需要采取应急处置措施予以应对的自然灾害、事故灾难、公共卫生事件和社会安全事件。

目前国内尚未公认的旅游危机事件分类标准，现有的标准多参照《国家突发公共事件总体应急预案》的分类标准进行分类。基于危机引发因素的不同，旅游危机的类型和影响范围也各异，既有来自外部因素的自然灾害、恐怖主义事件、外交危机和经济动乱等危机形态，也有来自内部因素的突发公共卫生事件、旅游安全事故、从业人员职业道德危机等(见表 2-1)。

表 2-1　旅游危机事件类型、实例及影响范围

引发因素	危机事件类型	危机事件实例	影 响 范 围
外部因素	自然灾害	"5·12"汶川大地震	灾害发生地及周边区域
	战争或武装冲突	伊拉克战争	冲突方及周边区域
	恐怖主义事件	"9·11""7·5"事件	事件发生地至全球
	外交危机	中美、中日碰撞事件	外交危机的双方
	社会动乱	印尼骚乱	动乱发生国家
	经济动乱	全球金融危机	发生国家甚至全球
	突发公共卫生事件	"非典""甲型 H1N1"流感	事件发生地至全球

① 李凤鸣.旅游危机事件中议程互动研究[D].长沙：湖南大学，2018.

续表

引发因素	危机事件类型	危机事件实例	影 响 范 围
内部因素	重大旅游安全事故	马岭河峡谷缆车坠毁	事件发生地涉及范围
	人才危机	旅游从业者大规模跳槽	事件发生地的企业及行业
	职业道德危机	导游强制消费	事件发生地的企业及行业
	恶性竞争	零团费、负团费经营	事件发生地的企业及行业
	旅游犯罪	94千岛湖事件	事件发生地的企业及行业

　　除上述分类外，旅游危机事件还可根据发生地类型的不同分为旅游目的地危机事件和客源地危机事件两种。其中，旅游目的地危机事件一般发生在旅游目的地，以破坏当地旅游基础设施、品牌形象、旅游客源规模为表征，其后果多为影响游客旅游决策、旅游目的地口碑甚至旅游市场秩序，导致游客取消行程、不再产生旅游动机。客源地危机事件发生地多在游客居住地或者工作所在地，对客源地的影响不如目的地那么明显，但持续时间长、口碑传播范围广，会影响到当地的旅游市场甚至冲击整个旅游行业。从统计数据来看，近年来发生的旅游危机事件多为旅游目的地危机事件，如青岛大虾事件(2015)、大理导游与游客发生冲突事件(2019)。

2.1.3　旅游危机事件的特点

　　从危机与旅游危机的定义中可以得知，旅游危机与其他领域危机一样，都是一种非常态的社会情境，是各种不利情境相互威胁、不确定性因素的高度集聚。旅游危机的特性主要有：突发性、紧迫性、危害性和双重性。

（1）突发性

如前所述，旅游业涉及行业众多，受到外界环境影响大，属于高敏感度产业，来自政治、经济、自然、社会的突发性"非常状态"均有可能危及旅游产业或者成为旅游危机的诱因。多年实践证明，有相当大一部分旅游危机事件并非产生于旅游产业内部或者由旅游业自身引起，而是由外部环境的刺激或者影响爆发的，从而导致这些危机事件往往发生于行业、管理部门、涉旅企业、游客意想不到的时候，从而呈现其本身的突发性，也产生了大量不可控因素。

（2）紧迫性

旅游危机爆发后，会以十分惊人的速度以及出人意料的方式发展和演变，并会引发一系列的后续问题，如游客的疏导和转移、游客紧急救助救援、涉旅公众舆情的传播和引导、虚假信息甚至是谣言的阐释、旅游企业品牌形象的维护等，这些问题通过互联网和新闻媒体的推波助澜，会迅速发酵成危机事件，这样留给旅游管理部门、旅游企业等危机管理主体的时间非常短，从而产生非常大的决策压力。事件产生的突发性、解决问题的紧迫性要求决策者在尽可能短的时间内做出事件处置决策部署和化解不良影响，否则会丧失危机处理的最佳时机。因此，旅游危机要求在第一时间迅速应对和化解。

（3）危害性

旅游危机的危害性主要指危机发生后会在短时间内对旅游业造成致命的打击，而且涉及面广、后续影响持续时间长。不同于其他行业，旅游业涉及吃住行游购娱等各类要素行业，牵一发而动全身，如果处置不当，往往会引发其他类型的危机，即旅游危机既威胁旅游业本身，也会蔓延至相关产业形成新的危机事件。因此，对于旅游危机，旅游管理部门要对危机危害程度进行充分评估，避免其蔓延和持续放大，尽可能消除在萌芽状态。

（4）双重性

危机集"危险"与"机遇"于一体，旅游危机的双重性亦表现为危险与机遇并存。危机在对旅游业造成各种直接或间接的消极影响的同时也包含着一些发展机遇，危机涉及的旅游目的地或者企业如果能把握好的话有可能"转危为安"甚至"转危为佳"，寻求到新的战略制胜点或者竞争优势。比如地震后的"灾害旅游"，再如滑铁卢作为重要历史事件发生地，也已经成为知名的旅游目的地。事实证明，有些旅游业危机如果处理得当，往往有"来得快"和"恢复得快"的双重性。因此，当旅游危机爆发时，除了要看到不利的方面，更应高瞻远瞩，充分发掘和认识到这种危险局势之中所蕴含着的发展机遇，把握机会，在逆境中取得突破，在危险中求得生机。①

2.2　网络舆情

2.2.1　网络舆情的概念

网络舆情作为一种依附在网络载体上的特殊信息形式，是"舆情"概念在互联网空间中的延伸。从舆情概念内涵来看，舆情是公众对社会的态度、观点的集合，从政治学角度来说即一种政治倾向和态度②。一般来说，舆情主要来源于传统媒体的各种民意调研或者反馈信息，如读者来信、听众报料、观众访谈等。一旦将这些扩至网络环境中，各类新闻网站、网络门户、社区论坛及博客微博等均可能成为舆情信息的重要来源，从而孕育了网络舆情这一新生事物③。

对于什么是网络舆情，它的内涵和特征到底是什么，目前学术界尚无公认的说法，但概括起来主要是从广义和狭义两个角度进行

①　百度经验. 旅游危机的特征［EB/OL］. ［2020-10-23］. http://jingyan.baidu.com/article/c14654134236d50bfcfc4c25.html.

②　王来华. 舆情研究概论［M］. 天津：天津社会科学院出版社，2003.

③　向杰. 网络舆情及其对群体性事件的影响研究［D］. 广州：华南理工大学，2012.

定义的。广义上的网络舆情是指在以互联网为主的网络上传播的各种网民对社会问题的情绪、态度及意见的集合①；从狭义上说，它主要指公众以网络为平台，对其关注的各种话题及事件公开表达的意见和观点②。其中，广义上的定义忽略了舆情主体，也没有区分具体的公共事务，相对比较宽泛；而狭义上的概念系统涉及了网络舆情的各个要素，已经在一定范围内得到了认可。

从上述概念定义中可以看出网络舆情具有几个方面的内涵特征，其中传播渠道是其最大的特征③。首先，网络舆情发生在网络公共领域这一特定范围，其对象为社会公共事件（公共话题、社会事务、政府管理活动、公众人物言行等）；其次，网络舆情的表现形式是各种意见、态度和情绪的交错综合；最后，网络舆情产生的基础是公众对该公共事件的关心或有利益关系。当然，网络舆情同样来源于现实社会，它具有现实舆情的一切特征，它们均反映了公众对舆论话题的情绪和态度，只是网络舆情由于借助互联网这一现代媒体拥有更广的传播范围和影响力。

2.2.2　网络舆情的要素

作为维系事物存在和运行演变的最小单元，要素直接影响着事物的存在状态和发展演变趋势。网络舆情亦是如此，包含着重要的组成要素。如表 2-2 所示，网络舆情的构成要素按照不同的标准和主观理解，被划分为三要素、四要素、五要素和六要素四种类型④。

---

① 杜骏飞. 中国网络新闻事业管理[M]. 北京：中国人民大学出版社，2004.

② 刘毅. 内容分析法在网络舆情信息分析中的应用[J]. 天津大学学报（社会科学版），2006(4)：307-310.

③ 余秀才. 网络舆论：起因、流变与引导[M]. 北京：中国社会科学出版社，2012.

④ 左蒙，李昌祖. 网络舆情研究综述：从理论研究到实践应用[J]. 情报杂志，2017(10)：71-78，140.

表 2-2　网络舆情构成要素

划分类型	作者	时间	要素名称
三要素	张春华①	2012	网络舆情主体、网络舆情客体、网络舆情本体
四要素	朱国圣②	2014	舆情主体、舆情客体、舆情载体
	唐涛③	2014	网络舆情场、网络舆情主体、媒介、演化过程
五要素	王平④等	2013	舆情主体、舆情对象、舆情本体、舆情媒体、舆情空间
	黄薇⑤等	2015	舆情主体、舆情客体、舆情本体、舆情媒体、舆情空间
六要素	刘毅⑥	2007	网民、公共事务、时空因素、网络舆情的强度、网络舆情的质和量、情绪、意愿、态度和意见

　　其中，将网络舆情划分为主体、客体、内容、空间、热度、强度的六要素论涵盖了网络舆情分析和预警的相关指标，是当前业界进行舆情监测分析的依据。

（1）主体

　　网络舆情的主体是指网络舆情信息最主要的接收者和传播者，包括网民、网络意见领袖、网络推手、网络水军等。其中，后面三者均是特殊的网民群体。对于网民，CNNIC 定义其为"平均每周使

　　①　张春华. 网络舆情：社会学的阐释[M]. 北京：社会科学文献出版社，2012.

　　②　朱国圣. 突发事件网络舆情应对策略[M]. 北京：新华出版社，2014.

　　③　唐涛. 网络舆情治理研究[M]. 上海：上海社会科学院出版社，2014.

　　④　王平，谢耘耕. 突发公共事件网络舆情的形成及演变机制研究[J]. 现代传播（中国传媒大学学报），2013(3)：63-69.

　　⑤　黄微，李瑞，孟佳林. 大数据环境下多媒体网络舆情传播要素及运行机理研究[J]. 图书情报工作，2015(21)：38-44，62.

　　⑥　刘毅. 网络舆情研究概论[M]. 天津：天津人民出版社，2007.

用互联网至少1小时的中国公民"，但作为舆情主体，并不是所有利用互联网的人都是网民，而是必须在个体意识、上网态度、上网行为及效果上具有一定特征规律的网络用户才可以被称为网民①。截至 2021 年 12 月，我国网民规模达 10.32 亿，稳居世界第一（CNNIC 统计数据）。除了普通网民（或者称草根）以外，还有一些特殊的舆情主体：

第一，网络意见领袖。指在网络传播中，部分凭借其享有的信息资源优势、专业知识、权威和名望使其他网民盲目地追随或者推崇的网民。他们能够在纷繁复杂的网络舆情信息中迅速把握舆情内涵并形成自己的观点加以表达②。网络意见领袖既有在长期网络驰骋中形成的大众人物，也有一些是由现实迁徙网络上的，他们对广大网络施加影响力，主导着网络舆情的发展方向。

第二，网络推手。网络推手原本起源于商业推广领域，是一些对企业产品和品牌进行网络推广的策划师。在网络舆情领域，他们是一些为了达到一定的商业目的而对网络事件进行炒作并影响或改变事件发展趋势的人③。一旦舆情事件爆发，他们会趁乱制造大量的热点话题或对事件进行恶意炒作，在话题策划、新闻撰写、信息发布和灌水顶帖等方面进行分工合作，从而加剧了网络的混乱和事件的处理难度。近年来的一些网络舆情事件中不乏网络推手的身影。

第三，网络水军。网络水军的产生和出现是基于网络带来的话语平等权和商业逻辑成为整个社会主导逻辑的双重背景。他们是一类特殊的网络推手，具有较强的逐利性和主观目的，往往受雇于某些网络公关公司，运用发帖回帖等手段为客户造势。网络水军往往

① 郑傲. 网络互动中网民自我意识的研究[M]. 成都：电子科技大学出版社，2009.

② 饶瑶. "家乐福事件"中网络舆论的形成机制[J]. 商业文化（学术版），2008（7）：72.

③ 王子文，马静. 网络舆情中的"网络推手"问题研究[J]. 政治学研究，2011（2）：52-56.

成员不固定，通常由成百上千名参与者临时组成①，其工作任务主要包括论坛传播、话题炒作、事件营销、博客营销、负面清除等，是一类值得注意的网络舆情主体。

（2）客体

关于网络舆情的客体，目前学术界一般有两种认识，一种是认为网络舆情的客体是公共事务，这是一种狭义的客体论；另一种说法认为网络舆情的客体是主体讨论的对象，即广义上的话题，这些话题往往包括各种公共事务、社会事件、社会矛盾，即客体一般与热点联系在一起。在本书中，笔者取舆情事件相关的话题作为客体，尤其是那些涉及国计民生、社会焦点的热点话题是网络舆情的主要客体，在我国这样一个政府主导型国家中，与政府相关的各种管理活动、公共事务均是网民所关注的舆情客体②。2011 年 12 月，由祝华新等领衔的人民网舆情监测室发布了《2011 年中国互联网舆情分析报告》③，报告总结出包括"7 · 23 动车追尾"在内的 20 件年度网络热点事件，这些热点事件主要涉及对突发公共危机事件的"围观"、公权力监督、公民权利保护、社会公德伸张等一系列社会矛盾，以及民众敏感的、容易受伤的社会心理，体现了公民对网络舆情事件的参与和对公平正义的渴望。

（3）内容

网络舆情的产生是一种复杂的、表现为"刺激—反应"的心理过程。网络舆情隐含着主体对客观事物的一系列态度，如情绪、态度、意愿、意见等，而这些则构成了网络舆情的内容。在公共危机网络舆情事件中，通过一定的技术和手段对这些隐含的态度、情绪

---

① 百度百科. 网络水军［EB/OL］.［2019-08-20］. http://baike. baidu. com/view/3098178.htm.

② 翁文斌. 网络舆情演进的周期性特征及其监管体系研究［D］. 杭州：浙江工商大学，2012.

③ 祝华新，单学刚，胡江春. 2011 年中国互联网舆情分析报告［EB/OL］. http://yuqing.people.com.cn/GB/16698341.html，2011-12-23.

进行研判，能够有效地为政府等公共管理机构开展网络舆情危机管理提供决策支持。

（4）空间

网络舆情的产生发展及演变离不开环境的支持，这个供网络舆情进行活动及演化的场所即为网络舆情的空间。与一般舆情不同，网络舆情的发展空间就是互联网，既包括网站、论坛等传统载体，又包括微信、微博、直播流媒体等新媒体载体，但它又离不开其他条件的支持，如提供上网的场地，倡导网络言论自由的社会秩序、法律法规的支撑等。因此，从广义角度来看，上述条件共同构成了网络舆情的空间要素。网络舆情也正是在这些空间要素的制约和交互刺激下不断发展演变的。

（5）网络舆情的强度

现实生活中的舆情往往通过主体的语言、行为等方式来体现，这些语言和行为的偏激程度则是舆情的强度。对于网络舆情来说，舆情强度往往是靠舆情主体发表网络言论时的措辞、语气、行为模式等来表示。其中，一些富含情感倾向的词语（如"愤怒""绝望"等）或网络示威、网络侵犯等行为则表征着更大的舆情强度。对于网络舆情强度的测度，既可以采用观察法、网络调查法等定性方法获取，也可以通过内容分析、情感倾向分析等定量方法来得到。

（6）网络舆情的热度

网络舆情的热度是围绕网络舆情事件产生的一系列新闻报道、网民讨论、政府关注的程度，也可以是参与舆情话题的网民人数占有的比例①。在舆情事件发生后，网民的围观、点击、传播及评论均会对网络舆情事件产生一定的影响，导致事件向着积极或者消极方向发展。而一些舆情监测机构，则往往会根据事件舆情爆发力、

---

① 张一文，齐佳音，方滨兴，李欲晓. 非常规突发事件网络舆情热度评价体系研究[J]. 情报科学，2011（9）：1418-1424.

网民作用力、媒体影响力以及政府疏导力等指标来描述网络舆情热度，构建相应的舆情热度评价指标体系来对网络舆情发展态势进行分析和监控。

2.2.3 网络舆情的特征

与其他舆情形态相比，网络舆情具有许多独有的特点：①

（1）内容庞杂性

网络舆情内容庞杂，形式多样。一是涉及话题多元。网络舆情涉及的话题涵盖了政治、经济、文化、生活等各个方面，覆盖了不同国家、民族、区域的信息，甚至还是上述内容的综合反映。二是内容载体丰富。除了传统的网络论坛、贴吧、新闻网页等载体外，微信、微博、直播、APP 等都成为网络舆情信息的载体，而且融媒体趋势明显。三是表现形式多样。随着 4G、5G 的普及应用，网络舆情的表现形式逐步从传统的文本、图文形式为主过渡为音频、视频、流媒体形式为主，同时出现了直播视频流、交互式信息等多种新媒体表现形式。

（2）现实互动性

网络舆情反映现实，同时与现实同步互动。一是舆情反映现实。网络舆情作为对客观现实世界的反映，其表达的观点和蕴含的情绪倾向，仍源于客观现实世界和社会生活，是现实世界在网络世界中的另类呈现。二是舆情反作用于现实。网络舆情介入现实事件中，既可以促进舆情事件的爆发和进一步恶化，也可以实现舆情预警和趋势研判，从而助推舆情事件的处置和危机的解决。三是与现实同步互动。网络舆情作为社会的晴雨表，时刻跟踪着舆情事件的演化，并在舆情事件涉及的各类主体、事件要素、传播媒体之间进

---

① 王国华，曾润喜，方付建. 解码网络舆情［M］. 武汉：华中科技大学出版社，2011.

行实时传播和互动，形成现实事件与网络舆情互动场域。

(3)情绪感染性

网络舆情是网民意见、情绪的反映，具有主观性和感染性。一是主观性较强。网民对于突发网络舆情事件的认知和情绪往往出于直觉判断，会不自觉从自身立场进行情绪表达和宣泄，很少会深入思考事件诱因、处置方法。二是易受从众心理感染。网络舆情事件涉及主体往往较为单一，舆情传播却受众面极广，绝大多数网民均是受到情绪感染参与舆情之中，甚至形成舆情风暴。

(4)总体可控性

网络舆情演化受到内在机制和外界调控制约，总体可控。一是网络具有内在稳定机制。互联网作为自组织体，网络舆情传播演化中涉及的意见领袖、网络评论员等主体对于舆情具有控制和引导的作用，舆情具有总体可控的可能。二是组织可控性。网络舆情作为政府公共治理的对象，公共管理部门、舆情监控机构等作为舆情治理组织均参与到了舆情监控、预警和处理之中。三是技术可控性。网络舆情作为信息客体，现代信息技术尤其是大数据技术能够实现从舆情产生到消失的全过程分析、研判和预警，从而实现舆情的有效管控及舆情事件的处置。

2.2.4 网络舆情的生命周期

网络舆情作为主体对公共事务的认识，是由一系列片段事件和态度组成的集合，具有其自身的发展演变规律，而这种规律可以通过生命周期的阶段划分法加以区分。因此，网络舆情既可以像其他具有生命的事物一样，经历从始至终、从起源到陨落消失的演变过程，也可以由其产生发展到衰退的规律划分为若干阶段，对应生命周期的不同时期。通过对近年来国内外典型舆情事件的梳理，我们可以看出网络舆情一般具有以下阶段的生命周期：

(1) 潜伏期：舆情意见的萌生

在潜伏期，由于引发网络事件的因素已经存在，如一些广受社会关注的社会矛盾或社会问题（腐败、拆迁、贫富差距等），社会公众和网民都已进行过一定的关注和探讨，但由于关注热点的不同导致这些话题没有得到响应或者响应不强烈，使得舆情没有实现从"隐性"到"显性"的转化。这种由于舆情力量累积不够或缺乏强力触发点而致使舆情意见暂时被忽略的时期称为潜伏期，但因为已经存在类似的情绪导致舆情意见随时可以萌生或者爆发。

(2) 成长期：舆情意见的汇集

当与网民关注的公共问题或者社会问题相吻合的公共事件发生时，这个事件就会成为导火索，将与该事件相关的隐性网络舆情显性化，从而推动网络舆情的形成，这一时期则为成长期。在这一时期，与事件相关的舆情不但会引起大量的网络传播和媒体报道，同时还会引发全社会的广泛参与，如"躲猫猫"、李刚之子撞人等舆情事件。由于这些事件往往与社会敏感点或者民众切身利益相关，网民在各种网络载体上进行热议和交谈，并在交流过程中大部分网民逐步形成一类具有强烈倾向的意见体，成为主导式舆情；剩下的"围观"网民在从众心理影响下也会逐步向此靠拢，最终各类舆情意见汇集成一种统一的舆论，形成强大的舆论场和舆情压力。

(3) 成熟期：主流舆情的形成

在这一时期，由于不断有关于事件"内幕真相"的信息被披露，网络舆情趋同化趋势愈加明显，并产生了具有强大影响力的舆情意见领袖和一些网络推手。在他们对舆情事件的推动下，舆情意见的研判更加容易，逐步形成主流舆情意见。而大众媒体（如电视、报纸等）的介入则进一步促进了主流舆情意见的形成和广泛认可，公众热议达到新的高潮，也为舆情事件的解决提供了良好的契机。

（4）衰退期：舆情事件的解决

随着主流舆情的出现，社会多数公众的意见逐步趋向一致，强大的舆情压力迫使公共管理机构依靠这种网络主流意见来处理相关的舆情事件，直至事件的圆满解决，网民的知情权和潜在的心理正义感得以满足。与此同时，新的舆情事件又会出现在互联网上引发关注热潮，原有的网络舆情逐步淡出网民视线直至消亡。近年来发生的一系列网络舆情事件无不如此。

一般情况下，从网络舆情的生命周期各阶段来看，其潜伏期时间不定(长短均有)，但成长期和成熟期均比较短，往往经过几天的热议就进入衰退期了，但衰退期一般较长，尤其是在事件有往复的情况下更是如此(如富士康跳楼事件)，这种时间规律也是由网民喜新厌旧的特性决定的。表2-3中的一些舆情事件生命周期也验证了上述规律。

表 2-3　焦点公共危机事件网络舆情生命周期一览表

事　件	舆情周期(单位：天)				首发报道来源
	潜伏期	成长期	成熟期	衰退期	
河南天价过路费	2	1	4	193	新浪微博
华南虎事件	2	11	7	207	陕西省林业厅
邓玉娇案	8	4	8	96	长江商报
范跑跑事件	6	18	2	60	天涯论坛
三鹿奶粉事件	70	5	2	72	卫生部官网
躲猫猫事件	2	3	3	38	云南信息报
上海钓鱼执法	30	7	2	16	天涯论坛
湖北石首事件	5	2	3	151	政府官网
重庆最牛钉子户	4	2	1	12	凯迪社区
富士康跳楼事件	102	20	7	277	南方都市报
李刚之子撞人	2	3	1	133	猫扑网
双汇瘦肉精事件	1	1	2	92	央视新闻

2.3　旅游网络舆情

2.3.1　旅游网络舆情的概念

对于旅游网络舆情概念的解读，国内外相关文献中阐述较少。付业勤、郑向敏认为旅游网络舆情是网民和媒体针对旅游热点事件表达的情绪、态度和意见等情况①，而旅游热点事件应具备三个条件：一是旅游热点事件必须与旅游相关；二是旅游热点事件必须是热点事件，具有一定影响力；三是旅游热点事件在性质上包括负面的危机事件和重大突发事件，中性正面的假日旅游活动、节庆活动、政策法规出台等事件。② 董坚峰等则认为旅游网络舆情是以网络为载体，广大网民围绕旅游突发事件和热点现象所表达的情感、意见、态度、观点等社情民意的集合。同其他领域网络舆情一样，旅游网络舆情集中反映了旅行者、旅游企业等当事人以及社会公众对旅游突发事件、旅游现象的认知和态度③。

可以看出，旅游网络舆情是网络舆情这个概念的一个子集，它也是网民或媒体在网络平台表达的态度、情感和价值倾向，只不过这些表达始终围绕一个话题或领域，那就是"旅游"，所谓旅游网络舆情也就是存在于论坛、微博、微信以及 APP 等互联网平台的，网民或网媒关于旅游基于一定的诉求而进行聚焦表达的态度、价值倾向和情感。

---

① 付业勤，郑向敏. 网络新媒体时代旅游网络舆情研究：源起、价值与构想［J］. 河北学刊，2013，33（5）：182-184.

② 梁俊山. 旅游网络舆情危机与政府治理创新［M］. 北京：中国书籍出版社，2018.

③ 董坚峰，陈家鑫. 大数据背景下旅游突发事件的网络舆情治理［J］. 福建电脑，2021，37（12）：17-21.

2.3.2　旅游网络舆情分类

鉴于旅游网络舆情生成传播机理多样、内容特征和外在表现不一，可以按以下方式对旅游网络舆情进行分类。

（1）根据旅游网络舆情危机事件分类

一旦旅游网络舆情危机事件发生，必然涉及其内容特征、发生源头、传播机理、应对机制和表现形态，可以此为依据构建旅游网络舆情危机事件分类体系（见表2-4）。

表 2-4　旅游网络舆情危机事件分类体系

分类视角	具体方面	分 类 内 容
舆情危机内容特征	舆情涉及体	政府、企业和个人
	事件主题内容	卫生安全、自然灾害、民众生计、政府管理、涉法涉警、企业管理、社会文化、对外交往
	旅游系统分布	需求、出行、供给、支持
	危机事件原因	受害者型、意外型、预防型
	事件影响	特别重大、重大、较大和一般
	引发呈现形式	单一化呈现、系列化呈现、对比化呈现
	事件亮点分布	"热点""标签化"和网络流行语
舆情危机传播机理	曝光途径	新闻媒体报道、民众爆料、政府司法曝光、企业宣布、政府发起
	曝光媒介	传统媒体及其网站、新媒体、政府和企业官网
	持续时间	持续时间长和持续时间短
舆情危机应对机制	应对主体	涉事主体、主管部门、法律部门、党委部门、境外部门等。
	应对时效	应对早和应对晚
	信息发布方式	信息发布制度和媒介

续表

分类视角	具体方面	分 类 内 容
	舆情应对和处理方式民主	应对方式, 包括道歉、承诺、迎合、解释、辩解、否认; 处理方式, 包括企业、政府和党委、司法机关的处理方式
舆情危机形态表现	舆情意见分布	网民和媒体对时间不同的看法数量
	事件时间的分布	事件发生时间统计分类, 了解不同时段态势形态表现
	事件空间分布	地理区位分布统计和分类

（2）根据旅游网络舆情的外在表现分类

根据旅游网络舆情的外在表现可以从发生的频率、影响的范围、持续的时间、演变规律等方面进行分类。

发生的频率即该类旅游网络舆情在单位时间内发生的次数, 可以分为常规性旅游网络舆情、突发性旅游网络舆情和潜在性旅游网络舆情。通过发生频率的研究可以进一步了解不同频次的网络舆情之间的区别, 以及采取相应的引导措施。

影响的范围是指旅游网络舆情生成后在网络和现实空间中传播的场域范围, 以及造成的相关影响程度。可以根据地域范围划分为地方旅游网络舆情、区域旅游网络舆情、全国性旅游网络舆情及全球旅游网络舆情; 根据旅游网络舆情发生的场域可以分为现实为主的旅游网络舆情、网络为主的旅游网络舆情以及现实与网络交互的旅游网络舆情; 根据旅游网络舆情的影响程度可以分为一般性旅游网络舆情、重大旅游网络舆情和特大旅游网络舆情。

（3）根据旅游网络舆情内在机理分类

根据旅游网络舆情内在机理分类, 可以考虑从生成机制、生成原因、性质定位等几个方面进行分类。

生成机制是指对旅游网络舆情生成源起关键作用环节的机理, 可以分为网络聚集型、现实引爆型、网络与现实互促型。网络聚集型是指事件最初起源于互联网空间，并经过网友评论、媒介转载等途径在网络中进行发酵、放大从而形成网络舆情的类型；现实引爆型是指由发生在现实生活中的旅游事件、话题并经网友、新闻媒体传播到网上成为热门话题；网络与现实互促型是指该舆情同时在网络和现实中进行传播，而且网络传播随着现实的推进而进行交互。

生成原因是指旅游网络舆情生成的内在动因，可以分为倾诉经历类、侵害维权类、哗众取宠类、蓄意动员类等几种。倾诉经历类一般是指一些旅客在旅行中或旅行后于个人博客、QQ 空间、微信相册以及 SNS 空间发布旅游经历，如果其中有部分内容可以与网民发生共鸣或突显"亮点"，就可能进一步发展成为网络热点；侵害维权类是指游客在旅游过程中感觉权益被侵害，通过网络等平台进行倾诉和维权，或通过自身教训唤醒网民的维权意识，从而成为网络热点，并进一步演化为旅游网络舆情；哗众取宠类是指部分网民、网络媒体或其他组织利用一些旅游景观、资源、热点，刻意制造舆情从而提升自身知名度或增加网站点击率，从而实现其自身利益的类型；蓄意动员类指的是一些不法组织或个人通过网络水军、网络大 V、网络公关等渠道掌控、引领旅游网络舆情走向，表面上看是通报有关旅游的舆情信息，而其内在动因是有其不可告人的动机，甚至政治目的。

性质定位是指旅游网络舆情的价值取向和法律尺度，可以从正当性和合法性两个方面进行分类。从正当性方面来讲，是指该旅游网络舆情的形式、内容是否正当，是否吻合社会价值评判标准和符合社会公平正义，因此可以划分为正当的旅游网络舆情和不正当的旅游网络舆情；而合法性方面则是指从舆情的生成、传播到引爆、平息整个过程中是否符合法律规范，是否在法律尺度范围内进行，也因此可以划分为合法旅游网络舆情和非法旅游网络舆情。

45

2.3.3 旅游网络舆情的构成

（1）主体：网民

旅游网络舆情的主体，指的是网络舆情的参与主体，也就是说网络舆情形成、传播、消亡整个过程中发挥作用，形成影响的个人或组织，从总体来看可以分为网民、热点事件当事人、意见领袖、新闻媒体、政府发言人及其他。

旅游网络舆情形成的主体是"网民"。随着我国互联网普及化，网民数量逐渐增多，对于突发的旅游热点事件不同的网民持有的观点和态度是不同的。当网民或者网民群体将自己的意见通过网络发表后，最终会形成一股或几股意见流，从而对旅游目的地景区、城市、旅游企业产生影响，进而形成旅游网络舆情。一般来说，"网民"大体可以分为以下几类：

第一，自由主体

互联网的普及和自媒体的兴起为网民发表言论表达意见提供了一个自由的平台，这使得每个网民都成为"新闻人"，其数量占据绝对优势，影响日渐扩大。自由主体是指活跃在互联网上的草根网民，他们数量庞大、分布广泛，且群体分布于各年龄段、各行业中。根据中国互联网络信息中心（CNNIC）发布的第 47 期《中国互联网发展统计报告》显示，截至 2020 年 12 月，"十三五"期间，我国网民规模从 6.88 亿增长至 9.89 亿，五年增长了 43.7%。截至 2020 年 12 月，网民增长的主体由青年群体向未成年和老年群体转化的趋势日趋明显。其中，超过 50% 的网民年龄在 40 岁以下，21% 的网民多为学生。截至 2020 年 12 月，根据我国网民学历结构划分，仅有 19.8% 的网民拥有大专、本科及以上学历。这种网民主体格局就决定了在舆论热点形成过程中网民行为激进、缺乏理性的特点，同时研究发现广大网民对热点事件的回应态度主动积极，在发表自己的看法时言论极具批判性，这种主动性态度和批判性言论通常会在网络上引发激烈的论战甚至对抗，主要表现为网上发帖、言论攻击、人肉搜索等方式，有时也会引发现实生活中的暴力对抗，加速舆论热点的形成。这也是近年来在多起旅游网络舆情事件中，由网民行为过激而引发事件恶化的直接原因。

第二，旅游舆情事件当事人

当事人是旅游网络舆情的直接参与者，在网络舆论形成中，当事人是整个事件舆论传播的重要来源，当事件曝光后当事人的行为和言论都深受媒体和网民的关注，因此，他们的行为会受到舆论压力的进一步影响，这种影响可能会对当事人产生积极的引导作用，也可能会妨碍当事人进行自我权利的维护，亦有可能使事件的发展脱离当事人的掌控。在旅游网络舆情事件中，当事人在面对危及自己切身利益的事件时普遍表现出积极的态度，从关系到个人的"青岛大虾事件"到有关整体旅客的"海南宰客事件"，公众对自身利益的维护意识越来越强，并且懂得如何通过合法途径维护自身权益，从而使网络事件朝着稳妥方向发展。当事人虽然是旅游热点事件的主要参与者、直接利益相关者，但其并非舆论主导者，一旦舆情事件形势恶化或旅游网络舆情危机态势形成，当事人也无法掌控舆论的最终指向，从而出现所谓"躺枪"的现象，即危机最后指向与当事人不相关的领域或主体。

第三，意见领袖

网络意见领袖是指在网络舆情传播中能够及时发布舆情信息、制造舆情话题并对其他网民施加影响的"活跃分子"。他们往往由网络大 V、论坛版主或者 UP 主、知名评论人、记者等组成，是在网络舆情话题相关领域的"权威人士"。意见领袖在网络舆情传播和演化过程中一般发挥两类作用：一是中介作用，即将舆情话题相关信息通过网络论坛、新闻贴吧、新媒体载体等传播给不特定的网民受众，从而搭建起普通网民与舆情信息之间的信息桥梁；二是过滤作用，即将特定舆情信息中的特定内容、情绪等舆情要素及相关倾向性意见传递给特定区域、特定人群受众，引发受众关注和热议，助推舆情事件演化。在舆论传播过程中，当权威人士充当意见领袖时，由于自身所处位置，权威人士在某些专门的问题上有较多的研究和较广阔的知识，他们往往信源广阔，具备较强的读码、释码(如解释与理解)能力，这在一定程度上更容易引起人们注意。权威人士在某一方面具有专业的知识，在一定程度上行为更加理性科学，因此，意见领袖的一言一行更容易成为普通大众的楷模，使公众都愿意追随和模仿其行为，从而使意见领袖发挥更大影响。

第四，景区、政府相关发言人

在网络舆情传播的全过程中，政府始终扮演着最具有权威性的

47

角色。政府作为舆情治理的关键主体，在占有公共权力和掌握信息方面存在天然的优势：一方面有更多机会接触传播媒介的内容，甚至可以左右传播媒介的内容；另一方面，政府作为具有公共权力的权威组织，机构众多，分工明确，可以更便捷、更广泛地获取信息。在旅游网络舆情事件中，景区管理部门、地方政府具有行使公权力的天然合法性，同时也具有强大的协调能力和舆情阐释权威度。当政府充当意见领袖时，完全可以凭借公权力对符合利益取向的信息进行协调处理，对违背利益目标的信息进行干涉和规制，与其他群体相比，景区、政府相关发言人是一类特殊的舆情主体。

（2）客体：旅游危机事件

所谓网络舆情的客体，是指在网络舆情产生、演变以及消亡过程中的传播标的，既包括自然界能引发网络舆情的自然现象或事件，也包括人类社会活动中产生舆情的一些社会活动或精神追求，它们可以是具体的事件也可以是抽象的价值体现。对于旅游业来说，旅游网络舆情客体，是指在旅游过程中产生或者与旅游相关的事件，经过网络传播或者受到网民关注后进行传播演化，主要涉及游客、旅游企业、旅游行业等各类主体。一般来说，作为网络舆情客体的旅游舆情多与旅游突发事件、旅游政策调整等有关，如旅游法规的出台、黄金周出行、疫情封控游客滞留、强制旅游消费等，这些事件既有负面的，也有一些正面或者中性的，都会引发网民的热议和讨论，从而形成舆情热点和焦点①。

旅游网络舆情的客体是旅游危机事件。旅游危机事件在旅游网络舆情产生过程中起到刺激物、催化剂的作用。一方面危机事件会诱发网络热议，形成舆情热点甚至舆情风暴；另一方面，危机事件与舆情在时空上进行交互，推进舆情事件向恶性方向演化或者得到圆满的解决。因此，在旅游网络舆情中，旅游危机事件与网络舆情的交互，既推进了网络舆情的爆发和持续性蔓延传播，也使得舆情

---

① 付业勤. 旅游危机事件网络舆情研究：构成、机理与管控［D］. 厦门：华侨大学，2014.

客体更加复杂化。

①自然灾害、事故灾难。

灾难性事件是在人们生产、生活过程中突然发生的、违反人们意志的、迫使活动暂时或永久停止，并且造成大量的人员伤亡、经济损失或环境污染的意外事件①。由于旅游是发生在一定空间范围内的活动，灾难性事件无疑会影响旅游体验，甚至为旅游者、旅游目的地带来直接的经济乃至人身威胁。近年来，无论是地震、火灾还是飞机失事、汽车相撞等重大交通事故，都给旅游者和旅游目的地带来了恶劣的影响。以"8·8九寨沟地震"事件为例②，2017年8月8日四川省九寨沟县发生了7.0级地震，死亡人数达25人，受伤500余人。由于该县是世界知名景区九寨沟所在地，发生地震时又是暑假旅游旺季，无论是涉震区滞留游客还是网民均对此表示了极大的关注，并对当地旅游产生了较大的影响。

②突发公共卫生事件。

公共卫生事件是指已经发生或者可能发生的、对公众健康造成或者可能造成重大损害的传染病疫情和不明原因的群体性疫病，如突发疫情、食物中毒、动物流感等。在旅游六要素中，有一个非常重要的要素就是"吃"，食品安全则直接影响着游客对该要素的体验。自2003年以来，病毒疫情逐步成为突发公共卫生事件的主要来源。2003年"非典"对于中国旅游市场造成了巨大的影响，据统计，SARS疫情防控期间人们的出游大幅减少，2003年当年的国内出游客流同比下滑13%，整体旅游业的收入增速降低了28%，峨眉山、张家界等著名国内景区也大受疫情影响，客流量出现下滑，而在2002年客流量增长超过50%。2020年1月以来，新型冠状病毒疫情肆虐全球，波及了100多个国家近50亿人口；同时，由于

---

① 百度百科.灾难性事件[EB/OL].[2022-07-27].https://baike.baidu.com/item/%E7%81%BE%E9%9A%BE%E6%80%A7%E4%BA%8B%E4%BB%B6/3528028?fr=aladdin.

② 中国地震局.2017年8月8日四川九寨沟7.0级地震专题[EB/OL].[2017-08-13].https://www.cea.gov.cn/cea/dzpd/dzzt/369861/369864/3970852/index.html.

无法外出，与旅游相关的餐饮、酒店、影视娱乐、交通运输等诸多
行业都受到了极大影响。

③突发社会安全事件。

突发社会安全事件是指由人为因素引起，突然发生的危及社会
公共安全、公共秩序的事件，这类事件往往严重影响社会稳定，需
要政府或者政府安全维稳部门在事件出现后快速处置，如群体性事
件、恐怖事件、涉外事件、涉及民族宗教事件等突发事件。这类事
件尽管不与旅游业直接相关，但突发社会安全事件往往要么涉及社
会公众群体利益，要么涉及社会公共秩序和公共安全，会间接影响
旅游出行和旅游体验。

④旅游服务事件。

相比上述突发公共事件，旅游服务事件的产生既有公共的共性
原因，也有个性原因。从共性来说，旅游目的地及景区、管理部门
提供的旅游公共基础设施、公共交通、旅游法律法规、公共事件应
对策略等都会影响到游客服务体验，从而导致旅游服务事件的产
生；从个性来说，旅游产品和服务的非标准化特征导致旅游消费者
的旅游体验是不一样的，旅游者对于旅游服务的认知态度也各异，
容易产生矛盾纠纷。尤其是近年来，由于部分旅游企业、旅游从业
人员不遵守行业规范，屡屡出现强制消费、宰客等事件，成为旅游
服务危机事件的典型。如 2017 年的"雪乡宰客"事件本来是一个情
节较轻的旅游服务事件，经网络发酵后成为旅游目的地重大形象危
机事件。

(3) 本体：舆情内容

网络舆情的本体是它的内容，内容就是某件事发生后网络上的
用户对于这个事件的看法、态度以及自己的观点。人们关注网络舆
情都是关注它的内容，根据内容再传播出不同的网络舆情。

对于旅游网络舆情来说，其舆情内容主要体现在各参与主体之
间的利益博弈。旅游突发事件之所以成为网络舆情事件，根本原因
就在于各参与主体代表的不同的利益诉求和利益关系。涉事旅游者
追求的是维护自身合法权益，景区和旅游目的地管理部门要求的是

维护品牌形象，旅游企业顾及的是自身利益及商誉，其他网民追求的是社会公平正义，传统媒体和网络媒体则关注的是报道是否吸引眼球引发聚焦……可以说，旅游网络舆情是在各参与主体有内在利益诉求的前提下，为了追求各自利益的最大化而展开博弈最终促成的。在这个过程中，舆情仅是博弈的外在表现，冲突、合作等博弈才是手段，利益是最终目的。因此，各主体参与的动机，即游客将经历视频上传到互联网无非是想维护在旅游过程中被损害的利益，虽不一定能够得到补偿，但也能将诉求公之于众，给对方带来打击；新兴媒体与传统媒体都纷纷转载、报道无非是想聚集热点、吸引眼球或伸张媒体的"正义"，其目的也是为自身利益而服务的；旅游景区、主管部门等被指向主体积极应对也是为了挽回形象、减少利益的损失。在各主体之间的互动之中，这种动态博弈的趋势也就越发明显，只有最后各方在多次采取策略之后，各方基本实现利益的均衡或趋于均衡，舆情危机才会平息。

(4) 载体：互联网媒体

网络舆情的传播需要依靠载体来进行，随着技术的进步，这些载体越来越丰富，越来越完善。在传统互联网时代，网站、论坛等载体依托互联网协议和平台，发挥了重要的信息展示和舆情传播作用。随着 Web2.0 的兴起，以交互、草根为代表的新兴载体不断呈现，维基百科、微博、博客、微信等成为互联网新宠。2015 年以来，新媒体技术的应用则催生了网络直播这一新型载体，抖音、快手等新媒体直播平台以交互实时化、内容富媒体化引发了广大网民的喜爱，也成为舆情传播、治理的利器。

我国是世界第一互联网大国，也是网络舆情载体最丰富的国家之一。最新的 CNNIC 统计报告显示，截至 2021 年 12 月，我国网民规模为 10.32 亿，互联网普及率达 73.0%，域名总数达 3593 万个，网站数量为 418 万个，全国网页数量为 3350 亿个，累计建成并开通 5G 基站数达 142.5 万个，全年新增 5G 基站数达到 65.4 万个，互联网和移动互联网建设走在了世界前列，传统网络媒体和移动互联网媒体非常丰富。

网络媒体：表现活跃，占据主流。互联网凭借其高普及率和方便快捷、信息全面的优点成为网络舆情的主流传播渠道，在众多媒体中表现活跃，如：网络搜索引擎为用户提供了便捷的信息搜集途径，人们仅需输入简单的关键词就可以一键获取事件的全貌，百度等公司更是借助百科、贴吧等平台聚合了大量专题信息，为用户获取信息、交互信息提供渠道。

移动互联网媒体：推波助澜，辅助网络。近年来我国移动互联网普及率高，手机网民普及率已经超过传统网民，在新媒体的推动下，一个不懂电脑操作的人都可以轻松地操作手机浏览新闻、发表评论。可以说，移动互联网媒体在网络舆情传播中具有重要作用，成为互联网传播的重要辅助媒介。

2.4 旅游危机事件中的网络舆情形成规律

旅游危机事件网络舆情的形成和发展是网络舆情的主体、客体、本体和载体共同作用的结果。在旅游危机事件中，网络舆情成因复杂，表现形式各异，与危机事件交互推动着危机事件的演化和解决。

2.4.1 旅游危机事件中的网络舆情特点

旅游网络舆情危机事件的发生具有复杂的成因，并与危机事件涉及主体的主观意愿有着密切的联系。一般来说，事件主体对危机事件发生的责任越大，放任或故意愿景越强，就越易形成舆情热点，即旅游商业炒作、资源环境破坏、游客不文明行为等可预防性旅游危机事件易引发舆情危机；反之，一些涉及自然灾害、恐怖袭击、游客自身疾病死亡等外部不可抗力事件引发的网络舆情较少受到关注或易得到公众谅解，相关危机事件也易平息，即受害型旅游危机事件不易形成网络舆情风暴。另外，鉴于旅游行业的特殊性，旅游危机事件涉及的事件重要程度、对游客及网民的吸引力及其蕴含的娱乐性等均影响着其是否能够成为网络舆情热点，网络舆情成因复杂。

（1）旅游网络舆情是游客旅游体验的网络延伸

相比传统媒体，互联网对于每个用户都是相对开放和公平的，无论是达官显贵还是草根网民都可以借助互联网平台抒发情绪和发表言论。同时，网络平台为用户提供了更好的交互性，用户发表的言论在网络平台上总能找到赞成或者反对的，赞成者会积极转发扩大影响，反对者则积极反驳造成舆情。因此，将这种舆情表达扩展到旅游领域，舆情话题聚焦到旅游事件，就会形成旅游网络舆情。对于旅游者来说，其在线下的任何一次旅游消费体验，都会对其产生或正面或负面的影响，良好的旅游体验会使游客身心愉悦、流连忘返，并在体验过程中或者过程后将其借助论坛、微博、微信等平台记录下来，我们常见的百度攻略、马蜂窝等 APP 则是典型代表；糟糕的旅游体验则会影响游客的心情甚至带来身心和财产的损失，更会促使游客及时通过微信朋友圈、微博、抖音直播等方式曝光出来，并随着事件解决过程逐步形成舆情风暴或者消散。可以说，网络媒体进一步拓展了游客体验空间，并推进着网络舆情的产生和演化。

（2）舆情生成前的隐动性和生成后的激增性

人们在表达自己观点和情绪时，容易受外界环境影响，大部分人在外部环境的压力作用下，不敢表达自己真实的看法，选择沉默，这也就造成了一些游客在现实世界中利益受损时选择忍气吞声，而当别人利益受到侵害时也不敢仗义出手，最终陷入"沉默的螺旋"。然而在互联网上的网络舆情参与者和发布者的信息可以匿名，这样就在一定程度上保护了网民的个人隐私，确保了网民可以在不受外界环境的影响下，真实地表达自己的意见，切实地站在自身或者与自己同类群体的角度出发，表达自己的愿望，此时网民的各种顾虑不复存在，各种伸张正义和声援、声讨行为如爆炸似的增长出现，甚至有些还越过了法律红线，如出现网络暴力现象。这也

53

就使得旅游网络舆情出现了生成前后截然不同的两种局面，之前现实环境中的沉默不语与网络中的舆论激增形成鲜明的对比。

（3）"身份标签"成为网民判断是非的主要依据

所谓身份标签也可以称为情感的阶层归属感，即它是指一个个体或集体根据自己所拥有的社会地位和掌握的经济机遇对一件事物或现象的心理评价，并对自己和他人或某一群体进行心理上的比较，来自觉地划分自己所处社会阶层，并在心理上极力维护自己所处阶层的观点和利益，形成志同道合的小团体。因此，"富二代""官二代""星二代"等词迅速蹿红网络，展现富与贫，强与弱，官与民的社会阶层的断裂和对立。当旅游网络舆情产生时，网民的这种非理性判断会聚焦于舆情对象的身份，进而影响其对涉事主体的情感。近年来，许多旅游舆情事件均是由于涉事主体的特殊身份引起的，政府官员、旅游执法人员、官二代、明星等相关的旅游舆情事件会被网络媒体放大，进而引起舆情风暴。尤其是当政府或旅游主管部门失去公信力后，将陷入一种进退两难、因小失大的信任危机中，从而给社会带来负面影响，网民也会随之陷入与主管部门对立的境地，从而影响舆情的正常发展。

（4）"羊群效应"导致旅游网络舆情极化

所谓羊群效应就是人们容易受多数人的影响从而跟从大众的思想和行为，也称为从众效应。尤其是在网络群体性事件发生后的群体讨论，这种效应更加明显。社会心理学家认为，通过群体讨论，无论最初的意见是哪一种倾向，其观点都会被强化，称为群体极化效应。

在旅游危机事件中，"驴友"（旅游者）通过网络论坛、贴吧等社群平台已经建立联系并形成了"羊群"的聚集，一旦出现舆情事件，当热点生成、舆情演化时更容易出现舆论一边倒的从众效应，其他观点的出现往往就会陷入"一石激起千层浪"的困境，导致旅游网络舆论激化，这使得网友很难有一个客观理性的评判。

2.4.2 旅游危机事件中的网络舆情成因

旅游网络舆情作为对现实旅游产业的映射，反映了旅游产业发展、旅游服务提供、旅游企业和游客公序良俗等情况。旅游产业并非单一产业，产业集群化、劳动密集型、产业链结构复杂化、参与主体多元化等特征明显，导致旅游网络舆情涵盖了旅游吃住行游购娱等多个要素及游客旅游出行期间的全过程，涉及旅游企业、导游、游客、旅游配套服务提供商及管理部门。不同要素、不同领域、不同主体引发的旅游突发事件原因不同，网络舆情危机诱因多样，使得旅游危机事件中的网络舆情生成和演化原因各不相同。尤其是游客在旅游体验中发生的强制消费、零负团游、安全事故、收费不合理等问题更是产生旅游危机事件的主导因素，极易引发网民对事件的跟踪和评议，从而产生舆情。

如图 2-1 所示，研究人员从游客体验角度对旅游舆情危机事件产生原因进行了统计分析，其中宰客事件为诱发旅游舆情危机事件的主导因素，占比高达 39%，这也间接体现了旅游服务是引发旅

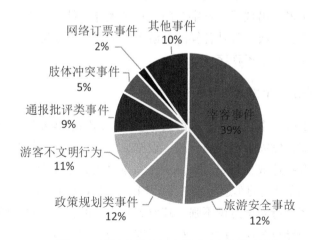

图 2-1 旅游舆情危机事件发生原因统计图

游舆情危机的主导因素。旅游政策规划类事件、旅游安全事故各占比 12%，说明了旅游管理部门、服务部门为游客出行提供的政策制度和服务安全保障是游客比较关注的内容，也是引发旅游危机事件的重要诱因；另外，游客不文明行为占比 11%，体现出互联网对于旅游公序良俗的监管和影响；另外，通报批评类事件、肢体冲突事件、网络订票事件分别占比 9%、5%、2%，反映了旅游危机事件产生原因的多元化。

（1）旅游宰客事件

旅游宰客事件是引发旅游危机甚至网络舆情风暴的主要原因之一。作为消费型项目，旅游出行一般耗费不菲，除了必要的交通住宿饮食等开支外，还有相当一部分用于购买景区门票、导游人员服务费、购买旅游特产、欣赏旅游演艺等方面。对于绝大多数游客来说，旅游消费都有一个心理预期，即符合其心理价位，如果能够追求性价比则更好了。基于这种心理，少数不良商家推出了各种不符合消费规律的旅游团套餐，如"零团费""低价团"项目，以低价诱导游客参加跟团旅游，又在旅游过程中进行强制消费或者甩客；或者提供以次充好、以个体代表整体的旅游商品、旅游服务，欺诈消费者。近年来，出现了三亚宰客门、青岛大虾事件、云南导游强制消费等事件，形成了各种各样的旅游舆情危机，严重影响了旅游目的地形象和旅游市场秩序。

（2）旅游安全事故

不同于旅游宰客事件，旅游安全事件多由除游客外的外界因素引起的，如自然灾害、交通事故、设施故障等，这些事件多会对旅游消费者人身造成伤害甚至致人死亡，如"东方之星"游轮沉船事件、7·23 甬温线动车追尾事件等。当然，旅游安全事故也有部分是由于游客自身安全意识不强、疏忽大意引起的，如在自驾游过程中疲劳驾驶导致车祸、游玩过程未系安全带导致事故等。由于旅游安全事故大多发生在游客个人或者小团队中，涉及范围小，关注面也不大，在互联网上引起的关注量一般并不大。当然，对于类似

"东方之星"沉船事故、动车追尾等涉及大量游客的事故，网络关注度非常高，部分网民对事件全程关注，甚至对于游轮失事原因、救援措施、后续游客家属安抚等情况进行质疑或者发表热议。

（3）政策规划事件

政策规划事件主导者一般为政府或者旅游管理部门，涉及旅游法规、景区门票调价、旅游资源配置、旅游设施设备配给等问题。近年来，部分景区在未进行充分市场调研或者论证情况下，随意提高景区门票价格、增加旅游收费项目，给游客和景区所在地商户和居民带来了很大的困扰。如2013年4月，凤凰古城增收门票，游客需要购买148元捆绑门票才能进古城参观。新政推出以后，不光引起游客热议，游客数量剧减，还遭受当地商户的一致反对，酿成群体性事件。在此后相当长一段时间内，凤凰古城收费事件成为互联网舆情焦点。一般来说，政策规划类事件的产生，与地方政府制定决策时程序不健全、问政利益相关主体不到位、制定方案不合理等有关，最终影响的除了当地旅游发展外，还有旅游目的地的声誉及地方政府的执政能力。相比门票新政等涉及群体利益事件，还有部分事件尽管涉及面不广、影响不大、易受到忽略，如旅游设施配套问题、旅游标识不科学等，也会影响游客体验从而引发网络舆情危机。近年来频发的旅游公厕问题就是其中的典型，无论在北上广等发达地区还是西南欠发达地区的旅游景点，都出现过游客找不到旅游公厕、公厕不开放、无人清扫、厕位过少游客排长队等情况，严重影响了景区形象。为此，旅游管理部门、旅游企业应该在开展政策规划时进行充分论证，尽量避免类似负面舆情的出现。

（4）游客不文明行为事件

游客不文明行为事件是指游客在旅游体验过程中，在旅游公共场合发生的不遵守当地风俗礼仪、不顾及其他游客感受体验、不遵守社会公德道德的行为，如随意破坏旅游设施、在景区到处写写画画留下"到此一游"字迹、不讲卫生随地吐痰甚至大小便、无理取闹等。比较典型的有2013年埃及卢克索神庙浮雕上"丁锦昊到此一游"事件、2016 年中国大妈在曼谷机场围圈打牌、2021 年云南野生动物园蓝孔雀被游客抓住拍照活活吓死事件等。这些事件大部分发生在国内，少部分发生在国外的给我国形象带来了非常不良的影响，开展游客行为自律行动和进行旅游教育已经刻不容缓。

（5）通报批评类事件

通报批评类事件主要是指旅游管理部门（如中华人民共和国文化和旅游部、地方文旅局）对于旅游景区、旅游目的地服务行业中的旅游景区建设效果、旅游服务开展质量、旅游物价执行情况、旅游投诉处理等不到位、不作为现象开展的通报批评，如秦皇岛山海关景区被取消 5A 级资质事件、丽江被列入文化和旅游部"黑名单"事件、四川峨眉山景区被通报批评责令整改处理事件等。通报批评类事件是各级旅游管理部门听取消费者需求、加强行业监管的有力举措，也是倒逼旅游景区提质增效，推动旅游景区高质量发展的必经之路。

（6）肢体冲突事件

肢体冲突事件主要发生在旅游消费者与旅游从业人员、当地居民之间，包括游客之间冲突、游客与旅游从业人员（如导游、服务员、景区接待员等）、游客与当地居民（如商户、司机、本地人等）之间的肢体冲突，这种冲突往往伴随着肢体行为甚至持械斗殴等暴力行为，严重影响了旅游市场秩序和游客旅游体验，也是对于旅游目的地综合治理的考验。近年来出现的诸如华山游客被捅事件、河南万仙山景区游客遭群殴事件等是其中的代表。肢体冲突事件往往是旅游网络舆情热点，若不妥善解决会严重影响旅游目的地形象。

（7）网络订票事件

作为现代网络信息技术与旅游的结合，网络订票以其经济、便捷等特点成为旅游消费者首选的旅游预订行为。但是，由于互联网交易存在的安全漏洞、不良商家追求非法利润、不法分子从事诈骗等原因，网络订票仅是"看上去很美"。近年来，网络多次曝出

OTA平台随意取消优惠订单、大数据杀熟、旅游平台跑路、旅游社区发布诈骗信息等事件，严重扰乱了旅游市场秩序，也为游客出行和享受旅游服务带来了众多困扰。

(8) 其他事件

其他事件主要涉及旅游行业中的一些不规范经营行为，如无证经营、无证导游、不查验身份证办理住宿、提供过期或者不卫生的饮食、不及时清扫房间等。这些事件尽管影响不大，但会对游客的旅行安全产生影响，也是当前旅游网络舆情关注的热点。

可以看出，随着网络媒体的普及及旅游业的飞速发展，越来越多的旅游危机事件通过网络传播和发酵成为热点危机事件。旅游网络舆情作为游客体验在网络上的延伸，既有游客自身权益、利益得不到保障而不得已采取的维权行为，也有对旅游管理部门、旅游企业或者从业人员的工作疏忽或者管理不健全的反映。互联网本身已经为政府、媒体、网民和游客提供了一个良性互动平台，涉旅各主体应该好好把握旅游网络舆情规律，利用好网络媒体的作用，使其更好地为旅游业服务。

第3章　旅游网络舆情的传播与演化

在频发的旅游网络舆情突发事件中，网络已经成为网民、游客等公众利益主体进行利益诉求的渠道和情绪宣泄的平台。网民（游客）的行为影响着旅游网络舆情的走向，与旅游突发事件一起引导着网络舆情的传播与演化，并进一步推动着旅游危机事件的进程和网络舆情危机的产生。

3.1　旅游网络舆情事件中的网民行为

网民行为是现实社会矛盾在网络虚拟社会中的映射与延伸，是网民力量释放与博弈的结果。在互联网世界里，不同网民群体由于利益诉求、社会主张的不同而呈现出不同的网民行为。互联网作为现实社会的映射，充斥着大量网民对于社会政治、经济利益分配、公权力使用和权利维护的看法，现实世界中的利益之争、权力之争会不自觉地投射于网络之中，尤其是对于绝大多数草根网民来说，其对于利益分配的诉求满足、对于权利回归的渴望、对于社会民意表达情绪宣泄都会寄托于"无所不能"的互联网上，希冀能够借助互联网载体实现诉求、满足愿望和履行权力。在这种背景下，大量网民采取的非正式网络诉求方式会直接转化为形色各异的网民行为①。

作为旅游网络舆情的主体，网民在旅游网络舆情危机事件中扮演着不同的角色，既有利益相关者，也有推波助澜者和不关己事者；对与网络舆情相关的事件，网民的情绪波动和行为倾向也有不同，行为动机各异，进而推动着网络舆情事件的发展。

3.1.1 旅游网络舆情事件中的网民行为方式

旅游网络舆情事件中的网民行为有多种分类方式，不同行为动机、行为后果、行为模式都对应着不同的类型。鉴于旅游网络舆情行为是网民在旅游体验中对于舆情事件反映出的情绪及相应行为倾向，可以此为依据将网民行为划分为理性温和型、情绪波动型和极端过激型等三种行为方式。

（1）理性温和型行为方式

理性温和型行为方式是一种常态化下的行为方式，主要指网民在面对旅游网络舆情时，能够借助逻辑思维对舆情信息内容、舆情影响进行理性判断，识别、推断和评价舆情事件的发展演化情况，同时采用相对稳定的情绪和温和的态度表达诉求和情绪。一般来说，典型的理性温和型行为方式包括网络潜水、网络转载和理性温和型发言等，涉及的网民多为与舆情事件无关或者弱相关群体。

①网络潜水

网络潜水指网民在网络论坛、社交软件中采取只浏览不发言、不表露身份的网络行为。在旅游网络舆情事件中，网络潜水具体表现为网民对旅游舆情事件相关的新闻报道、论坛帖子、博客文章等只浏览不回复、不跟帖或者参与讨论；对于与事件相关的利益群体、网民间发生的网络争论、网络冲突也不参与，只是静静地围观。网络潜水行为者也可以视为网络看客或者网络围观者，他们在

61

① 王来华，曾润喜，方付建. 解码网络舆情[M]. 武汉：华中科技大学出版社，2011.

网络舆情事件中主要是静观其变、隔岸观火，但是在一定情境下也有可能转化为网络转载或者温和型发言角色。从比例上来看，潜水型网民在网络论坛、社交软件中规模巨大。

②网络转载

旅游网络舆情中的网络转载是指网民将与旅游舆情事件相关的新闻报道、社交资讯、网络帖子、视频流媒体等非自己原创的信息内容通过网络渠道在其他非原创出处地进行上传和传播，从而间接地表露转载者对该事件的情绪和倾向。一般来说，引发网络转载有以下几种情况：一是转载者对转载内容（原作品）中的观点、内容产生了兴趣甚至引发共鸣，或者以此来满足转载者对相关事件观点进行传播的现实需求；二是转载者认同转载内容的价值，认为将其转载传播能够为更多人带来资讯、情绪上的满足或者实现价值转化。一般来说，网络转载行为的发生主要取决于转载者的兴趣度和转载价值，对于旅游网络舆情事件往往起到推波助澜的作用，尤其是大规模的网络转载会显著提升公众对舆情事件的关注，使事件转化为热点事件甚至敏感事件，从而扩大事件的影响范围和后果。

③理性温和型发言

理性温和型发言包括理性发言和温和型发言。前者往往建构在网民对于舆情事件的理性逻辑思考基础之上，是网民借助文字、图像、符号、视频等多模态网络语言对事件性质进行说理性表述，语言内容一般聚焦于事件本身；后者中的网民除表述舆情事件外，往往带有轻微的情绪化或者呈现一定的个人情绪。可以看出，理性温和型发言的网民一般在发言时用语文明，不带有个人情绪或者情绪波动平和，无煽动或者攻击倾向。但是，鉴于网络空间的虚拟性和网民情绪的复杂性，网民理性发言场合不多。

在旅游网络舆情事件中，网民的理性温和型发言主要表现为针对旅游舆情事件进行理性温和型发帖、回帖，以及与他人进行的理性温和式交流，尤其是发帖和回帖行为发生在网络公共空间中，易于观测和关注。

首先，发帖是网民个人或者特定群体在网络公共空间（一般是论坛、贴吧等）发布代表个人观点、看法的文字、图片、音频、视频等作品的行为。除无谓灌水行为外，发帖者在发布新帖时往往比较关注受众对发帖内容、观点的态度，希望得到认可和回复。对于大多数网络发帖者来说，其发帖行为都比较理性，不带有或者稍带有个人情绪，属于理性温和型，发帖内容也多是个人进行理性思考的成果，比较典型的就是游客在天涯、去哪儿等旅游网站论坛中发布的个人游记、旅游攻略等。

其次，回帖作为受众网民对于发布在网络空间中的文章、资讯进行回复、评价的行为，也是表达其自身观点、态度的行为。一般来说，网络回帖多由短小的文字、表情符号、图像等组成，少数网民会根据个人经验和知识对发帖者的内容进行进一步阐释，如在旅游网络舆情中部分网民会直接以"点赞""抢沙发"等形式进行回帖，或者对于旅游事件、游记攻略等进行解释，这种回帖往往是受众网民理性思考的结果，具有引导舆情走向、解释真相的作用。当然，鉴于网络回帖用户群体的复杂性，并不是所有的回帖行为都趋向稳定，尤其是对于一些影响范围大、涉及面广的突发事故也会出现带有情绪的回帖甚至爆发网络冲突，出现网民间的争执、投票等现象。

最后，从发帖回帖主体来说，理性温和型发言多为旅游舆情事件的非当事人，如第三方、旅游公关人员、管理人员等，他们往往在意的是阐释真相或者引导舆情，从而达到平息舆情事件的目的。

（2）情绪波动型行为方式

情绪波动型行为方式是指在旅游网络舆情事件中，网民由于受到外界情绪干扰、个人经验或认知、个人情感偏向等影响，对于舆情事件呈现出的强烈情绪性行为，但尚未呈现转化为现实行动的趋势，如情绪波动型发帖、回帖、网络签名以及网络创作等。

①情绪波动型发帖

情绪波动型发帖是指网民在发布帖子或者文章时带有明显的、强烈的情绪倾向，并表现出期望网络受众关注或者回复的意见表达行为。

一般来说，情绪波动型发帖也可以根据情绪波动程度细分，包

63

括煽动性发帖和攻击性发帖。其中，前者往往会发布带有强烈情绪倾向、激发公众恐慌或者混乱的信息，从而煽动更多的公众关注舆情事件或者激发类似情绪；后者则多聚焦于舆情事件相关主体或者信息内容，借助侮辱性、暴力性、歧视性语言对舆情对象进行攻击，具有强烈的攻击性。不同于攻击性发帖的针对性，煽动性发帖往往并不聚焦于某一(类)对象，采取的方式要么是对舆情事实的过度渲染描述，如夸大某件事实、夸张某种情绪以引导公众情绪；要么是直接扭曲事实真相，利用无中生有地捏造、完全与事实相悖的谣言或者部分事实片段误导公众价值判断与认知，最终达到激化公众情绪的目的。近年来，部分关于旅游执法、旅游服务的舆情事件多是由煽动性发帖引起的。在上述两类情绪波动型发帖行为中，行为主体一般都有"主观恶意"倾向或利益相关性，试图通过发帖行为发泄情绪、抹黑事实或者借此牟取非法利益。

②情绪波动型回帖

情绪波动型回帖，即网民在浏览有关帖文后进行的带有强烈的情绪波动或攻击性的回复行为，这种回帖行为具有以下特征：第一，易引发同质回帖。旅游网络舆情事件尽管发生地、发生源各异，但根本原因大同小异，涉及游客侵权的事件一旦发布，极易在有相似经历、相似情绪的同质网民中引起共鸣，从而引发非理性感染，推动事件的扩大升级。第二，易引发群体极化。由于情绪波动性回帖本身蕴含着网民的情绪，在"羊群效应"作用下极易引起其他网民围观及热议，从而爆发有极端情绪的舆情事件。尤其是回帖涉及了特殊群体(官员公费旅游、旅游执法人员徇私枉法)或恶性事件(旅游宰客、导游辱骂游客)时更易引发舆情风暴。

③网络签名

网络签名是指网民在论坛、即时通信工具后面加入表现自己个性的内容，如简单的介绍、箴言，或笑话等，一般由文字或图片组成，如 QQ 签名，BBS 签名等；还有一类是指网民在网络 BBS 或其他网页里为响应某一号召表示支持的举动而留名，如"万人抵制×××的签名""万人支持×××的签名"等。其中，后者多为响应或者支持某些特定群体而产生，是网络舆情的主要关注对象①。就旅游网络舆情而言，基于旅游的公共性和游客的个体化特征，部分游客和网民的观点与情绪容易与签名发起者相契合，从而使得网络签名成为网民的情感归属和行动倾向，尤其是对于大型公益性旅游活动、恶性旅游突发事件更是如此。如在 2020 年以来的新冠疫情中，众多游客和网友参与了文明旅游、安全旅游系列签名活动，比较典型的有山东天蒙景区"万人签名、同心抗疫"活动、2020 湖北公安"防控疫情万人网络签名"活动。另外，汶川大地震中"万人大签名·拒绝传播谣言"也是典型的网络签名活动。

④情绪激起型网络创作

情绪激起型网络创作是指网民由于受到舆情事件刺激或者情绪刺激，借助网络空间进行文字作品、绘画艺术、音乐、视频等创作，以此表达对舆情事件的观点态度或者情绪倾向的行为。这种创作方式集网络舆情事件与网民个人智慧于一体，能够折射出网民对于该类事件、现象的观点、态度和意见。一般来说，网络创作包括网络词语创作和网络作品创造两类。

网络词语创作主要是网民利用互联网特殊的生成环境（例如QQ、博客、微信等）创作传统词典中没有的词汇，进而吸引其他网民的注意、表达传统语境下无法表达的含义，甚至彰显自身的个性。在创作过程中，网民既有利用谐音词替代原有词以达到讽刺、避免网络审查的目的，如草泥马、公务猿等；也有借助网络热点事件制作网络成语以激起共鸣，如喜大普奔、人艰不拆等；还有一些提炼自舆情热点事件的原话形成的网络歇后语，如"你妈喊你回家吃饭""我太难了"等。网络词语创作并不是一蹴而就，既遵循了传统语言结构特点和用词风格，也反映了网络集体智慧的结晶。尤其是在旅游界，2015 年河南省实验中学老师的辞职信"世界那么大，我想去看看"成为史上最具情怀的辞职信，也是最美的旅游宣言。

网络作品创作主要是部分网民（一般指具有较高的文史哲素

---

① 罗娟. 网络舆情热点事件中的网民行为研究［D］. 武汉：华中科技大学，2011.

养、专业能力及互联网应用能力，能够利用综合知识分析解读现实事件、文史哲作品的人)利用自身专业能力和综合知识针对网络舆情事件、现实现象、文学历史哲学内容进行解读、阐释及进行作品创作，如创作网络文学、网络视频、网络音乐、网络图片甚至互联网应用程序等。由于网络作品创作具有高附加值、信息量大等特点，能够深层揭示网络舆情事件演化规律，对于推进网络舆情事件传播及危机解决具有重要的意义。在旅游网络舆情中，游记、攻略、美景图片、旅游视频等均是典型的网络作品创作成果，充分折射出游客对于旅游景点、旅游行程、旅游服务的态度和认知。

(3) 极端过激型行为方式

极端过激型行为方式是指在旅游网络舆情事件中，网民由于受到外界环境及现实事件的强烈刺激，表达出对于舆情事件甚至社会现实极端的情绪化和过激特征，从而对于相关事件采取网络过激行为(如发表过激言论、网络示威、网络攻击等)甚至直接现实过激行为，这类事件往往会对舆情相关主体、现实社会产生不同程度的影响。一般来说，可以根据网民是否采取现实过激行为为依据，将极端过激型行为方式分为网络极端过激型和现实极端过激型两大类。

①网络极端过激型行为

网络极端过激型行为是指网民在受到刺激后，采用个体或者群体过激言论、过激行动或者借助技术手段发泄情绪、鼓动他人的系列行为，包括极端过激型言论、网络示威、网络动员、网络黑客攻击等。其中，极端过激型言论是对前文过激型言论的升级，是指在网络发帖或者回帖中使用低俗化、侮辱化、反社会化的语言攻击帖子相关内容甚至攻击社会，这类言论一般在网络上出现较少，但一旦出现极易引发网民围观，进而推动舆情事件发展演变。网络示威则具有一定的群体性特征，主要指网民在互联网空间里面采取类似现实中的虚拟式静坐、示威流行、集会甚至自杀等行为向特定对象或者整个社会进行抗议，发泄不满或者向社会、政治施加压力。这类行为往往会集聚式爆发，一旦发生，轻则会影响网络秩序，重则影响整个社会秩序。网络动员也称网络号召，是指个别或少数网民为了达到一定目的，通过网络渠道发起其他广大网民共同参与某项网络或现实活动的行为。网络动员往往具有煽动网民情绪、鼓动网民行动的特征，也是当前旅游网络舆情事件中采用较多的形式，包括网络投票、网络社群呼吁、网络曝光、人肉搜索等方式。当然，也有少数不法商家为了获取个人私利，在网络社群中开展网络动员，呼吁网民抵制竞争对手的产品、服务或者对手本身。值得注意的是，当网络抵制对象与现实生活关系较为密切时，网民的网络抵制情绪可能出现向现实延伸的趋势，甚至引发现实社会的群体性事件。

与上述三种行为不同的是，网络黑客攻击行为主要是掌握了一定的计算机网络技能的网民借助网络工具或者寻找网络漏洞对政府、企业网站或他人的计算机系统进行强制性、非法性地进入或者发动网络攻击的行为，这类行为往往会造成网络故障、破坏计算机软硬件系统设备或者影响对方使用网络。

②现实极端过激型行为

现实极端过激型行为是网民情绪的现实转化。根据情绪和行为烈度，将现实极端过激型行为分为现实调查、现实示威和现实暴力三种行为方式。现实调查是指网民出于弄清楚网络事件真相而采取的现实调查行为，主要针对舆情事件相关主体、目击群众、事件发生环境等开展实地调查的行为；现实示威是指网民在被事件激起的强烈情绪驱动下，在现实社会中进行声援、聚集、游行、静坐等非暴力的施压、抗议性行为，从而达到改变事件发展态势的目的；现实暴力是指网民在现实社会中对网络事件当事人进行辱骂、追打、围殴等语言和肢体的攻击行为。

通过上述对旅游网络舆情中的网民行为分析和观察可以看出，尽管在旅游网络舆情中存在不同的行为主体，但三类主体并不是均匀分布的，呈现出明显的金字塔结构。其中，大量理性温和型网民群体，包括网络看客和理性温和型发言者分布在金字塔底部，对于舆情事件要么置身事外漠不关心、要么只根据个人理性发表言论，他们对于舆情事件影响不大；而情绪波动型网民群体分布于上金字

塔底端，他们往往对于舆情事件存疑，情绪上易冲动，倾向于片面
化思考和具有议论时政的现实指向偏好；极端过激型网民则分布于
上金字塔中上层，他们数量相对最少，但对于舆情事件的情绪、态
度最为极端，在表达情绪的同时往往伴随着暴力行为，会给现实社
会带来很大的影响。与理性温和型网民群体相比，后两类群体尽管
数量较少，但往往是网络舆情事件演化的推动者和主力军。

3.1.2　旅游网络舆情事件中的网民行为动机

在旅游网络舆情突发事件中，网民多样性行为背后都具有复杂
的行为动机。心理学认为，动机是激励、维持人的行动，使行动朝
向某一目标，从而满足个体需要的内部主观因素。简言之，"动机
是产生行为的内在动力"。因此，网络舆情的推动，也是网民行为
动机的间接作用结果。一般来说，网民的行为动机主要包括利益动
机、权利动机、宣泄动机以及道义动机①。

（1）利益动机

"人无利，不早起"。所谓利益，就是人们受客观规律制约的、
为了满足生存和发展而产生的、对于一定对象的各种客观需求②。
利益驱动是促使个体或者群体追逐利益最大化的原动力。在旅游网
络舆情事件中，网民的行为表现可以看作一个个网络经济人受利益
驱动的结果，即为了追逐个人在网络上的经济回报、精神享受等方
面的行为表征。与现实世界不同的是，由于网络具有的相对隐蔽性
和匿名性，网络经济人在追逐利益时往往更加缺乏理性或者非理性
化，逐利特征更加明显。这也是近年来部分旅游目的地景区或者旅
游企业不惜制造出多起以网络营销为目的的热点事件来扩大知名度
或获取巨额经济利益的原因。另外，旅游网络舆情是由多种主体博

68

弈产生的结果，各类主体同样也是舆情事件的利益相关者。根据利益相关者理论，旅游网络舆情事件中的相关主体既包括直接利益相关者，也包括非直接利益相关者。其中，前者一般为舆情事件涉事主体，如旅游企业、旅游从业人员、游客等，他们往往是舆情事件发生后的利益侵害者，有较明显的涉及自身利益的诉求，尤其是近年来游客成为最主要的直接利益相关者群体，广泛出现在各种旅游宰客事件、旅游"低价团"事件中；后者往往与舆情事件无直接利益关系，多为舆情事件的关注者和监督者，如网络记者、网络监督者等网络曝客以及网络看客(围观网民)。在舆情演化过程中，非直接利益相关者往往充当正义的第三方，为直接利益相关声援或者呼吁，或者注重长远利益，跟踪事件整个发展态势并从中维护自身的间接利益和潜在利益。

（2）权利动机

前已叙及，随着中国民主政治进程的加快和普法教育的开展，中国网民的权利意识和维权要求正在不断增长，网络维权已成为社会共识，权利动机逐渐成为网民积极参与网络舆情事件的"合法性盾牌"。

对于旅游网络舆情事件来说，其网民主体既有游客、导游和旅游服务人员，也有媒体人员和普通网民。从发生的旅游网络舆情危机事件来说，游客往往是权利动机的核心人员，拥有着不同需求层次的权利动机。当然，其他各类人员也拥有着类似权利动机，只是在旅游舆情事件中并不凸显。

首先，游客需要维护个人安全、尊严、名誉、隐私等基本权利。对于游客来说，在旅游活动中首先追求的是个人的人身安全和财产安全，只有这两方面保障了才能享受旅游；同时，游客、导游等服务人员在旅游活动中还需要得到充分的尊重，需要对方维护个人的尊严、隐私和名誉。近年来爆发的一些旅游突发事件表明，很多事件的恶化是游客/导游受到了侮辱甚至是欺骗引发的，网民(尤其是游客)因此维权的不占少数。

其次，游客需要维护个人消费、享受服务的权利。旅游活动本

69

质上是一种服务消费活动，旅游活动中的消费者(游客)本身享有着服务消费权利，旅游景点、行程、食宿安排等均为消费标的物。然而，基于旅游产品和服务的非标准化特征和旅游活动中不对称信息的存在，游客的消费体验、消费效果与预期往往不一致，使得游客走上被动维权之路。当然，在旅游消费中也存在一些宰客、欺诈消费现象，如"青岛大虾事件"，更将游客逼上了主动维权之路，同时引发了众多旁观网民的推波助澜。

最后，游客需要维护旅游活动中的知情权和话语权。知情权是公民(游客)知悉或者获取与其个人利益、权益相关事件信息的重要权利，也是游客实施旅游行动的决策基础。在旅游突发网络舆情事件中，知情权则体现在网民探寻事件的真相上。由于旅游活动本身存在较强的信息非对称性，游客参与的旅游活动既涉及国家政策方针(如旅游政策、节假政策及信息)，也涉及旅游目的地相关政策及信息(如交通管制、景区开放时间、客流信息等)，还涉及与个人游玩密切相关的旅游要素信息(如吃住娱游行购信息)，这些信息如果未及时公开或者及时传递到游客，将会较大地影响游客对于旅游活动的决策，进而影响旅游体验甚至行程。近年来，在"五一""十一"小长假中多次发生的游客滞留事件，均是信息公布不及时或者信息不对称引起的。同时，网民群体作为网络新兴的重要力量和旅游突发事件的旁观者，在逆反心理作用下具有质疑主流价值观、打破官方和精英话语垄断、彰显自我新奇个性及探求真相的对抗特征，对于不平等、不合理的旅游现象会积极应诉，进而主动争取自身传播权，如在自己的博客、微信朋友圈、日志、自媒体网站中传播旅游事件、发表相关评论，从而积极抢夺并树立草根话语权。

(3)宣泄动机

宣泄又称发泄，是指"人通过某种行为表现来减轻由情感受到压抑而产生的心理压力的过程"，即主体心理压力的释放过程。通过宣泄不满寻求心态平衡是人类的一种正常心理。宣泄动机是网民在旅游网络舆情事件中行为表现的一种心理动机，常表现为网民的集体狂欢。

①网络为民众提供了最合适的宣泄场所

相比现实生活中的宣泄地,互联网空间因其私密性、匿名性、隐蔽性受到网民和普通大众的青睐。近年来,随着互联网的普及,我国网民规模不断扩大,网民年龄低龄化、职业低层次化趋势不断明显,学生网民、低收入网民、一般企业职员网民占比较高,这部分人群在现实中往往利益被忽略、处于边缘化,面临着多重压力,又缺乏正常的情绪表达宣泄渠道,而互联网正好提供了这一渠道。尤其是移动互联网的兴起,使得普通民众上网门槛进一步降低,宣泄方式更加容易(碎片化),宣泄受众及倾听者规模更加庞大,网络"第一宣泄广场"地位突出。

②三种不同作用模式下的宣泄动机在旅游网络舆情事件中交互震荡

鉴于不同宣泄主体在性格特征、心理压力程度、环境影响等方面存在很大差异,网民宣泄动机呈现出释放型、强化型、升级型等三种不同作用模式。其中,释放型宣泄模式中的网民通过在互联网平台抒发网络情绪或开展批评式宣泄,进而得到其他网民呼应或疏导帮助,从而释放其不良情绪,这也是一种网民自我心理释压保护方式;强化型宣泄模式则是一种个体受到群体鼓励心理暗示或感染后,个体网民在网络群体中进行宣泄式攻击,表达出与群体价值指向、利益倾向一致的观点,进而得到群体认同并强化其行为的方式;升级型宣泄模式则是网民通过网络暴力式或虚拟空间的破坏式宣泄,往往会激起并提升主体的愤怒感,使网民无限扩大宣泄的范围和强度。在这种状态下,网民情绪将走向极端,行为将升级演化。

对于旅游网络舆情中的网民来说,释放型宣泄模式主要发生在舆情事件的涉事方(如游客、景区服务人员等),他们往往借助网络平台宣泄自己的遭遇,引发网民围观或者共鸣,整体规模并不大;升级型宣泄模式涉及网民也不多,主要是诉求得不到解决容易激发类似行为;规模最大的往往是强化型宣泄模式相关人员,他们通常不是旅游舆情当事人,但由于个体或者群体需要(如个性标榜、商业炒作等)进行网络宣泄,引导其他网民围观、评论,其中网络舆情意见领袖扮演了重要的角色。三类不同作用模式下的宣泄动机在旅游网络舆情事件中交互震荡,促使旅游网络舆情演化更加复杂。

(4)道义动机

"道义作为文化心理结构构筑了政府道义责任的精神内涵,以道德力量作为支撑的道义责任又构筑了当代中国社会的利益协调机制。"基于道义基础上的网民行为既受到道义制约,又借助道义实现其价值。

①现实道义的缺失使网络成为伸张道义的理想场所

网络作为虚拟的公共舆论场,充斥着大量与舆情事件有关无关的网民。一般来说,网络舆情事件中绝大多数网民与事件无利益关系,他们往往基于社会主流、正面价值取向表达对于事件及其背后的社会现实进行情绪和倾向表达,这与中国社会历来所倡导的道义理念息息相关。同时,在社会转型改革、分配制度改革中出现的一些不良因素会折射于网络空间中,导致部分坚守道义的网民在其中发布舆情,伸张社会正义,重新构筑缺失的社会道义体系。这种社会现实与理想之间的反差是促进网民道义动机产生的根本原因。

②网民个人自我实现需要下的道义动机

根据马斯洛需求层次理论,自我实现是个人最高层次的需求。一个人只有不断挖掘自身潜力,实现理想抱负才能真正实现自己的价值。鉴于现实生活中自我实现难度太大,很多网民将这种理想抱负转向虚拟网络社会,在网络中做一个自己想做的人。这些年来,各种网络舆情突发事件中出现的人肉搜索、网络惩罚、网络抗议事件均是网民想当然的"劫富济贫"式自我实现需要的体现。网民借助互联网进行发帖转帖、组织水军、搜索和揭露真相,甚至代替执法机关进行罪罚惩戒均是道义动机作用的结果。

对于旅游网络舆情事件来说,由于旅游突发事件涉及面广、取证和处理复杂,部分事件并没有得到及时圆满解决,导致网民的起哄、围观甚至借此惩戒旅游商家的行为屡有发生。及时处理突发事件、引导网民道义正成为旅游管理部门的一个重要课题。

3.2 旅游网络舆情的传播

传播是在特定场域内进行的信息交流与共享的过程。旅游网络舆情作为特殊的信息客体，其传播是信息传播在社会和组织处于危机的异化情境下的特殊传播形态，即与旅游危机事件相关的各种信息的编码、传输和解码过程。旅游网络舆情的传播影响了游客和公众对旅游危机事件的感知，决定了旅游网络舆情事件的演化态势，并对旅游网络舆情事件是否演变为危机事件及其危害程度起着关键作用。

3.2.1 旅游网络舆情传播规律

(1) 基于信息论的旅游网络舆情传播

网络舆情的传播是舆情主体借助网络平台进行诉求表达、情绪宣泄的过程，其实质是一种信息交流过程。① 根据信息论理论，网络舆情传播信息源是社会公众事件及当事网民、媒体(其中网民及媒体是发布源、公共事件是诱发源)、信宿是广大网民及社会公众、信道是互联网(含传统网络媒体及新兴媒体)②。

社会公共事件是诱发旅游网络舆情的信号源。一般来说，网络舆情的爆发无疑会引发大量网民的关注，而引发关注的事件又是与社会公共事件、社会公众普遍相关的，这种引发舆情的公共事件普遍性特征，使得大量网民对其产生关注并产生情绪和心理的强烈反应。此类公共事件大多集中在社会公平、司法公正、政府公共管理

① 王苗，张冰超. 社交媒体情境下旅游舆情传播路径研究——基于信息认知与情感渗透的耦合视角[J]. 财经问题研究，2020(7)：94-101.
② 杨明刚. 大数据时代的网络舆情[M]. 深圳：海天出版社，2017.

73

或者民生等公众聚焦关注的领域。在旅游领域，涉及旅游执法、消费者权益保护、旅游公共管理等游客切身利益的事件往往是诱发旅游网络舆情的信号源。

网络舆情的本质是信源，具有强烈的不确定性和难以预见性，并且在信源的放大或衰减过程中经常出现受偶然因素的影响而导致的信源的突然性放大或衰减。与常规信息传播的路径相比，网络舆情的网络传播具有强烈的非常规传播的特征，其传递的信息也属于非常规信息，并且这些非常规信息经常由非常规的社会公共突发事件产生并推动。对非常规信息传播规律的研究是网络舆情研究的重点。非常规突发事件所催生并传导的网络舆情信息经常表现为负面的舆情信息。近年来发生的多起旅游网络舆情危机事件表明，社会现实诱发的旅游网络舆情占了绝大多数比例，这也是由于旅游舆情多与游客的体验密切相关，而游客体验多在线下旅游目的地发生。与之相比的是，由网络言论引发的舆情则相对较少，在网络上网民往往"吐槽"较多，对现实中的旅游突发事件也有认同感或者直接给予网络声援，但暴发大面积舆情的可能性则不大。

新媒体的应用重塑了旅游网络舆情的传播信道。舆情传播的信道实质上是传播的媒介或者载体，包括传统媒体和网络媒体。在网络舆情传播过程中，新闻网站、论坛社区、新闻跟帖、OTA 平台等发挥了重要的作用，尤其是信息聚合度高、专题性的专题新闻网站(如人民网、新华网中的旅游频道；各级旅游主管部门协办的旅游新闻网等)、第三方电商 OTA 平台(如携程、去哪儿网、驴妈妈等)和网络社区(如百度贴吧、马蜂窝等)成为舆情传播的重要信道。近年来，随着网络新媒体的兴起和广泛应用，微博、微信、APP、网络直播成为新型信道，新媒体信道相比传统网络信道交互性更强、内容提供更加富媒体化，许多旅游突发事件借助新媒体的助势而呈现互相推动生发的特征。

网络传播内容的多元性改变了旅游网络舆情传播信宿结构。在传统舆情传播模式中，涉事主体和社会公众是舆情传播的主要信宿，信息结构相对比较简单。互联网传播的低成本、广范围、强交互、内容多元等特性改变了网络舆情的信宿结构。就旅游网络舆情来说，旅游网络舆情传播的内容从整体上来讲是有关旅游热点事件的相关内容，但是具体来说包括多方面。如关于热点事件事实的进一步爆料，由于一般来讲旅游网络舆情危机来势较快，在相关部门尚未对事件获取完全信息时危机已经来临，这样就在应对的同时案情逐渐浮出水面，所以关于旅游热点事件的细节情况仍然是传播的重要内容之一；关于相关主体应对措施的信息，危机发生后各相关主体通常会做出回应，而这些回应的信息同时汇入原舆情信息流，成为传播的内容；再者，就是网民、意见领袖、网络大 V 等网络意见表达主体对危机事件的意见、看法，构成传播的又一股洪流；当然还有一些次生信息如网络谣言，一些个人或组织浑水摸鱼，或是基于利益的需要，或是意识形态需要，刻意制造谣言和传播谣言。这种传播内容的多元性导致信息传播的接受者即信宿的构成也多种多样。

（2）旅游危机事件网络舆情传播模式及特征

在旅游危机事件发生过程中，网络舆情传播和危机事件演化涉及两类主要的信息要素，即事实性信息和意见性信息。前者来源于危机事件的主体（当事人、管理者等），涉及危机事件的当事人、起因、经过、发展和影响等信息内容；后者除了源自危机主体外，还包括利益相关者、网民、新闻媒体等，涉及网民和媒体对危机事件的态度、意见和倾向，以及由危机事件衍生出的网络谣言。这两类信息均为危机预警的分析对象。

在传播过程中，由于旅游网络舆情涉及主体多、突发性强，舆情传播呈现出一系列特点：第一，事件爆发初期舆情大量涌现，舆情事件一旦经当事人在网上曝光即引起大量关注；第二，舆情传播迅速，范围广，影响深，并在网民及围观者心理探求欲作用下迅速蔓延；第三，传播过程呈现多级衍生，危机事件演化复杂多变，易受到政府管理部门对事件的处理效果影响而导致事态升级或转化为新的危机事件，从而引发新的舆情风暴；第四，事件中后期网民和媒体成为主要传播主体，事件当事人反而处于次要地位；第五，网络舆情传播呈现政府、媒体、网民三位一体的传播态势，出现以旅游事件为中心，网络曝光激发舆论，媒体报道、网民参与舆论提升舆论，政府出台措施回应网民引导舆论的循环（见图 3-1）。

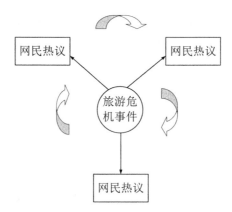

图 3-1 旅游危机事件网络舆情三位一体传播模式示意图

3.2.2 旅游网络舆情传播形态

旅游危机事件网络舆情传播是一个动态过程，从事件曝光到舆情传播再到危机解决经历了漫长的过程，涉及多种传播形态，包括曝光方式、曝光媒介、传播效率和持续时间等①。

（1）曝光方式

旅游危机事件网络舆情的曝光方式指的是危机事件进入公众视野被公之于众的方式和渠道。一般来说，游客或者网民个人、媒体以及旅游管理部门均能就舆情事件进行曝光。具体来说，包括以下几种：第一，个人爆料。个人爆料是指网民个人或者通过人际关系在网络平台（如微信、微博、直播号、网络论坛等）传播舆情事件

---

① 山杉. 旅游危机事件网络舆情传播机理及管控[J]. 宿州教育学院学报，2017(2)：13-14.

的情况，也包括其向新闻媒体举报或者曝光事件真相的行为。第二，媒体报道。相比个人爆料的随意性，新闻媒体往往承担起舆情传播的主力军，传统媒体(广播、电视、报刊等)和网络媒体在其门户网站、官微官博中报道舆情事件，引发网民关注、评论和转载，具有较高的权威性和舆情引导作用。近年来的很多舆情事件是在媒体报道后引发网民关注并成为热点事件的。第三，政府宣传。主要是各级政府通过举办新闻发布会、发布官微官博、举行各类活动等形式对舆情相关事件进行曝光和传播，尤其是有关旅游重大项目建设、旅游公共事件处理、旅游政策发布等涉及游客公共权益、利益的事件多是通过政府宣传形式进行发布的。

(2)曝光媒介

旅游危机事件网络舆情的曝光媒介主要指爆料信息的传播媒介，将危机事件转变成网络热点使其进入公众的视野。主要包括官方传统媒体，如通讯社、电视新闻、广播、报纸等；网络媒体，如新闻网站、论坛贴吧、社群社区等；网络新媒体，如微信、微博、直播平台等。尤其是网络新媒体建立在即时通信和交互基础之上，受众用户多，民间影响力大，逐渐成为社会监督和旅游维权的重要媒介。

(3)传播效率

旅游危机事件网络舆情的传播效率是指事件发生到曝光后经历的时间与媒体介入程度、事件影响力之间的关系。一般来说，舆情事件影响力大小、媒体发达程度等均会影响普通网民和媒体新闻对于事件的介入，媒体越开放、越发达，对新闻报道的限制则越小，普通网民和记者报道事件则越方便，舆情传播的效率则越高。以微信、微博、直播为代表的网络新媒体的出现使得舆情传播效率进一步提升，普通网民成为自媒体人、成为新闻记者。近年来，一些影响力较大的旅游舆情事件大多是由普通网民在新媒体网站上曝光的，如游客被侵权事件、旅游市场不规范事件、旅游资源被过度开发事件等，比较典型的有多次云南等地游客"低价团"旅游在社交媒体上被曝强制消费甚至遭到导游抢手机和殴打。可以看出，随着新媒体的渗透与公民参与意识的增强，网络舆情传播效率正在显著增强，与之对应的是，网络舆情的社会监督力度也相应增强。

（4）持续时间

旅游危机事件网络舆情的持续时间是指从事件曝光到平息所持续的时间，包括网民对事件的关注时间周期和新闻媒体的炒作时间周期等。鉴于旅游危机事件往往爆发突然、过程发展演化多变，致使并不是所有的危机事件都严格遵循危机演化中的出现、发展、蔓延、消失的生命周期。一般来说，持续时间较短的往往是那些易于解决或者关注程度不高、涉及网民和游客切身利益不大的事件，如变相营销、误导消费者、偶发打架斗殴等事件；而持续时间较长的往往是一些没有得到及时妥善解决、反复出现、矛盾突出或者矛盾关系复杂的事件，如游客在旅游景点刻字留念、景点乱收费、强制消费、宰客等。

3.3　旅游网络舆情的演化

3.3.1　旅游危机事件网络舆情的演化阶段

旅游危机事件网络舆情演化是引发网络舆情的旅游危机事件在出现、发展、高潮和平息过程中，与事件有关的意见看法等网络舆情的发展变化过程。目前，学界关于网络舆情演化机理尚未达成一致的意见，演化阶段划分也不明确，比较典型的有 3 阶段、4 阶段、5 阶段、6 阶段甚至 7 阶段等划分方法。其中，"3 阶段"多用于对网络舆情演化的粗略划分，如发生阶段、高潮阶段、平息阶段；"4 阶段"往往在舆情事件发生和平息之间进一步细分，高潮之前或之后出现缓冲阶段；"5 阶段"进一步考虑了舆情在发生后和平息前的变化；"6 阶段"则往往认为舆情事件传播有两个高峰，或在舆情暂时平息后出现反复。后两种划分适用于较为复杂的事件；"7阶段"则认为反复和回落是复杂舆情事件演化的必然阶段。上述几种阶段划分中，前两种往往适用于简单舆情事件，后三种则多用于复杂舆情事件。

鉴于旅游网络舆情事件往往涉及主体多、影响范围广、演化进程复杂，可以采用复杂舆情事件阶段划分方法将旅游网络舆情演化按照时间和关注程度划分为7个阶段①（见表3-1）。

表3-1 旅游网络舆情演化阶段

阶段	基本特征	事态发展	网络关注	舆情内容
孕育阶段	引发事件的基本主客观条件基本形成	相关事件使对社会、目的地或企业的负面感知成为社会普遍心理	有一定关注，但不如对该事件的关注程度	对事件发生、刻板印象形成起到铺垫和催化作用
出现阶段	危机发生进入网络舆论场	事件的轰动效应、讨论价值或利益相关性吸引相关评论	主流媒体报道、微博转发评论出现在搜索和微博排行榜	网民基于第一印象、直观反应和趋利避害发表意见，内容简单感性
爆发阶段	事态持续恶化，舆情不断升温，网络关注继续攀升，未达顶点	事件不断发展，有转为现实行动的可能，网民和意见领袖介入	新闻出现在显著位置，微博频繁设置讨论话题、热帖大量出现	舆情词汇凸显矛盾的激化
高潮阶段	媒体大量报道，意见出现极化和扩散，事件成为社会议题	媒体报道与网民意见形成合力，产生较强的社会影响或行动	新闻信息、网络搜索、微博热帖达到最高，意见更激烈、情绪更负面	新闻专题、流行语、段子等表现形式增加，舆情扩散到政府层面

① 付业勤，纪小美，郑向敏，雷春，郑文标. 旅游危机事件网络舆情的演化机理研究[J]. 江西科技师范大学学报，2014（4）：80-87.

续表

阶段	基本特征	事态发展	网络关注	舆情内容
回落阶段	网络关注明显衰减	事件得到处理、不满情绪缓解、新闻素材减少、发生其他事件	网络关注恢复到事前水平，新闻和微博发帖大幅度减少	舆情词汇减少，仍围绕事件展开
反复阶段	事件再度被热议	受出台新政策、突发事件、类似事件对比效应影响	网络关注上升，一般难以超过高潮阶段	舆情反映新出现的事态
长尾阶段	关注告一段落，重新引发关注的可能性如帕累托分布的"长尾"	负面效应、争议言行、纪念日、环境变化等导致网络关注短暂上扬	关注降到最低、但不会终止，存在长期的消弭期	舆情反映原有事件和新出现事态

①孕育阶段。舆情的产生，通常来源于外部事件的刺激。在旅游网络舆情孕育阶段，由于国家旅游政策和产业环境的调整、旅游行业和目的地运营出现的问题、旅游企业管理和服务缺位等内外部原因，导致引发旅游舆情事件的主客观条件逐渐成熟，加上现代网络技术和 OTA 平台的广泛应用，旅游热点事件或者突发事件更加容易成为媒体报道和网民热议的对象，以致公众对于旅游目的地、旅游企业、旅游从业人员等产生的负面感知成为普遍心理，最终孕育了旅游危机的爆发。孕育阶段一般产生的舆情信息内容多与事件无关或者弱相关，但对于营造舆情氛围、塑造网民刻板印象具有一定的作用，尤其是对后续事件演化起到铺垫作用。

②出现阶段。旅游舆情事件开始受到媒体关注，事件内容被主流媒体报道或者出现在自媒体显眼位置，出现在热搜、热点等关键词排行榜中或者被广大网民大量评论和转载，事件热度上升。但网民出于信息不对称原因，仅能基于第一印象或者直观反应和趋利避害进行意见发表，发表的言论相对比较简单。

③爆发阶段。随着事件的发展和事态恶化，网民对事件的持续

关注和情绪、意见的不断释放，大量与此相关联的信息不断补充和整合，逐步出现内幕深度报道，与事件相关的新闻、评论被置顶和转载，网民对此表现极大的关注，网络意见领袖开始介入事件并发声引领舆情，舆情热议成为常态。尤其是在微博、直播等新媒体平台上，舆情事件成为讨论话题，广大民众和网民合力推动事件发展。这一阶段网络舆情主要依赖事件发展和当事人行为的影响。

④高潮阶段。媒体报道与网民意见形成舆论合力，产生较强的社会影响和实际行动。具体特征有：新闻信息、网络搜索、微博发帖和热帖数相继达到最大值，网民意见更激烈、强负面情绪话语大量增加。新闻报道、评论、深度报道、新闻专题、图片新闻、网络流行语、微博段子、改编歌曲等深度、多元和形象化的网络舆情表现形式增加。网民对事件的意见开始扩散到社会和政府的层面。

⑤回落阶段。随着舆情事件得到缓解或者解决，其他突发事件发生转移了公众注意力，舆情事件相关主体或者政府管理部门出面干预和应对舆情事件，网民对舆情关注度降低或者网民逐步转移到其他事件，网络传统媒体和新媒体关注曲线逐渐恢复到事前水平、新闻和微博发帖大幅度减少，舆情内容相关的词汇频次减少但仍围绕事件展开。

⑥反复阶段。由于出现了类似突发事件或者出台了与舆情相关的旅游政策，或者相关主体爆料出新的舆情事件线索，导致网民和公众再次关注舆情事件，舆情内容与原有事件相关但呈现出新的事态趋势，但总体舆情影响力不会大于高潮阶段。

⑦长尾阶段。尽管相关舆情事件已经平息并退出舆论场，但随着类似事件的出现或者相关政策的出台，仍有可能激发新的网络关注和舆情。

3.3.2 旅游突发事件网络舆情演化要素

旅游突发事件网络舆情的演化是多方面作用的结果，刺激性公共突发事件，网民群体行为和共同经验，意见领袖等活跃关键人物，大众传播媒介与网络社区等相对隔离的网络空间均对舆情演化起着推动作用。

（1）刺激性公共突发事件

相比传统信息传播领域，网络环境下的信息传播无论是生产方式还是传播方式都趋向于自由化、草根化和立体化。尤其在新媒体时代，人人都是自媒体，都是信息生产者和信息传播者，加之网络信息生产和传播的自由性、低成本性甚至无成本性，导致现实生活中出现的哪怕是无关紧要的小事，都会通过网络平台进行传播引发网络关注、共鸣甚至追捧，进而产生群体性事件。

刺激性突发公共事件的发生是旅游网络舆情事件的导火索。与公众旅游消费、旅游体验相关的公共事件一旦爆发，一般能迅速引起公众围观和热议。一旦人们不再满足现有讨论或者有其他事件演化要素介入时，就会演化成网络群体性事件。对于旅游网络舆情来说，作为网络群体性事件导火索的刺激性公共突发事件至少应具备以下特征。第一，事件要出乎意料，超出网民的期望。只有网民潜在意识期待、事实又出乎意料的信息才能受到网民的青睐。第二，事件触发大多数人的价值观念，具有公共意义。公共意义是公共性刺激事件的本质特征，发生的公共事件一旦对社会公序良俗、主流价值或大多数民众的个人价值观产生挑战，则会激起广大网民采取行动对此进行捍卫。在旅游网络舆情事件中，很多导游宰客事件、景区乱收费事件均是此类公共刺激性事件的代表。第三，事件能够提炼刺激性的标签。互联网时代的信息浏览呈现极强的"快餐化"、碎片化特征，网民不可能将关注力聚焦于一些无明显特征的信息内容之上，公共性事件如果能够提炼出让广大网民关注的"标签化"标题，才能成为刺激性事件，如在旅游舆情事件中涉及的公款旅游、暴力殴打游客等事件。

（2）网民共同经验

共同经验是网民产生共鸣的前提条件，也是网络群体性事件生成和演化的基本要素。一般来说，共同经验既有其商品经济性，即价值会伴随共同经验拥有者的数量增加而不断增加；同时，共同经验又具有文化黏性，是广大网民进行情感交流、社会议题讨论、经验分享的纽带，与刺激性公共事件一起构成群体性网络事件演化的重要因素。尤其在网络社会中，基于网民共同经历、兴趣、偏好形成的社群往往将具有共同价值体系的网民聚合在一起，成为共同经验分享的集散地和网络舆情的孕育地。值得注意的是，共同经验还能促成网民对于社会事务成见的激发和形成，从而引导网民对相关议题的极端认识，即"既有看法优于理性认知"，最终形成推进舆情倾向形成和群体性事件演化的强大动力。

（3）意见领袖等活跃关键人物

网络群体性事件演化中有多类参与者，其中，既有事件发起者，也有参与者和围观者，甚至还有大量事件的不知情者。其中，以意见领袖为代表的活跃关键人物往往在舆情事件中发挥着重要的作用。意见领袖不一定是事件发起人，也不一定是团队中的事实领袖，但其能够为其他成员做好信息过滤、解释和提供工作，成为其他网民眼中的"大神通者"。意见领袖活跃在网络论坛、社交媒体等各个地方，他们会积极接受甚至第一时间接触到媒介信息，并积极向网络上的追随者、普通网民传播舆情信息，进而扩大舆情影响和引导舆情走向。相比传统时代的意见领袖，网络意见领袖更容易形成群体抱团、群体极化。他们不仅扮演着信息接受和传播角色，还能实时接收受众的信息反馈甚至根据反馈情况调整信息再度传播的内容，从而在网络舆情传播中积极发挥支配和引导的作用。值得注意的是，不同于传统媒体时代意见领袖的意见表达和信息传播多基于个人兴趣，网络新媒体时代的意见领袖在信息传递时可能会携带"私货"，即可能带有一定的商业性，推销员角色更加突出。

在旅游网络舆情事件演化过程中，意见领袖们通过各种渠道搜集信息，深入挖掘事件背后的各种细节，并提供给感兴趣的网民，甚至在网络社群、自媒体网站进行大量的解释、揭秘，为网民了解事件进展、事件"真相"提供支持和帮助。可以说，就是在这部分活跃关键人物的推动下，旅游网络舆情的演化更加激烈，网络群体性事件也持续高涨地进行下去。

(4) 大众传播媒介

大众传播媒介是网络群体性事件的催化剂。在传统媒介环境下，由于广播、电视和报纸一般控制在政府和大众媒体之中，用户大多只能被动地接受和吸收信息，无法左右信息的生产；同时，公众信息偏好并不能得到充分重视，舆论场用户主体地位不凸显。以互联网和新媒体为代表的网络媒体为用户信息交互带来了极大的便利，用户不仅能够在网络上对于发布的信息内容进行评论和反馈，而且可以充当自媒体角色充分发表个人见解。为了更好地满足用户信息偏好及增加流量，争夺更多的用户，网络媒介选择刊载一些标新立异、刺激公众视野的新闻报道，从而不断唤醒公众的共鸣和非理性因素。在公共刺激性事物与共同经验的作用下，网民纷纷充分利用互联网这一新型大众传播媒介，积极投入和参与网络群体性事件。可以说，大众传播媒介在旅游网络舆情传播和扩散中主要发挥两个作用：第一，不断扩大网络舆情的受众范围，实现广泛传播的扩散；第二，不断吸纳更多的网络受众加入事件传播之中，尤其是意见领袖，充分发挥舆情阐释功能，推动网络舆情事件在形成和演化过程中获得更多的支持者和行动者。

(5) 网络社区等相对隔离的网络空间

网络舆情事件的形成并非一蹴而就，需要一个相对隔离的网络平台来孕育舆情参与者。一方面，大量对舆情事件持相似观点、看法的网民在这个相对隔离的平台中进行观点交流和信息分享，讨论和证实事件相关信息，进而形成极端的观点或者向原有的信息偏向发展，继而采取后续行为。在这种舆论场中，各成员对于舆情信息原有观点得到了进一步加强，成长为推动舆情事件发展演化的核心力量。另一方面，相对隔离的网络平台也起到了网络舆情事件孵化器的作用，意见领袖、行动者均在此空间中不断出现，即出现了指挥者。当这种群体中出现指挥群体成员做什么、让群体成员承担某些社会角色的权威人士的时候，很坏的事情就可能发生。

对于旅游网络舆情来说，网络社区、网络社群扮演着重要的相对隔离网络空间的角色。旅游爱好者、吧主、博主等与旅游舆情相关主题的兴趣者在社区社群中共聚一堂，通过主题讨论、经验交流、社交互动等形式进行多方面的互动，共同承担着事件信息发布、传播、真相澄清及抵御其他外界谣言的重要功能。

3.3.3 旅游危机事件网络舆情的演化规律

随着互联网的普及与移动互联网的广泛应用，普通公众借助网络平台表达对于突发事件的意见倾向更加便捷及频繁，舆情的生成与演化也趋向于常态化。旅游网络舆情的发生源于旅游突发事件的刺激，演化和消散是草根网民个体和群体共同作用的结果，网民情绪在网络舆论场上聚集发酵，最终形成与旅游事件相关的激烈的认识或观点对抗的舆情风暴。

(1) 生成与引爆：草根群体主动发声

旅游网络舆情的生成是主流媒体、草根网民共同作用的结果。在早期，游客在旅游消费、体验过程中遇到的各类事件大多由传统媒体和官媒等进行曝光(通报)，此后经过其他媒体或者人际网络进行传播。近年来，随着新媒体的涌现和游客民主政治、维权意识的加强，以游客为主体在自媒体平台进行主动爆料成为主流，尤其是各种频发的宰客、强制消费事件绝大多数是在微信、微博等自媒体平台曝光。一旦危机事件进行爆料，其他网民、草根游客则进行及时跟进，进而形成强大的传播圈。

互联网为舆情的生成与引爆提供了平台，也为草根网民发声爆料、信息交流提供了场域空间。互联网的私密性、网络发声的无成本化、网络本身具有的平等公正性等特征均让草根网民视其为维护个人权益和公共利益的公共领域。就旅游领域来说，大量草根游客基于网络平台(论坛、OTA、微信、微博等)发布与个人旅游体验、旅游目的地产品质量与服务评价、旅游攻略相关的内容或者对旅游服务进行吐槽，这些均是生成旅游舆情事件的热点话题。同时，由于游客自身行为和旅游投诉沟通渠道不畅等缘由，也有不少游客在网络上发布负面信息，控诉旅游当地的企业或政府部门的不规范现象，引发其他网民的围观，促使事件升级，引发舆情危机①。

（2）蔓延与溢散：微内容形成舆论风暴

以 Web2.0 及网络新媒体为代表的移动互联网使得普通网民也能轻易获取和表达网络信息，同时也大幅降低了微内容的传播成本和使用门槛。在旅游网络舆情传播中，随着舆情事件相关信息的生成和扩散，普通网民可以轻易地利用新媒体平台进行转载、评论和二次传播，从而聚合为强大的舆论话语场，最终实现微内容到舆论风暴的蔓延与溢散。与此同时，网络空间的匿名性降低了用户的使用风险，个体草根网民极易在缺乏足够信息支撑情况下出现极化，将对舆情事件本身的情绪态度转化为对与事件相关的旅游目的地、旅游从业人员、职能部门的负面情绪甚至网络暴力语言，导致情绪化、冲动化行为的出现。一旦类似现象不加以遏制，加之社会公众对于弱者（受害者）的普遍同情心理，舆情影响力及破坏力将进一步增强，舆情事件将进一步发酵。

（3）反复与消退：舆情逐步趋于缓和

在旅游网络舆情危机发生一段时间后，由于事件被及时处理，或是新的热点事件产生，或是由于注意力疲劳，旅游负面舆情事件的关注度将逐渐下降，使得舆情危机消退，舆情逐步趋于缓和。但部分由于当事人言论、外部环境的变化，导致次生舆情，使得危机事件反复，再度被提起热议②。

3.3.4　旅游突发事件网络舆情演变

旅游突发事件网络舆情的演化是刺激性公共突发事件、网民群

① 李勇，蒋冠文，毛太田，蒋知义. 基于情感挖掘和话题分析的旅游舆情危机演化特征——以"丽江女游客被打"事件为例[J]. 旅游学刊，2019（9）：101-113.

② 李莉，付业勤. 旅游危机事件的网络舆情主体特征研究——以凤凰古城收费事件为例[J]. 重庆交通大学学报（社会科学版），2015（2）：65-69.

体行为和共同经验，意见领袖等活跃关键人物，大众传播媒介与网络社区等相对隔离的网络空间等要素相互作用的结果，突发事件转为网络舆情热点、焦点的演变则离不开各种突变要素的作用①。

（1）旅游突发事件的出现是导致网络舆情演变的事件要素

自 2000 年以来，随着我国综合国力的加强和人民收入水平的不断提高，旅游成为大众消费的重要组成部分。旅游业涉及面广、行业规范性较差、产品和服务非标化严重，游客与旅游企业、旅游目的地之间的矛盾不断凸显，涉及旅游消费者权益保障、旅游安全的突发事件时有发生。尤其是随着自助游及 OTA 的兴起，游客借助网络平台抒发情绪及表达民意的空间渠道逐步增大，互联网空间和网络社区成为公众民意表达和情绪宣泄的主要平台。旅游突发事件与网络舆情的互动，促进了旅游突发事件逐步转化为由网民主导的网络舆情危机事件，网络舆情事件又在网民的推动下形成更大的公共危机。

①社会突发公共危机事件诱致的网络舆情

无论是早期的"孙志刚"事件还是后来的"非典"事件，这些突发事件均是由于网络的传播效应而引起公众关注的，从而在互联网上形成巨大的网络舆情。尤其是像非典、地震、新冠疫情等突发公共危机事件，它们往往因为爆发时间短、涉及面广和危险性大，非常容易在网络上形成热点话题或者焦点话题引发网民讨论。在这种情况下，一旦网民为获取内幕消息或者真相而深入挖掘事件，各种与危机事件相关的舆情信息将大面积扩散，甚至引发舆情风暴以及新的公共危机事件。

这类网络舆情往往与公共危机事件存在"因—果"或者"表象—本质"的关系，其主题多是涉及公众的直接利益，舆情诱发因素较为简单，只需要抓住时机和站在公正的立场上进行引导即可。

②公共危机事件放大的网络舆情

---

① 马丽君，张家凤. 旅游危机事件网络舆情传播时空演化特征与机理——基于网络关注度的分析[J]. 旅游导刊，2019(6)：26-47.

这类网络舆情多是由于网民非理性化情绪刺激所形成的，往往是将一些微小的词语或者情绪经过代表化后被无限放大。尤其是涉及关于腐败、弱势群体的负面事件特别容易引起网民的仇富、仇官心理，如类似李刚之子撞人的涉及富二代、官二代事件均会引发网络上一面倒的热评，出现诸如"天下乌鸦一般黑"的极端情绪倾向，甚至引发更大的舆情风暴。

　　这类网络舆情的主题多与公权力、腐败、涉富人物、涉官人物等相关，舆情诱因往往是一些突发的小事件，但对其可控性较差，可能需要长期的努力。

　　③社会和网络共振联动的网络舆情

　　在网络环境下，广大网民呈现出"从话语转变为行动"的行为新特征，从而引发了现实生活中的焦点热点与网络空间中的焦点热点交叉重合的现象，进而二者交互并在群体激化效应作用下形成强大的网络舆情场。尤其是当一些网民通过网络倾诉其不公遭遇或者境况时，现实中原本沉默的类似遭遇者会产生共鸣情绪，二者相互影响和刺激形成带有强烈暴力倾向的网络舆论。

　　这类网络舆情发生比较频繁，主题也多涉及弱势群体、社会不公等，一旦产生舆情危机则较难平息和控制，是一类值得长期关注的网络舆情。

（2）各类社会群体的参与是导致网络舆情演变的网民要素

　　前已叙及，网民的行为及动机影响着网络舆情的进展，普通草根、网络搬运工、舆情意见领袖、网络推手均对网络舆情的演变起着推动作用。

　　①草根阶层：参与式讨论

　　互联网的低准入门槛和使用的近似零成本化，使得网络使用者从早期的精英阶层转向平民阶层，广大草根逐步成为网络主体力量。在现实生活中，草根阶层由于其个人利益诉求和参与表达愿望无法得到满足，转而寻求网络平台进行发声、倾诉甚至宣泄。一旦网络上出现与他们共鸣或者引起情绪波动的议题或者事件，他们就会进入群体无意识状态，在网络意见领袖、其他网民带动下参与到议题或者事件之中，进而宣泄甚至释放个人情绪。当然，草根阶层在参与舆情议题时由于受到群体极化影响，会无意识放弃个人主张，从而出现对于事件看法的偏执化、观点接受的无辨别化现象，使得其行为具有一定的破坏性和煽动性。

②网络搬运工：转移式放大

互联网的开放性和自由性决定了网民的信息传播和交流的自由性。在互联网上，有相当一部分网民由于无法直接从首发媒体、官方渠道获取新闻报道、评论、资料等信息，而不自觉地从其他网民、网络论坛等渠道获取间接信息，从而担负起网络搬运工角色。网络搬运工在 BBS、博客、论坛、短视频网站上对各类信息进行转帖和传播扩散，极大地提升了网络信息的传播范围和传播效率，有效提升了网络信息的点击率。尤其对于网络舆情事件来说，其涉及的信息内容成为网络敏感信息被主流化、放大化，最终演变为焦点事件、群体性危机事件。

③网络意见领袖：掌控式主导

前已叙及，网络意见领袖在网络空间中担任着信息提供、观点阐释、舆情引导的作用。相比传统媒体时代，网络意见领袖由于其信息资源优势、网络名望等原因更易受到网民的盲目追捧和跟随。在意见领袖掌控主导下，原本并不起眼、关注量不大的新闻、评论可以成为热议话题，社群中的网民互动又进一步使得群体极化现象的产生，进而推进话题相关事件的演变。当然，也有部分意见领袖原本就是现实中的意见领袖，如来自政府管理部门的管理人员、媒体中的新闻人等，他们相比网络世界中意见领袖更加理性，对于疏导舆情具有重要的作用。无论如何，网络意见领袖在整个舆情事件演变中都发挥着重要的掌控主导作用，在一定程度上决定了网络的关注焦点和意见方向。

④网络推手：加工式引导

网络推手是随着互联网商业化应用普及后出现的新生事物，主要是指那些借助网络平台和网络营销手段对企业品牌、公共事件、网络口碑等进行策划以提升网络影响力的特殊网民群体，他们最早是以个人工作室形式存在，后来随着网络商业应用需求增长而井喷式增长，对于网络空间、网络事物的影响力愈来愈大。由于互联网信息的爆炸式增长，普通网民缺乏对于网络信息的辨识能力，为网络推手开展营销推广和恶意炒作提供了机遇。网络推手在助推某类信息时一般出于商业目的，为了达到商业需求可以对话题信息内容进行加工炒作，进而引发广大网民围观、跟帖甚至参与，导致网络无序化。一般来说，舆情事件经过网络推手炒作后，会变得更加混乱，加速向危机事件、焦点事件演化。

草根阶层、网络搬运工、意见领袖和网络推手形成了网络舆情的主体力量，各种信息经过他们的整合和分化、筛选和淘汰之后成为焦点热点，进行更加广泛和深入的传播。他们是感性与理性交织的矛盾综合体，他们利用网络这个平台表达意愿、宣泄情绪，易使这些看似微小的信息话题一触即发，演变成群体互动的焦点事件。

（3）网络新媒体的出现成为推动舆情演变的强大媒介要素

信息从发出者到接收者的流通和传播需要物质载体，传播媒介起到了很好的推波助澜作用。互联网出现之前，突发公共事件往往通过传统媒体进行传播甚至"二次传播"，在现实生活中产生热议；互联网出现以后，网络以其放大效应及传播的无门槛、低成本优势立即取代了传统传播媒介的"喉舌"地位，成为推动网络舆情传播的重要的推手。尤其是以微博、微信为代表的新媒体的出现，打造了不计其数的自媒体及网络 IP，网络舆情演变不断加剧。

新媒体是利用数字技术，通过计算机网络、无线通信网、卫星等渠道，以及电脑、手机、数字电视机等终端，向用户提供信息和服务的传播形态，包括数字电视、电子报刊、移动互联网等。鉴于网络交互的便利性和使用的频度，网络舆情传播中常用的新媒体主要是网络新媒体和移动网络新媒体，具体涵盖以下几类：①社交软件和即时通信工具。无论是早期的 MSN、ICQ，还是后来风靡至今的 QQ、微信，这些软件均承担着两方面功能，一是实现网络社交，让虚拟互联网中的一人或者多人进行互通有无，从而弥补了传统时代个人社交圈子狭小的问题；二是实现即时通信，让网络不同时空距离的人能够及时资讯，从而弥补了传统媒介信息滞后的问题。②自媒体平台。从 Twitter 源起的博客以其信息发布自由、与个人关系密切等优点迅速成为网民追捧的对象，以博客为代表的自媒体平台能使普通大众通过网络等途径向外发布他们本身的事实和新闻，从而引导其他网民关注，甚至营造出网络大咖。尤其是在国内，得益于庞大的网民基数和移动互联网的普及，中国网民自媒体 ID 超过了 10 亿，分布在新浪微博、腾讯微博、微信朋友圈中，成为公众表达民意的重要阵营。③网络社区。网络社区包括 BBS 论坛、贴吧、公告栏、个人知识发布、群组讨论、个人空间、无线增值服务等形式，将有共同兴趣的网民有效地汇集在一起，形成了广大网民进行利益博弈的重要圈层。

值得注意的是，网络新媒体在网络舆情传播中的"双面刃"效应极为明显。一方面，广大网民和普通公众能够借助其开展民意表达和情绪倾诉，逐步消除网络舆情事件中的信息不对称现象，从而实现网民自治；另一方面，部分自媒体网站和网络社群由于实名制尚未实现，对网民的限制较少，导致网络谣言的产生。同时，网络社群的积聚力量也容易引发大规模的、民意喷涌的网络舆情。

（4）网络时尚、网络热词的普及是导致网络舆情演变的内容要素

①网络热词：彰显个性的表达

作为网络空间传播客体，网络语言折射出网民对于现实生活与网络生态的意见和看法，并随着网络传播出现"标签化"特征。近年来，众多网络突发事件均以彰显个性的语言标签形式加以标注，吸引了大量网民和社会公众的关注，如"表叔""躲猫猫""我爸是李刚"等。网络热词来源于网络语言，但多与网络热议话题、热点事件相关，是网民言论和个人情绪在网络空间释放后的产物。相比传统词汇，网络热词具有以下特征：第一，被赋予了特定的时代和语言环境意义。网络热词一般源于网络上近期流行的事件或者话题，尽管仍出于人们日常用语，但在特定的语义背景下具有了特定的意义，如"YYDS"尽管是"永远的神"的汉语拼音缩写，但其实源于游戏"英雄联盟"中主播的惊叹；"躺平"经过 2023 年央视春晚小品的

91

发酵成为得过且过的代名词，等等。第二，被赋予了更加时尚个性的标签。网络热词作为网民语言创造力的产物，往往富含时尚、个性的标签，反映出人们积极乐观的生活态度或对于传统权威的挑战，如"躲猫猫""确认过眼神""不差钱"等词汇既利用了叠字形式强调了网络事件，又以一种调侃戏谑的语气表达了网民对热点事件的情绪宣泄和对威权政体的挑战。一般来说，由这些重叠词、新词构成的网络热点已成为焦点事件网络舆情的重要催化剂，任何一个彰显个性的标签化词语都可能引发大规模的网络舆情①。

②时代潮流：公共话语的争夺

"门时代""寂寞党""杯具派"等网络潮流兴起，网民通过对互联网话语权的掌控，以一种娱乐、轻浮的心态制造关于词语、人物或事件的轰动新闻效应，企图主导网络话语的发展方向。而这些内容要素已不仅仅只代表词语、人物、事件本身的内涵，同时被网络剥离为一种文化倾向。在这个过程中，一种普遍的社会现象形成：网民在社会焦点事件发展进程中的推动作用越来越明显，其参与的主动性和力量的庞大性使威权政体逐渐开始重视并积极响应这股来自网络的力量，而来自网络推手的商业化炒作使事件变得更为复杂。

① 罗姮. 社会焦点事件网络舆情演变研究［D］. 武汉：华中科技大学，2011.

第4章　旅游网络舆情信息工作

　　凡事预则立，不预则废。进入 21 世纪以来，我国正处于各类危机频发的社会转型期，矿难、地震、三聚氰胺、火灾、H1N1 流感、新冠疫情等危机事件对公共管理部门的危机管理能力带来了很大的挑战。面对频发的公共危机事件，"危机预警是危机管理的第一步，也是危机管理的关键所在"①。而公共危机预警的关键则在于通过及时地收集和发现危机事件出现前后的警示信息，迅速准确地预测与报告危机事件的发生和具体的危机情势。旅游网络舆情作为旅游危机的信息表征，是重要的危机预警信息来源。然而，目前我国公共危机预警存在"重危机处理，轻危机预警；重危机过程管理，轻危机信息处理"的通病，加上网络舆情本身具有较大的隐蔽性，通过开展网络舆情信息工作来辅助危机预警则是当前旅游危机事件管理的现实需求和理想解决途径。

---

① 吴建华. 基于信息管理的公共危机预警研究［J］. 档案学通讯，2009（3）：56-60.

4.1 旅游网络舆情信息工作必要性分析

4.1.1 网络环境下的旅游网络舆情危机预警现状及问题

近年来，以互联网等为代表的信息技术的广泛应用，Internet 成为重要的舆论阵地，众多舆情热点在这个赛博空间中汇集，吸引了广大网民的视线和参政议政的兴趣。然而，互联网的自由、开放也带来了一些负面后果，一些传统媒介环境下可以轻易控制的舆情事件，在网络中被传播和无限放大导致不可预料和控制的危机的频繁出现，政府公共危机管理难度剧增，网络环境下的旅游危机预警工作开展面临较大的困境。

(1) 在公共危机多发领域初步构建了应对公共危机的预警机制

在经历了"非典"和"禽流感"疫情之后，我国政府各级部门开始重视公共危机预警，并逐步在公共安全、公共卫生、经济金融等领域初步建立了公共危机预警机制，探索公共危机管理和危机预警的制度化、法治化。经过近 20 年来对公共危机预警的探索和实践，我国已经初步形成一套覆盖全社会的公共危机预警体系。在组织机构改革方面，国务院在新的政府机构改革方案中提出设立应急管理部，并于 2018 年 3 月在十三届全国人大一次会议上正式通过。新部门除统筹国家层面应急预案的编制和规划外，还负责国家层面应对特别重大灾害的指挥及指导地方应对突发事件的工作，指导火灾、水旱灾害、地质灾害等防治工作等。

在公共卫生领域，由国务院牵头，卫健委主导建立了突发公共卫生事件应急处理体系，并配套建设了覆盖全国的疫情信息网络和突发疫情信息快速反应系统，实现了对突发疫情的自动监测和及时上报；在食品安全领域，初步建立起食品安全网络监控和预警机制，研发推广了"进出口食品安全监测与预警系统""超市食品安全监控与应急管理信息系统"等预警系统，提供了实时预警支持；在经济金融领域，通过建立国家经济安全预警机制和实施经济安全战略，在经济金融、冶金、钢铁、纺织等行业全面推进经济风险监测和产业风险预警，为国家经济发展保驾护航。同时，在社会保障领域建立了民政访求的预警机制，实施了最低生活保障、民政救济等社会救助策略以降低因生存困难爆发的公共危机；在地震、海啸、森林、草原火灾等自然危机领域，联合各国开展重大危机预警合作和制定重大灾害应急预案。

（2）公共管理部门应对网络舆情危机预警有心无力

传统危机预警机制在应对自然灾害等公共危机时很有效力，而在应对网络公共危机时却软弱无力。近年来发生的众多网络舆情公共危机事件，均是第一时间在网上被披露的，原本应在公共危机管理中处于主导位置的政府在网络环境中一度处于被推动、被监督状态。同时，公共危机一旦与网络结合，网络舆情会给公共危机带来一系列负面效应，如 2005 年 3 月至 4 月的反日游行和抗议活动，就缘起网络上强大的反日舆情，短短两天内就已经到达了不可控地步。

对于旅游管理部门来说，由于旅游业牵涉行业众多，舆情应对涉及面广，事件诱因又往往不完全是旅游行业内部问题，在全行业联动机制尚未建立的情况下，应对舆情危机预警更是有心无力。

（3）危机预警系统功能满足不了网络新技术环境要求

目前，我国网络舆情危机预警系统主要有政府官方建设和商业化运营系统两类。其中，国内包括旅游、卫生、应急管理等各公共管理部门虽然已经建立了多个危机预警系统，基本上具备危机信息收集、危机信息处理和分析、危机信息上报和发布等功能，但是，这些系统功能与现实需求尚有较大的差距，满足不了 Web2.0 网络环境及新媒体快速发展下的舆情预警要求。尤其是目前我国尚未建立覆盖全行业各部门的危机预警联动机制，现有的各种危机预警系统均是围绕单一职能展开，如单独对某一自然灾害的预警、对金融危机的预警，这些远远无法满足现在复合型社会公共危机进行预警的要求。在这种情况下，与危机预警相关的资源和信息在短时间内难以有效整合，信息收集效率低下。① 在商业化系统应用方面，尽管早在 2005 年后包括 TRS 等企业陆续发布了多个舆情分析和预警系统，但是这些商业系统只重视技术应用，在舆情监测和预警分析方面有一定优势，在大数据隐私保护、新媒体舆情分析等方面则略显不足，难以在政府管理部门中普及推广。

同时，现有旅游管理部门的危机预警系统多部署在宣传部门，缺少来自商务、信息产业等部门的数据，在功能发挥方面也重在舆情数据采集和报告，往往忽略了对网络信息的处理和分析，网络舆情没有成为危机预警的主要分析源。而在危机警报发布方面，由于公共管理部门害怕承担相应的责任，在预警信息发布时往往"报喜不报忧"，预警信息的传递和使用时滞现象严重，以致出现网络上的信息早于预警系统信息的情况。

4.1.2　面向旅游危机预警的网络舆情信息工作必然性

（1）网络舆情是旅游危机预警的重要信息源

信息是危机预警的关键。与常规事件类似，公共危机在产生前也会出现一些征兆，这些征兆蕴含着大量信息。只要及时捕捉到这些征兆信息并加以分析处理，提取出其中的危机信号，我们就能及时采取有力措施将危机带来的损失降到最低，甚至避免危机的产生②。作为重要的危机信息源，网络舆情在旅游危机事件产生发展各阶段扮演着重要的角色。

第一，危机潜伏期的社会预警功能。旅游危机事件尽管常以突发或者偶发事件出现，但仍有其内在的规律可以遵循，尤其在危机

---

①　刘康. 公共危机与信息预警[D]. 武汉：华中师范大学，2009.

②　郑德俊. 企业危机信息预警机制研究[M]. 南京：南京大学出版社，2009.

潜伏期间，与危机事件相关的各类信息还未引起公众的关注，传统媒体由于其传播方式或者范围的局限性致使相关信息很难及时将危机及其预警信息传递给公众。在这种情况下，网络的开放性、快速性等优势正好弥补了这一缺陷。如一些商家未及时实施的宰客行为、景区不成熟不规范的收费方案等均有可能提前被网民关注并在网上曝光或者讨论了。因此，网络舆情在旅游危机事件潜伏期间相比传统媒体可以更好地发挥其预警功能。

第二，危机爆发和蔓延期的舆情阐释功能

旅游公共危机事件在暴发期间，相关话题容易引起社会普遍关注，公众迫切希望获得事件的"真相内幕"消息，这种好奇感需要媒体阐释的支持；同时，在危机蔓延期间，各种谣言及危机"真相"满天飞舞，推动危机事件向更加错综复杂的方向发展，危机真相的揭露及后续处理同样需要媒体阐释的支持。而在这两个时期，网络较之传统媒体更易建立强大的舆情阐释机制，及时全面地将旅游危机事件相关的各种情况传递给社会公众，从而稳定社会公众情绪，引导社会的正常运行①。

第三，危机衰退期的社会反思功能

由于旅游危机事件的突发性，在危机爆发期对于事件的应对与处理的种种策略，可能只是临时性、技巧性的，治标不治本，只能遏制事态于一时。在这个时期，网络上会出现众多对危机事件处理措施的评价，不断发布危机事件的后续处理情况及深入思考，要确保跟上政府危机预案的修订，及时修改和调整媒体自身的危机传播预案。

对于信息非对称性、大数据化特征明显的旅游业来说，旅游危机事件往往爆发突然、信息量大、演化机制复杂，其所承载的各类网络舆情信息更加复杂，也具有更大的预警价值。

（2）Web2.0环境下的网络舆情信息特性带来的挑战

目前，我们已经进入 Web2.0 甚至 Web3.0 时代，网络舆情空

97

① 宫承波，李珊珊，田园. 重大突发事件中的网络舆论——分析与应对的比较视野[M]. 北京：中国广播电视出版社，2012.

间要素发生了极大变革，舆情载体不再是传统的网站、论坛等层次结构明显、内容易抓取的半结构化网页，而转向结构复杂、内容单元简单、用户交互度高的"微内容"（如博客、微博、移动 APP、直播流媒体等）。在这些载体上，网络言语无序化加剧、蕴含的情绪更加复杂，舆情要素更加难以把握，容易加剧旅游危机事件的恶化。而这些载体却隐含着丰富的舆情信息，如近年来众多旅游网络舆情危机常常首先在微博、移动网络上爆发，微博、移动网络等 Web2.0 载体逐步取代互联网成为舆情主要载体。在新浪微博《2020 微博用户发展报告》中指出，微博在 2020 年 9 月月活用户 5.11 亿，日活用户 2.24 亿；① 腾讯财报显示，截至 2020 年三季度末，微信月活跃账户数达 12.13 亿②。可以看出，网络用户移动化趋势明显，网络舆情"微内容"化程度加剧，为网络舆情分析和预警带来了极大的挑战。

（3）网络舆情与旅游突发事件的相互作用增加了预警分析处理的难度

在旅游突发事件的发生发展过程中，媒体和网民通过各种渠道发表各自的意见和看法，汇集而成的网络舆情经常会发展为突发事件，并左右突发事件的演变进程，同时对某些事件的演变起到了推波助澜的作用。一方面，互联网拥有自由民主、快速即时、便捷多向等优势，使其更易聚焦各类社会热点问题，尤其是那些涉及游客群体利益、旅游执法、零团宰客等方面的话题极易激起大规模讨论热潮，导致网络热点直接发展、酝酿为突发事件，且发展迅速，影响极大；另一方面，由于网络的匿名隐身、跨地域、无国界限制等特点，网络舆情的非理性、情绪化特点明显，导致一旦某个突发事

---

① 新浪网.2020 微博用户发展报告公布：最高日活用户达 2.24 亿［EB/OL］. https://k.sina.cn/article_6519757211_1849b999b02001ju6q.html? ivk_sa = 1024320u,2021-03-15.

② 光明网. 微信月活用户达 12.13 亿［EB/OL］. https://m.gmw.cn/baijia/2021-01/20/1302055242.html,2021-01-10.

件被网络聚焦，一些不适当的、歪曲的、情绪化的、偏激的言论甚至谣言即迅速传播，从而加速突发事件的恶性发展。

在旅游突发事件爆发过程中，强大的网络舆情与突发事件即时互动、互相强化、交流融合，使原本为时较短的突发事件成为持续时间较长的旅游公共危机，从而大大增加了事件处理难度和处理成本。尤其是在网络舆情的推动下，旅游突发事件更加动态化、反复化、持久化，相关舆情信息无规律化程度加剧，舆情信息内容可控性降低，导致对其进行分析和预警难度加大①。

（4）现有舆情分析方法与技术对突发事件舆情分析支持不足

网络舆情的分析预警是一个融会计算机网络、人工智能、数据挖掘、自然语言处理、大数据分析等多学科知识的前沿领域，涉及网络舆情信息采集、分析、处理、研判、监测和预警的全过程。近年来，国内外众多学者和研究机构对此从不同领域和多个角度开展了探讨，并研发了各种软件产品或系统来自动或者辅助政府舆情工作人员进行舆情信息的分析和监控，如国内的谷尼、方正、TRS 和国外的 Review Seer、StatPac、Opinion Finder 等系统。这些系统功能多样，围绕网络舆情分析和预警提供了多种支持（如表 4-1 所示）。

表 4-1 国内外网络舆情预警分析系统的比较

舆情预警 分析系统	研发企业	主 要 功 能
方正智思 舆情预警 辅助决策 支持系统	北大方正	网络舆情的全文检索、自动分类、自动聚类、主题监测/追踪、相关推荐与消重、关联分析与趋势分析、自动摘要与自动关键词提取、突发事件分析、生成统计报表等功能

① 曲淑华，刘旸. 群体性事件网络舆情应对策略研究［J］. 长春工业大学学报（社会科学版）：2013（5）：146-148.

续表

舆情预警分析系统	研发企业	主　要　功　能
谷尼舆情监控分析系统	谷尼国际软件公司	舆情信息自动获取、自动聚类、敏感话题识别、热点话题识别、舆情主题监测与跟踪、自动摘要、舆情趋势分析、突发事件分析、舆情报警、舆情统计报告等功能
TRS互联网舆情信息监控系统	北京拓尔思信息技术股份有限公司	网络舆情实时监测、舆情热点发现和热点跟踪、敏感信息监控、辅助决策支持、舆情预警等多种功能
Beehoo3.0互联网舆情监测系统	中国科学院计算所	舆情信息的采集、热点分析、重点话题检测、舆情热点的预警等
乐思网络舆情预警系统	深圳市乐思软件技术有限公司	信息采集、信息处理(自动分类聚类、主题检测、专题聚焦等)、信息服务(如自动生成舆情信息简报、追踪舆论焦点、趋势分析,预警、决策支持等)
Cision	美国Cision公司	博客、论坛、富媒体等网站的网络舆情实时监测,实时舆情报表生成,行业动态的趋势分析和发展预测,一站式舆情综合资讯,企业公关和媒体监测等功能
Review Seer		多种评论性网站的舆情信息采集、网络评论词条的语义倾向性判断、自动文摘和舆情报告生成等功能
StatPac	StatPac Inc	支持互联网、电子邮件、平板电脑、智能手机等多种网络信息源的调查统计分析;自动生成舆情信息报告
Opinion Finder	匹兹堡大学、康奈尔大学、犹他大学	自动分析网络语句中那些含主观性成分的内容,并针对这些主观性的关键字检测其来源与传播途径

从表4-1可以看出，这些系统基本上都提供了网络舆情分析和预警功能，能帮助政府或企业把握网络舆情信息、预警可能发生的舆情危机。各个软件在舆情分析和预警上各有优势，比如在舆情采集阶段使用自动搜索技术，在舆情分析阶段综合使用文本挖掘、自动摘要、主题聚类等技术，在舆情预警阶段提供了多种预警途径等。但总体来看，单个软件的功能还远未达到真正的网络舆情分析的智能化要求，都存在这样或那样的不足，暂时没有一个整体功能完备的系统。具体如下：

　　第一，舆情信息源整合不够，信息采集质量不高。

　　对于舆情预警系统来说，其信息源来源多样，尤其是在Web2.0环境下，以微博、社交网络、即时通信为载体的"微内容"成为更主要信息来源，而现有的舆情预警系统支持信息源明显不够，对各类信息源的整合力度也不大，不能实现全网采集，从而制约了舆情预警的效果。另外，目前舆情预警系统大多数是借助搜索引擎等爬虫工具进行信息采集，采集算法较为简单，信息采集呈重复性、非相关性和表层化，导致采集到的多为重复的、非相关的、浅层的，甚至是虚假的信息；采集过程也缺乏跟踪和监测，采集效率不高。

　　第二，舆情分析过程缺乏智能性，信息分析深度不够。

　　现有舆情预警系统在信息处理方面，要么是将收集的信息经过简单整理后交给工作人员进行人工定性分析和经验判断，要么是借助舆情字典和统计学方法进行分析判断，导致获取的信息多为统计层面的相关数据，没有深入挖掘数据背后隐含的深层知识，更无法涉及舆情信息的语义层次，系统智能化程度不高。

　　第三，舆情预警研判功能偏弱，无法满足决策支持。

　　现有的舆情系统进行预警时多为自动舆情分析报告和人工经验相结合的方式，鲜有设置科学系统的预警研判指标体系，从而导致提供的预警结果的不可预料性和不科学性，无法保证危机预警决策的效果。尤其是对于旅游网络舆情来说，旅游跨行业特征及突发性导致其预警研判更加复杂，需要设计科学合理的预警指标体系和定制满足行业需求的专门系统。

4.2　旅游网络舆情信息工作要求及原则

网络舆情信息工作，是指网络舆情工作部门和专业技术人员利用技术手段对网络舆情信息进行汇集、分析和报送，生成信息分析报告和舆情简报以供决策者进行决策的一系列工作。网络舆情信息工作的开展主要基于现代信息技术和互联网技术，通过建立灵敏高效的工作网络和科学完善的工作机制，对网络舆情涉及的社会经济及行业态势进行全面了解和把握，并以此为依据指导决策制定和危机应对。

4.2.1　旅游网络舆情信息工作要求

旅游网络舆情信息工作是一项系统工程，涵盖信息分析、信息预警等业务，信息分析等工作的质量越高，对危机预警决策支持的效果就越好。为了提高网络舆情分析的质量，需要注意以下几点：

（1）重视对网络舆情信息源的整理与筛选

无论是利用人工收集还是系统监测或爬虫抓取，舆情信息工作中获得的信息量往往是巨大的。但是，互联网作为一个"双面刃"，其不可避免存在大量歪曲事实、不合实际的信息，如网络谣言、网络虚假信息等。这些信息混杂于真实信息之中，如不加以剔除，会干扰分析人员与舆情系统的工作思路，从而将危机预警引向错误的方向。因此，在开展舆情信息工作时，必须做好信息的整理和筛选工作，以保证舆情信息工作的有效开展。具体而言，就是需要建立一套科学系统的数据采集和预处理工作机制，包括采集范围、采集标准、采集重点领域、数据筛选标准等内容。

（2）重视对与旅游危机事件相关的网络舆情信息的系统性把握

网络舆情信息工作是一项系统工程，与旅游危机事件相关的舆情信息分布于旅游危机事件产生发展的各个时间阶段，持续关注与危机主题相关的信息将会有助于信息分析结果的修正和可信结果的提供。在分析过程中，要善于将大量与危机相关的舆情信息贯穿起来，找出普遍性、倾向性、苗头性的内容，基于危机主题涉及的行业、网民种群、信息源进行整体分析，从而找出反映旅游危机事件预兆的有用信息。值得注意的是，旅游危机事件舆情把握需要建立在人工经验和系统性分析基础之上，舆情分析师等工作人员的经验和集体智慧可能会在舆情信息分析中起到关键作用。

（3）重视对旅游危机事件征兆信息的挖掘及危机诱因的深度分析

旅游危机事件的爆发除了来自行业内部的不自律、不规范行为（如导游强制消费、旅游宰客等）外，还往往牵扯到国计民生、社会制度、社会矛盾等多方面因素，其征兆和诱因隐藏较深，这就要求舆情信息工作人员在做舆情分析时不能满足于表层现象的分析，要学会"由点到面""由表象到内涵""由问题到对策"的纵深分析，从而揭示危机的内因实质及产生危机的根本原因，提出解决危机困境、引导网络舆情的对策建议。

4.2.2 旅游网络舆情信息工作原则

（1）系统性原则

旅游网络舆情信息工作是一项系统工程，涉及多个流程和复杂的分析研判对象。从系统论的角度来看，无论是将舆情采集、处理、分析和应用看作一整套相辅相成的流程，还是将各类复杂舆情信息对象看作是一个整体，都有利于达到较优的舆情分析效果和信息工作质量。

（2）科学性原则

科学性原则是指在开展旅游网络舆情信息工作时，舆情分析对象的选择、分析预警方法的实施、技术和工具的选用、舆情研判结果的呈现都要符合实际。具体而言，就是在进行舆情分析时要把握舆情信息的客观性，切忌主观臆断；在提供舆情研判结果时要把握信息的全面性，切忌做出建立在片面舆情信息的不合理结论；在开展舆情预警时要把握旅游危机事件的规律性，切忌以偏概全。

4.2.3　旅游网络舆情信息工作特点

（1）网络舆情信息工作选题的针对性

网络舆情信息工作的主要目的，是以互联网空间传播的信息资源以及传播主体等多要素为研究对象，通过对早期网络突发异常走向进行分析，进行积极引导，防止恶性信息继续扩展。同时，网络舆情分析为危机预警决策服务，其工作开展必须针对各级公共管理部门的决策目标来进行，并且在制定决策前提供足够充分的信息支持，履行其"智囊"功能，从而保证达到预期预警目标。网络舆情分析课题的这种针对性，又可理解为选题的依附性，即舆情信息工作一定要结合当前互联网舆情监控和引导任务选题，结合旅游危机预警的现实需求选题。在这种意义上，网络舆情信息工作开展首先需要做好选题规划，要按照旅游局、宣传部等舆情监管部门的现实需求有针对性地选择合适的舆情主题开展工作。从实践经验上来看，当前旅游网络舆情信息工作主要是针对以下选题开展工作：行业自律和行业规范、消费者权益保护、跨行业合作、政策和环境等。

（2）网络舆情分析内容的综合性

一般的信息分析往往以人类社会知识经验或科技成果为研究对象，借助多种分析方法探究组织经济、社会发展的内在规律及发展趋势，或者以前人积累的经验和教训为基础通过分析来辅助决策制定。网络舆情分析则以互联网空间传播的信息资源以及传播主体等多要素为研究对象，涉及政治、经济、文化、传播、网络技术等多个领域，是综合性较强的研究领域。同时，旅游网络舆情分析过程中需要借助来自自然科学领域中的计算机科学与技术、人工智能、网络通信等现代技术，但在判断某项技术应用的环境和条件及舆情分析结果所涉及的历史、地理、经济、政治、人文、传播等知识则属于社会科学的范畴。因此，旅游网络舆情分析内容既涉及技术领域，又涉及人文社科领域，是典型的跨学科交叉研究。

（3）网络舆情分析研判结果的预测性

决策只有建立在预测的基础上，才是科学的决策①。网络舆情分析是科学管理和科学决策的一个重要组成部分，要为公共管理部门制定决策提供依据，就不能不为未来作出预测。立足当前，放眼未来，具有明显的预测性是信息分析工作的重要特点之一。现实生活中的很多事情均在互联网上得以反映，一些突发事件的迹象也蕴含在网络舆情之中，如何利用网络舆情分析研判方法挖掘旅游危机事件潜象，预测事件发展趋势是网络舆情信息工作的中心任务。在这种情况下，网络舆情分析研判的结果(一般以舆情分析报告、可视化图等形式体现)应该具有良好的预测性。

（4）网络舆情信息工作方法的特殊性

旅游网络舆情信息工作内容决定着舆情分析方法，与一般信息分析方法不同，网络舆情分析需要自然科学领域的实验研究方法支持，也需要社会科学领域的理论研究方法支撑，具有自身的特殊方法体系。第一，定性分析与定量分析相结合，以计算机定量分析为主；第二，舆情分析离不开现代计算机技术的支撑，尤其是智能信息处理、知识发现、大数据等技术在分析中占了举足轻重的地位；第三，收集的资料比一般信息分析要广泛而且系统，信息源动态性很强。

105

---

① 王廷飞，秦铁辉，等. 信息分析与决策［M］. 北京：北京大学出版社，2010.

4.3 旅游网络舆情信息工作流程及内容框架

4.3.1 旅游网络舆情信息工作流程

信息预警是危机预警的关键，尽可能充分地获得与危机相关的有效信息，是成功实施危机管理的基本保障。在旅游网络舆情危机预警中，网络舆情信息工作能对旅游危机的迹象进行监测、识别、诊断与评价，并在大量信息分析活动基础上作出危机警示。由于旅游网络舆情往往依托于网页论坛、博客、手机微博等载体，舆情分析的基础仍是对舆情载体上的信息进行分析，并辅以相关研判。从这种意义上来说，网络舆情信息工作仍遵循着普通信息分析工作流程和基本方法。因此，传统的"信息采集——信息处理——信息分析——信息利用"步骤仍然适用于网络舆情信息工作。有鉴于此，笔者结合旅游网络舆情特性和公共危机预警的现实需求，将旅游网络舆情信息工作流程表述为"舆情主题规划——舆情信息收集——舆情信息预处理——舆情信息分析——舆情危机预警处理"等环节，具体如图4-1所示：

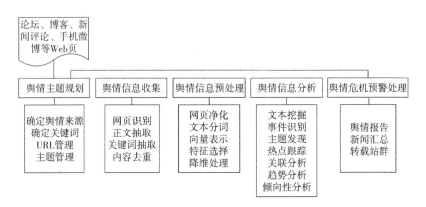

图 4-1 面向旅游危机预警的网络舆情信息工作流程图

(1) 舆情主题规划

舆情主题规划是舆情信息工作中最重要的一步。旅游危机事件所涉及的舆情信息往往包罗万象，涉及的公共议题众多，舆情分析难度较大。因此，在舆情分析的初始阶段需要做好规划工作，根据旅游网络舆情危机预警的信息需求，设定舆情主题目标，同时确定需要实时跟踪监测的网站、监测的关键词。一般来说，舆情分析工作是一项周期较长的信息分析工作，尽早确定舆情主题和做好分析规划能起到事半功倍的效果。在具体实施中，有经验的分析机构和工作人员往往会根据以往的危机舆情状况确定舆情分析的对象(来源)、关键词、主题等，并在实施过程根据实际需求调整采集主题。

(2) 舆情信息收集

一旦确定好舆情主题，就可以根据规划的任务需求从多种渠道的信息源中收集舆情信息。对于旅游网络舆情来说，其语料采集主要对象是各类新闻网站和存在大量网民评论的论坛、博客等具有较强交互性的媒介，同时兼顾一些门户网站。鉴于目前舆情载体移动化趋势明显，手机微博、微信、直播流媒体等也成为重要的舆情信息收集来源。在这一过程中，一般是利用采集工具(如元搜索软件、网络爬虫等)对舆情相关网站进行遍历以抽取各种非结构化的舆情信息，并经过初步处理后存储到结构化的数据库中。同时针对规划好的舆情主题，对这些数据进行主题过滤、关键词抽取以获得主题相关的舆情信息。由于不同的舆情搜索引擎策略不同，会造成重复抓取或者漏检等现象，因此在这一过程还需要做好舆情内容去重工作，将 URL 相同的网页从数据库中去除。这一过程主要是为下一步的舆情信息预处理工作打基础。

(3) 舆情信息预处理

并不是所有收集来的舆情信息均可以进行信息分析。作为非结构化的网页文本，里面蕴含着大量噪声信息(如脚本、标签等)，尤其是博客、微博等交互式网页，噪声信息的数量远远大于内含的有用信息。因此，在舆情信息预处理阶段，要将先前获取的网页源码做进一步的信息处理，包括网页净化、文本分词、特征向量表示、停用词及虚词净化、词频统计、降维处理等，最终为舆情分析做好充分的数据准备。舆情信息预处理流程如图 4-2 所示，相关的技术将在后续章节中进行探讨。

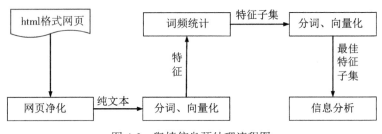

图 4-2　舆情信息预处理流程图

（4）舆情信息分析

这是整个流程最核心的一环，也是能否获取充分及足够可信的危机预警信息的关键。在信息分析环节，将综合采用人工和机器相结合、定性和定量相结合的方法（如社会网络分析、文本挖掘分析、趋势分析等）和智能信息处理、数据挖掘等技术对预处理后的信息源进行分析，提取舆情主题、热点、趋势等，识别网络舆情事件及网民情感倾向，实现舆情信息的主题发现。通过这一环节，可以识别与旅游危机事件相关的舆情主题、预测危机发展趋势及危害程度等。

（5）舆情危机预警处理

这一环节是整个流程的终点，它主要对舆情分析环节得到的结果进行预警研判，结合预警需求建立预警指标体系，并将预警结果以简报、报告或者网络新闻的形式提供给决策者或者舆情监管部门以供他们进行危机后续处理。同时，决策者或者舆情监管部门获得舆情分析报告后往往会产生新的舆情需求，重新要求分析人员进行上述流程的分析工作，直到最终得到满意的结果为止。

4.3.2 旅游网络舆情信息工作内容框架

本书在借鉴国内外已有研究的基础上，针对 Web2.0 环境下的公共危机预警存在的问题及旅游网络舆情危机预警的现实需求，提出面向旅游危机预警的网络舆情信息工作思路。从集成的观点出发，以公共危机中的网络舆情表现为基础，以网络舆情分析与预警的关键技术和方法论为主线，围绕舆情表现、分析方法、支撑技术、预警应用、舆情治理五个层面，初步构建了面向旅游危机预警的网络舆情信息工作内容框架，如图 4-3 所示。

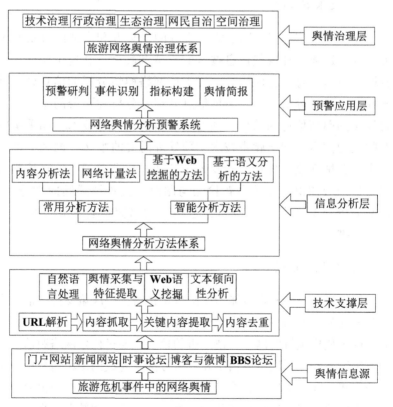

图 4-3 旅游网络舆情信息工作框架

（1）舆情信息源

旅游危机预警离不开信息支撑，网络舆情是互联网环境下最重要的危机信息分析源。因此，在开展网络舆情信息工作时，设置舆情信息源层面，一方面能让舆情分析不会成为无源之水，另一方面能结合旅游危机中的网络舆情演化规律，使舆情分析结果有较好的落脚点。这个层面主要涉及旅游危机的内涵、旅游危机与网络舆情的关系、旅游危机中的网络舆情载体（如门户网站、新闻网站、博客与微博、微信、BBS 论坛等）及表现形式等内容，而把握网络舆情信息源与旅游危机之间的关系则是研究的关键。

（2）技术支撑层

网络舆情信息工作除了需要充分的信息源和合适的分析预警方法外，还离不开现代信息技术的支持和辅助。在这个层面，结合网络舆情信息工作流程，探讨支持网络舆情分析的信息处理技术和智能信息分析技术。舆情信息处理是分析和预警的基础，主要涉及到舆情信息的采集、预处理和舆情文摘等技术，如采集需要的主题搜索、网络爬虫技术，预处理需要的中文分词和分类等技术；舆情智能分析技术涉及人工智能、机器学习、信息检索等多学科领域知识，涵盖主题检测与跟踪、文本情感倾向性分析、语义分析和 Web 挖掘等技术，是实现网络舆情智能化分析与预测的关键。

（3）信息分析层

如果说舆情分析报告能为旅游危机预警提供决策支持的话，那么合适的分析方法将是促进优秀舆情报告产生的推力。这个层面是面向旅游危机预警的网络舆情分析的核心，通过构建网络舆情分析的方法体系和探讨网络舆情主要分析方法来完成网络舆情分析方法论的构建。在这个层面，将借鉴情报学中的信息分析、情报分析方法论来搭建网络舆情的智能化分析方法论体系，并结合网络舆情分析现实需求探讨内容分析法、网络计量法等常用分析方法和主题聚类法、文本挖掘法、社会网络分析法、语义分析法等智能分析方法。

（4）预警应用层

旅游危机中的网络舆情演变具有一定的规律性，涉及多个组成要素的交互，并对舆情事件走向具有影响作用。在这个层面，我们借助网络舆情预警的指标体系，结合旅游危机预警需要对具体舆情事件进行研判，识别网络舆情危机涉及的话题、事件、行为，进而把握旅游危机事件的演变趋势。

（5）舆情治理层

网络舆情信息工作作为一项系统工程，其目的是更加有效地进行舆情治理，并借助政府公共管理部门、媒体、网民等多方主体构建科学治理体系。同时，舆情治理涉及技术、行政、法律、伦理等多种手段，实现网民自治和网络空间治理是完善网络舆情治理的关键。

4.4　旅游网络舆情信息工作关键支撑技术

网络舆情信息工作的主要目标是借助人工和现代信息技术手段，通过自动发现和综合分析的方式从海量、动态、交互的网络信息中及时识别和发现舆情，从而为公共危机预警提供决策支持。其中，技术阶段既与自然语言处理技术密切相关，又需要信息组织和信息分析技术的强力支持，是伴随现代网络技术的发展和智能信息处理技术的进步而发展起来的一项综合性技术。具体而言，网络舆情信息工作涉及 Web 信息采集、Web 信息处理、人工智能、机器学习、中文自然语言处理、数据挖掘、文本倾向性分析等多个领域的相关技术。

在网络舆情分析中，合理的技术选用直接关系到舆情分析结果的质量和危机预警的效果。快速全面地获取舆情信息、准确无误地判断舆情内涵和进行分析研判、及时响应和跟踪舆情信息反馈并作出预警决策，是网络舆情分析的主要目标，也是舆情分析技术需要解决的关键问题。目前，舆情预警的技术核心在于其分析引擎，涉及舆情信息的采集和预处理、文本分类与聚类、主题检测与跟踪、文本倾向性识别、语义挖掘和语义分析、自动摘要等高新技术。因此，本节将详细分析网络舆情分析所涉及的各种关键技术，包括舆情采集和预处理技术、话题跟踪和内容挖掘等技术。

4.4.1　自然语言处理技术

（1）自然语言处理技术概述

自然语言处理也称自然语言理解，是一种使用自然语言同计算机进行通信的技术，它旨在研究如何能让计算机理解并且生成人们日常所使用的语言。关于自然语言处理技术的研究始于 20 世纪 50 年代的机器翻译，美国工程师 W. Weaver 在一份以《翻译》为题的备忘录中正式提出了机器翻译的问题；随后，以 IBM 公司为代表的企业和美、苏、日等国开始了机器翻译试验，研制了一系列机器翻译系统。进入 20 世纪 70 年代后，自然语言处理的研究进入快速发展阶段，以句法、语义分析为基础的自然语言理解技术开始大量出现，自然语言处理层次转向更加复杂多变的语法句法层次，处理能力得到极大的加强。进入 90 年代以后，随着现代网络技术的兴起和海量网络信息分析需求的加剧，自然语言处理转向基于大规模语料库的研究，并出现了基于规则、统计、实例的各类方法。

对于国内来说，汉语由于属于意合语类别①，是自然语言中非常复杂的一种。与英语、法语等语言相比，汉语是大字符集语言，字形复杂，句子语法语义灵活，中文自然语言处理的技术实现和工

---

① 蔡金亭. 英语过渡语中的动词曲折变化——对情状体优先假设的检验［J］. 外语教学与研究，2002（2）：107-115.

作量均较大，导致国内的自然语言处理技术相比国外晚了近20年。但经过近30年的发展，目前我国在中文自然语言处理上也取得了较大的进展，主要表现以下三个方面:①

第一，语料库建设取得了较大的成果，建设了一系列有规模的汉语语料库，如武汉大学建设的汉语现代文学作品语料库、香港语言资讯科学研究中心建立的LIVAC语料库。

第二，采用了统计与规则相结合的方法进行汉语句法分析的研究，出现了一批诸如中国科学院汉语词法分析系统ICTCLAS、清华大学汉语句法分析模型CRSP等支持统计与规则的系统(模型)。

第三，在汉语语义和知识表示方面进行了一系列探索，围绕语义分析开发了一系列知识库，如董振东先生研制的知网(HowNet)就是一个支持概念语义分析、揭示概念关系的常识知识库。

(2)自然语言处理的层次和过程模型

从语言学的角度来看，任何一种语言都具有三方面的特征:语法、语义和语用，这也是语言所处语境的层次。因此，自然语言处理也是一个层次化的过程，包括词汇分析和句法分析(语法层)、语义分析(语义层)、基于语境与世界知识的篇章分析和自然语言生成(语用层)。除此之外，根据在自然语言处理中所用到的知识及其关联，我们还可以将其进行扩充出更多的层次。一般来说，用到的知识越复杂，自然语言处理的层次就越高，理解程度就越深。

从计算机处理的角度来看，自然语言处理实质是通过编程算法让计算机理解自然语言的过程，涉及以下三个步骤:

①语言形式化:将要研究的问题用一定的数学形式(数学语言)准确严谨地表示出来。

②计算形式化:将数学形式表示为算法，使之逻辑化。

③计算机实现:根据算法编写计算机程序加以实现。

综合上面两类处理过程，我们可以将自然语言处理的过程表示

113

---

① 刘小冬. 自然语言理解综述[J]. 统计与信息论坛, 2007(2): 5-12.

为图 4-4。

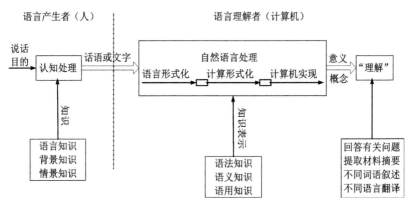

图 4-4　自然语言处理流程图

(3)中文分词

中文分词是中文自然语言的基础，也是网络舆情分析的一个必要环节。舆情文本通过中文分词及其他预处理工序后，可以形成较为规范化的分析单元，从而为语义分析、文本挖掘、内容分析等后续分析工作奠定基础。

一般来说，中文分词就是将一个连续的汉字序列按照一定的规则分解为一系列单独的词的过程。与西文不同的是，由于汉语语言表示中词与词之间没有明显间隔标记(如空格)，导致中文分词的难度远远高于英语等语言的分词，再加上汉语的歧义性和各种新词的涌现，为中文分词和中文信息处理带来了很大困难。

随着中文信息处理技术的飞速发展，中文分词技术也有了很大的突破，出现众多中文分词的方法，其中常用的中文分词方法主要有以下三种:①

①基于词典的分词方法。

基于词典的匹配方法也称为字符串匹配法或机械分词方法，它

---

①　刘红芝. 中文分词技术的研究[J]. 电脑开发与应用，2010(23)：1-3.

主要借助一个包含词语数量足够大的词典来测度待分析字符串与词典内含词的匹配程度，若二者匹配，则将该词提出作为分词。该方法由中文分词词典、匹配原则和文本扫描顺序三个要素组成。其中，匹配原则主要有最大匹配、最小匹配、最佳匹配和逐词匹配等；扫描顺序主要分为正向扫描、逆向扫描和双向扫描。下面以正向最大匹配法为例说明一下基于词典的分词原理：设有一段待分词的汉字字符串 $S=w_1w_2w_3\cdots w_n$，参照分词词典内最大词长 m，S 串中单个汉字单元为 w_1，长度为 n。按照正向最大匹配法原理从左至右取出长度为 m 的字符串 $w_{(i+1)}w_{(i+2)}w_{(i+3)}\cdots w_{(i+m)}$ 作为一个分词单元，将其依次与分词词典内各词匹配，直到找到或找不到分词为止。S 串中剩下未分词部分也按此法重复匹配过程，直至切分出所有词为止。

基于词典的方法对分词词典的依赖性很强，尤其是现在网络用语更新很快，可能会漏掉一些网络词汇，但仍不妨碍其成为最主要的分词方法之一。

②基于统计的分词方法。

该方法基于以下假设：词是稳定的单字组合，相邻的字在文本语料库中出现次数越多，其为分词的可能性则越大。因此，可以通过统计相邻字的共现概率或频率来判断其是否为一个词。如以"四川雅安发生地震"为例用统计方法进行分词，则会先分出"四川/川雅/雅安/安发/发生/生地/地震"等词，然后将这些分词在语料库中进行统计找出概率最大的词作为分词，最终得到"四川/雅安/发生/地震"。这种方法实现较为简单，不需要依赖任何分词词典，仅通过计算机算法即可轻松分词。

基于统计的分词法主要通过统计文本语料库内相邻两个或多个汉字在文本语句中出现的频率来决定是否应该划分为一个词，如果相邻的两个或者多个汉字在语料库中出现的频率越高，其是一个分词的可能性就会越大。这种分词方法纯粹依赖计算机算法来实现，并不需要事先准备的词典来指导分词。

随着统计分词法的广泛应用，出现了一些诸如互信息法、神经网络法、隐马尔科夫模型法等新的算法①，但是这些方法只是在统计计算标准上有所不同，计算结果基本相差不大。

③基于语义的分词方法。

基于语义的分词方法也称为理解法，本法主要借助计算机模拟人对句子的理解来达到词的识别和句子语义理解，相比其他方法算法实现非常复杂，目前只是在研究探索之中。

表4-2是三种分词方法的比较，在具体的网络舆情文本分词时可以结合具体情况选用。

表4-2　常用中文分词方法的比较

项目	分词速度	歧义识别	分词准确性	实施难度	算法复杂性
基于词典	快	差	一般	容易	简单
基于统计	一般	强	较准	一般	一般
基于语义	较慢	强	准确	较难	复杂

(4)中文分词系统

近年来，已经涌现出了许多中文分词系统，流行的有以下几种：

①ICTCLAS

中国科学院计算技术研究所研制了基于层叠隐马模型的汉语词法分析系统ICTCLAS②。该系统具有中文分词、词性标注、关键词提取、词语权重计算、文档指纹提取等功能，是目前使用最多的中文分词系统，如图4-5所示。

---

① 宋嘎子. 网络热点舆情的发现及预警模型研究[D]. 广州：暨南大学，2010：5.

② 汉语分词系统 ICTCLAS[EB/OL]. [2011-12-30]. http://www.ictclas.org/.

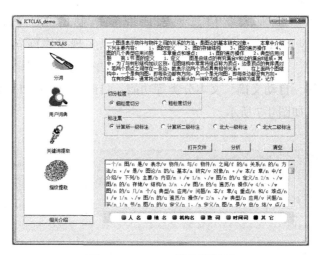

图 4-5 ICTCLAS 的分词界面

ICTCLAS 在分词时支持用户词典。这样就可以根据用户的个性化需求有效地解决未登录词的切分问题，如图 4-6 所示。

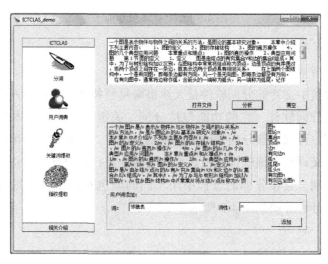

图 4-6 ICTCLAS 的用户词典界面

②LTP

哈尔滨工业大学信息检索研究室研制的 LTP（Language Technology Platform，语言技术平台）①可以实现文本断句、分词、词性标注、命名实体识别、词义消歧、句法分析、浅层语义分析、指代消解、自动文摘、文本分类等功能；目前，LTP 可以免费地在线使用，如图4-7 所示。

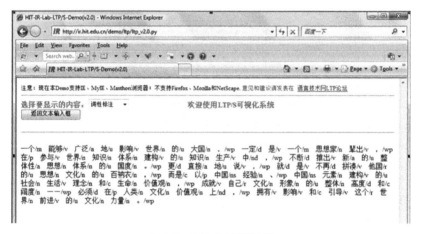

图4-7　LTP 在线版界面

③海量中文智能分词软件

海量中文智能分词软件是天津市海量科技公司研制开发的优秀的中文分词软件，它的功能包括分词、关键词分析、文本指纹提取。用户可以在该分词软件功能基础上进行二次开发，如可外挂用户自定义词典。该软件的特色是能有效地进行词语歧义识别和未登录词识别，且在分词的过程中用不同的颜色对词语种类进行了标注。其分词界面如图4-8 所示。

---

① 语言技术平台［EB/OL］.［2011-12-30］. http://ir.hit.edu.cn/demo/ltp.

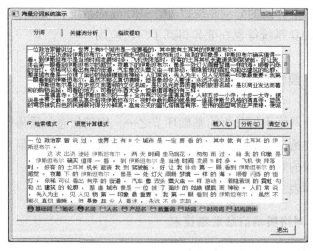

图 4-8 海量中文智能分词软件分词界面

除分词之外，海量分词软件可以对文中关键词的权重进行分析，用户还可以自己设定阈值以获取权重大的关键词，如图 4-9 所示。

119

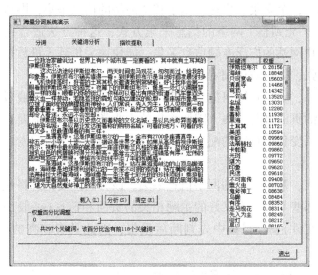

图 4-9 海量中文智能分词软件关键词分词界面

除以上介绍的分词系统以外，SEG 分词系统、CDWS 分词系统和 SEGTAG 系统等也在业界得到了广泛应用。

4.4.2 舆情信息采集与特征提取技术

作为网络舆情分析的基础环节之一，舆情信息的采集与预处理影响着舆情分析的质量，科学合理的采集策略的选用不但可以提高舆情分析的效率，还可以提高准确率。因此，本节将探讨舆情信息采集文本表示、特征提取的相关内容。

(1)网络舆情信息采集技术

①网络舆情信息采集方法

网络舆情信息采集属于 Web 信息采集的范畴，目前主要是借助各种网络爬虫来实现的。网络信息采集是舆情分析工作的基础，尤其对于海量舆情信息源来说，高效、全面的信息采集可以为舆情分析提供可靠的信息源。

目前，主要有以下 6 种网络信息采集方法：①

第一，全采集。也称为基于整个网络的信息采集，即从一些种子 URL 扩充到整个网络的信息采集方式，这种方法适合搜索引擎或者门户网站的广泛专题信息采集，能快速采集到大量数据，但针对性不强，很少被用到网络舆情采集中。

第二，增量式网络信息采集。该方法只针对新产生或者已经发生变化的页面进行采集，因此采集效率非常高，只是需要有高效地判断网页变化的算法的配合。这种方法常用于对于特定专题网站的采集。

第三，基于主题的网络信息采集。该方法主要是选择性地采集网络中那些与预先定义好的主题相关的页面和信息(一般是关键词或样本文件)，在采集中先判断后采集，因此具有较高的针对性，

---

① 庞景安. Web 信息采集技术研究与发展[J]. 情报科学，2009(12)：1891-1895.

可以节省大量的时间和系统资源，这种方法是网络舆情采集的主要方法。目前，在进行基于主题的网络信息采集时常先将待采集进行主题分类，再按照不同类别分别采集。①

第四，基于用户个性化的网络数据采集。该方法主要由用户事先按照其个人兴趣爱好或者个性需求制定采集策略，系统按要求进行采集后将结果提供给用户供其参考，用户也可以在采集过程中与采集系统进行交互。这也是一种有针对性的网络信息采集方式。

第五，分布式网络信息采集。这种方法其实是让多个采集器协调进行多线程采集，它能有效地提高采集效率和性能。该方法的技术难点是各采集器的平衡。

第六，基于 Agent 的网络信息采集。这种方法是将智能 Agent 与信息采集相结合，利用智能 Agent 的自主行为来采集特定主题需要或个性化的信息，如以用户书签或者其他表示兴趣的页面为起点采集用户周围网页或者链接关系网页。该方法灵活性强，采集精度也高，但采集速度较慢。

在以上各种方法中，鉴于网络舆情的海量性、更新快等特点，不同的采集方式具有不同的适应性。其中，增量式采集、基于用户的采集和基于 Agent 的采集等方法针对性较强，适合大规模舆情信息采集和话题发现；基于主题采集由于需要设定主题，往往在舆情跟踪方面具有一定的优势。

②基于爬虫的网络舆情信息采集

➤ 普通爬虫工作原理

网络舆情采集的实现主要是由 Web 信息采集器（Web Crawler，网络爬虫）来完成的。Web Crawler 往往从一个初始的 URL 集出发，通过遍历一个包含初始 URL 的有序采集队列来按照顺序取得各URL 及其指向的网页，并在新取出的网页中提取新的 URL 进行下一轮的遍历，多轮重复直到符合预定采集策略的 URL 队列全部遍历完毕为止，具体实现原理如图 4-10 所示。

121

① 丁宝琼. 网络文本信息采集分析关键技术研究与实现[D]. 郑州：解放军信息工程大学，2009.

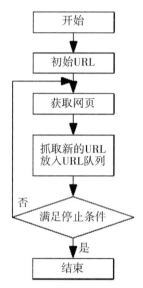

图 4-10　普通爬虫工作原理

采集器在进行网页爬取时，一般会采取两种策略：广度优先策略和深度优先策略。其中，前者通过以初始网页中的链接为起点遍历所有与之有关联的网页，依次循环得到最终采集结果。该方法可以实现多个采集器的并行处理，采集效率较高。后者则是选取某一个初始网页的链接进行依次跟踪，直到没有其他链接网页为止。这个方法算法相对比较简单，易于实现。

➤ 主题爬虫工作原理

从上述普通爬虫技术原理可以看出，该技术仅能提供一种宽泛主题的网络信息采集，采集结果中可能包含大量用户不关心或者与主题无关的数据，从而无法为舆情分析提供数据依据。主题爬虫则是为了解决这个问题而诞生的，如图 4-11 所示，主题爬虫在采集流程中增加了网页及 URL 评价环节，通过分析算法提前过滤掉了一大批与预设主题无关的网页链接，爬虫只针对主题相关链接进行遍历抓取，经过反复循环直至达到预设采集目标为止。同时，所有被爬虫抓取的网页数据均会存储到数据库中，并通过一系列的分析、过滤、索引行为提供查询和检索。值得肯定的是，主题爬虫采集过程中会积累一大批经验数据，这些数据会为以后的类似采集提供借鉴，从而提高采集精度的针对性。

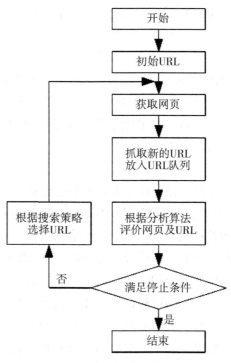

图 4-11　主题爬虫工作原理

➤ 面向大规模舆情信息采集的爬虫策略

网络舆情往往以"喷涌式"暴发，在极短时间内产生海量的网络信息，为了保证网络采集的质量和时效性，需要采取有针对性的爬虫策略。

（a）并发爬行策略。在网络舆情爆发期间，产生的各类信息往往分布于多种网络渠道中，既有传统 Web 页面，也有交互式的"微内容"单元，结构各异的舆情源需要有各种针对性的爬虫策略。并发爬行实质上是一种多线程爬虫程序，它在同一时间段同时启用多个 Web Crawler 抓取舆情信息，从而能在较短时间内完成大规模舆

123

情信息采集工作。

(b)增量式 URL 搜索策略。舆情暴发期间各类信息几乎每时每刻以几何指数级速度增长,网络爬虫要不停地对 URL 进行重复遍历,判断网页是否有更新,为爬行和采集造成了很大的困难。因此,可以采用增量式 URL 搜索策略,在爬虫系统预先设定一张哈希表用来存储已经采集并下载过的网页 URL,并以一定的网页更新计算算法为辅助来判断是否有了新的更新。在爬虫遍历时将待采集网页 URL 与表中的网页 URL 进行匹配计算,从而保证只采集更新过或未采集过的网页 URL 内容,节省系统开销和采集时间。

③不同舆情源的采集策略[1]

➤ 论坛

与普通网站不同,论坛网站的要素包括讨论区(版块)、话题、帖子(主帖和跟帖)等,即若干版块构成论坛、若干话题构成版块、若干个主帖和跟帖构成话题。基于以上结构,论坛网页则主要由主题索引页面和帖子内容页面构成,这些页面与传统网页相比增加了语义内容,也是信息采集的主要对象。其中,主题索引页面由若干页面组成,包含了大量的话题链接和相关的关注信息(如作者、帖子发表时间、帖子查看和回复数量、论坛等级等),帖子内容页面则包含了主帖和跟帖具体的语义内容。针对网络论坛的布局特点,我们可以结合文本分类、聚类等机器学习方法进行论坛信息采集。如王云等[2]提出了一种基于页面布局相似度的网络论坛信息采集方法,该方法基于网页的布局相似度来确定论坛主题信息块,并以此为依据提取出其中的数据,其基本过程如下:

(a)分析论坛版块链接结构,将各链接 URL 放入采集队列。

(b)按照采集队列中的 URL 次序依次采集各 URL 网页,将采集到的页面内容存入数据库中。

---

[1]　王允. 网络舆情数据获取与话题分析技术研究[D]. 郑州：解放军信息工程大学, 2010.

[2]　Yun WANG, Bicheng LI, Chen LIN. Data Extraction from Web Forums Based on Similarity of Page Layout[M]. Proc. IEEE NLP-KE2009, 2009：24-27.

（c）判断主题帖是否已经进行过采集。提取该帖的各项信息元素（如标题内容、标题 URL、发表时间、浏览次数、回复数量等），在数据库中对前两项元素进行检索以查看是否有记录，没有的话将其判断为新帖并进入下载 URL 列表，否则进行（d）操作。

（d）对于数据有更新的帖子，将更新内容导入数据库中替换原有数据（如浏览次数、回复次数等）字段；若页面内容或者结构有变化（如回复内容较多时），则添加下一页的链接 URL 至下载队列中，同时重复（b）操作获取新的内容。

➤ 博客

与论坛类似，博客的结构布局更加明显，主要由具有各种链接的个人空间或者社团空间组成。如果将所有空间的链接作为 URL 种子来采集完全可以覆盖整个博客站点，从而获取博客信息。但是，由于现实中含有舆情信息内容的博文并不多，再加上错综复杂的交叉引用关系导致通过全链接采集并不容易实现，因此可以借助博客作者或者博客导航链接作为采集依据实现博客采集。

（a）按照链接采集。提取导航链接作为起始链接，同时考虑到每个网站其博文链接都有一定的模式，如新浪博客中一条博文 URL 形式为：http://blog.sina.cn/pool/blog/s/blog_html，其中最后一节为动态字母数据符号，以表示不同的博文，根据这点，我们可以进行针对性的采集。

（b）按照作者采集。目前大多数网站的博客空间均提供了该作者的 RSS 种子链接，通过这些 RSS 可以获取作者的博文列表和其他信息。因此，我们可以将一些名人、舆情意见领袖或与舆情相关的人等的博客空间纳入采集列表进行 RSS 采集。

➤ 新闻

对于新闻的采集可以采用前述增量 URL 搜索策略，在判断新闻网站网页 URL 特征基础上对系统监控的新闻页面进行增量式采集[①]，如对新浪教育新闻进行采集时，只需将其采集页面范围限定为以

125

---

① 张春元，康耀红，伍小芹. Web 新闻自动采集发布系统的设计与实现[J]. 计算机技术与发展，2009（9）：250-253.

"http://edu.sina.com.cn/" 为前缀的页面即可。值得注意的是，各大门户网站在发布新闻时具有一定的时间规律性（如上午 10 点左右），因此可以采取定时采集策略，同时依照判断论坛新帖的办法进行新闻是否更新的判断，从而得到预期采集结果。

（2）舆情文本表示

除了一些多媒体舆情载体外，网络舆情大多数是以文本或者可以转换为文本的形式存在。因此，利用各种文本表示方法将舆情文本内容表示出来，可以方便网络舆情的分析。在目前常用的网络文本表示方法中，布尔模型简单快速，但是不够精确；概率模型准确，但计算工作量大，实现较为困难；向量空间模型则因计算容易实现、实用性强被广泛应用于舆情预处理中。

向量空间模型（Vector Space Model，VSM）是由 Salton 等人于 20 世纪 60 年代提出的，现已被广泛应用于自然语言处理的各个领域。[1]

在向量空间模型中，每一个文本都被表示为一组规范化正交矢量所组成的空间向量中的一个点，即形式化为 n 维向量空间中的向量。因此，一个文本 D 的向量空间表示为：

$$D_i = \{(t_{i1}, w_{i1}), (t_{i2}, w_{i2}), \cdots, (t_{in}, w_{in})\} \qquad (4\text{-}1)$$

其中 t_{ij} 为特征词条，w_{ij} 为特征项的权重，w_{ij} 的取值区间是 [0，1]，表示该词在文本中的重要程度，权重越大，反映了该词表示 D_i 的能力越好，越具有代表性，反之权重越小，反映该词表示 D_i 的能力越弱。

两个不同的文本 D_i 和 D_j 之间的内容相关程度关系可以用他们之间的相似度 $\text{Sim}(D_i, D_j)$ 来度量。当文本作为空间向量模型中的向量时，可以借助向量之间的某种距离来表示文本内容间的相似度，常用向量之间的内积进行计算：

$$\text{Sim}(D_i, D_j) = \sum_{k=1}^{n} w_{ik} \cdot w_{jk} \qquad (4\text{-}2)$$

---

[1]　能德兰. 中文网页褒贬倾向性分类研究 [D]. 郑州：郑州大学，2006.

或者用向量夹角的余弦值来表示：

$$\cos\theta = \frac{\sum_{k=1}^{n} w_{ik} \cdot w_{jk}}{\sqrt{\sum_{k=1}^{n} (w_{ik})^2 \times \sum_{k=1}^{n} (w_{jk})^2}} \qquad (4\text{-}3)$$

其中，θ 为向量 D_i 和 D_j 之间的夹角。

(3) 舆情文本特征提取

用文本表示模型生成的特征中可能存在很多噪声，此时就需要通过特征压缩对一些不太重要的特征予以去除，从而起到降低向量空间的维数的作用。

①文本特征提取主要方法

➤ 基于词性的特征提取

该方法主要通过提取文本中的一级特征词并计算权重后排序生成特征文本来实现①，具体实现原理为：先利用正则表达式提取网络文本中的名词和动词作为一级特征词，再通过 TFIDF 计算这些特征词的文本频数和文档频数得出其权重作为排序依据，最后在给定的阈值 k 范围内选择 k 个一级特征词作为文本的核心特征词组成表示文本的特征向量。

该方法充分利用 TFIDF 计算特征词权重的方法实现文本特征降维，效果较明显；但是仅利用名词或者动词作为特征提取依据，忽视了其他词性，导致特征提取有一定片面性。

➤ 基于语境框架的文本特征提取

该方法是在 HNC 对领域划分的基础上提出的一种新的语义化模型②。语境框架包括领域、情景、背景三个基本框架，分别对应着文本内容的领域范畴归属、动态语义描述及反映的作者倾向目的

① 刘强. 文本的特征提取及 KNN 分类优化问题研究［D］. 广州：华南理工大学，2009.

② 庞景安. Web 文本特征提取方法的研究与发展［J］. 情报理论与实践，2006(3)：338-341.

信息，是一个三元组语义描述。该方法以语义分析为目的，借助领域提取、情景提取等算法实现四元组的文本语义表示，进而判断文本语义倾向。

基于语境框架的文本特征提取方法的信息抽取能力较强，能有效过滤文本无关信息并处理文本中的褒贬倾向、同义、多义等现象。

➢ 基于知网的概念特征提取

这种方法也是一种基于语义分析的特征提取方法，在已对文本建立向量空间模型的基础上，借助知网等语义知识库获取文本中词汇语义信息，在此基础上对语义相同词汇进行概念映射和概念聚类，以聚类结果作为文本特征项。其中，特征词可以采用互信息量方法抽取：

已知文本中 w_i 为第 i 个词，T_j 为第 j 个主题，$p(w_i \mid T_j)$ 和 $p(w_i)$ 为语间和词的相似概率，采用以下方式进行互信息量测算。

$$\log\mathrm{MI}(w_i,\ T_j) = \frac{p(w_i \mid T_j)}{p(w_i)} \tag{4-4}$$

➢ 语义和统计结合的特征提取

该方法主要是借助 HowNet 等语义模型和建立词条在文档中的共现模型来完成特征提取。基本思想是：将词共现模型引入文本表示中，统计在文本集中超过一定比例的文本中共同出现的特征项，并利用关联规则挖掘算法抽取特征项共现集来发现同主题特征项。

这种方法在 VSM 模型中引入特征项共现机理，能在较深程度上表示文本的语义特征。

②文本特征选择[①]

为了达到文本降维的目的，我们常常在语料库中选取一些能反映文本内容的词作为特征项，主要的方法有以下几种：

➢ 文档频率（DF）

文档频次是指在文档集中出现特征项的文档数量，它通过对训练文本集中出现的特征词进行文档频次计算，并且依据预先设定的

---

① 刘强. 文本的特征提取及 KNN 分类优化问题研究[D]. 广州：华南理工大学，2009.

阈值删掉文档频次小于阈值或文档频次特别高的特征。由于该方法能够实现在大规模训练文档集中计算线性近似复杂度来发现特征项，计算复杂度低①，是一种无监督的特征选择方法，因此是最常用的文本降维和特征选择方法，尤其在对文档中出现次数过少或者出现次数过多的单词进行预处理时具有非常大的优势。

➤ 互信息（MI）

互信息是计算语言学模型分析的常用方法，它常用来度量两个对象之间的相互性。在进行文本特征选择时，互信息衡量的是训练文本集中的某个词和类别之间的统计独立关系，其定义为：

$$\text{MI}(t) = \sum_{k=1}^{|C|} P(c_i) \log \frac{P(t \mid c_i)}{P(t)} \tag{4-5}$$

其中，$P(c_i)$ 表示第 i 类文本在训练文本集合中出现的概率，$P(t)$ 表示词 t 在训练文本集合中出现的概率，$P(t \mid c_i)$ 表示在第 i 类文本中 t 的出现概率。MI 越大，词和类的共现程度越大。

互信息是一种广泛用于建立词关联统计模型的标准，该方法的优点在于不需要对特征词和类别之间关系的性质作任何假设，因此非常适合于文本分类的特征和类别的准备工作；但其缺点则是受临界特征的概率影响较大，导致互信息评估函数经常倾向于选择稀有单词。

➤ 信息增益（IG）

信息增益在机器学习领域常用于度量已知一个特征是否出现于某主题相关文本中以及对于该主题预测有多少信息。当它用于文本数据的特征选择时，衡量的则是某个词的出现与否对判断一个文本是否属于某个类所提供的信息量。其定义为：

$$\text{IG}(t) = -\sum_{i=1}^{|C|} P(c_i) \log P(c_i) + P(t) \sum_{i=1}^{|C|} P(c_i \mid t) \log P(c_i \mid t)$$
$$+ P(\bar{t}) \sum_{i=1}^{|C|} P(c_i \mid \bar{t}) \log P(c_i \mid \bar{t}) \tag{4-6}$$

---

① 文本特征提取方法研究［EB/OL］. http://blog.sina.com.cn/s/blog_4d1f33470100scz7.html.

式(4-6)中，$P(c_i \mid t)$ 表示在词 t 出现的情况下文本属于类 c_i 的概率，$P(\bar{t})$ 表示词 t 不出现的概率，$P(c_i \mid \bar{t})$ 表示词 t 不出现的情况下文本属于类 c_i 的概率。

➤ CHI 统计量(CHI)

CHI 统计量衡量的是一个单词与一个类之间的相关程度，其评价公式为：

$$\text{CHI}(t, c_i) = \frac{N \times (AD - BC)^2}{(A+C) \times (B+D) \times (A+B) \times (C+D)} \tag{4-7}$$

其中，N 表示文档总数；A 表示 c_i 类中出现词 t 的文档数；B 表示其他类中出现词 t 的文档数；C 表示 c_i 类中不出现词 t 的文档数；D 表示其他类中不出现词 t 的文档数。

➤ 交叉熵(CE)

交叉熵(KL 距离)主要用来测度文本主题类的概率分布与出现了某特定词汇文本主题类的概率分布之间的距离。其定义为：

$$\text{CE}(t) = \sum_{i=1}^{|C|} P(c_i \mid t) \log \frac{P(c_i \mid t)}{P(c_i)} \tag{4-8}$$

该公式中的符号定义与信息增益公式一致。一般来说，词汇 t 的交叉熵越大，对文本主题类分布的影响也越大。

➤ 优势率(OR)

优势率原本用于二元分类器，定义如下：

$$\text{OR}(t, pos) = \log \frac{P(t \mid pos)(1 - P(t \mid neg))}{P(t \mid neg)(1 - P(t \mid pos))} \tag{4-9}$$

其中 pos 表示正例集的情况，neg 表示负例集的情况。优势率的特征选择方法特别适用于二元分类中。

➤ 词强度(TS)

词强度主要用来对两个不同的文本中出现同一个词的概率进行计算，进而判断两个文本是否相关。它是一种无监督的特征选择算法，常用于文本聚类中，计算公式为：

$$\text{TS}(t) = P(t \in d_j \mid t \in d_i), \ d_i, d_j \in D \cap sim(d_i, d_j) > \beta \tag{4-10}$$

式(4-10)中 β 是一个相似阈值，用来判断两个文本是否相关。

此外，遗传算法、文本证据权、主成分分析法、N-Gram 算法等也常用于文本特征选择中。

4.4.3　语义挖掘技术

（1）Web 挖掘概述

作为解决网络环境下"信息爆炸"和"知识缺乏"矛盾的一种有效手段，Web 挖掘是现代互联网技术发展与用户知识需求相结合的产物。Web 挖掘综合多学科理论与技术从海量网络信息资源中获取可用的模式和知识，目前已经在电子商务推荐、个性化信息定制、网络信息过滤与推荐、网站优化、搜索引擎优化、用户导航模式发现以及话题检测与跟踪等领域得到广泛的应用。

"Web 挖掘"这个概念最初由 Etzioni 于 1996 年提出，并逐步发展成为一个新的涉及数据挖掘、文本挖掘、机器学习等多学科交叉研究领域。Web 挖掘又称为网络信息挖掘，是利用数据挖掘、文本挖掘、机器学习等技术从 Web 页面数据、日志数据、超链接关系中发现感兴趣的、潜在的、有用的规则、模式、领域知识等。与一般数据挖掘不同，Web 挖掘的对象主要为：①隐藏在网络半结构化数据中的模式和数据实体，包括半结构化或非结构化的文本数据、视音频数据及其元数据；②描述内容格式规定与组织结构的数据，如超链接关系；③用户访问页面内容时的记录数据，如 Web 服务器日志等。①

根据挖掘对象的不同，Web 挖掘可以分为 Web 内容挖掘、Web 结构挖掘和 Web 使用挖掘三类。其中，Web 内容挖掘是从 Web 文档本身的内容或者 Web 搜索的结果中抽取知识的过程，它可以对大量的 Web 文本集合进行分类、聚类、关联分析，以及利用 Web 内容进行趋势预测。在网络舆情分析中，Web 内容挖掘可

131

---

①　郑庆华，刘均，田锋，等. Web 知识挖掘：理论、方法与应用[M]. 北京：科学出版社，2010.

以发现与突发事件主题相关的知识内容和语义关联模式。① Web 使用挖掘是通过挖掘 Web 使用数据或者访问日志来提取浏览者的行为模式，获取有价值的信息的过程。它通过挖掘用户上网时产生的网络服务器访问记录、代理服务器日志记录、浏览器日志记录、用户登录和注册记录、用户对话或交易信息、用户提问等交互式信息发现用户的浏览习惯、相似用户群体、Web 页面的访问频率等知识模式，从而更好地理解用户行为和提供智能化的服务。通过 Web 使用挖掘，可以确定舆情热点和焦点、预测网民行为。Web 结构挖掘就是对 WWW 的组织结构、Web 页面的超链结构等进行挖掘并从中提取出隐藏的有价值的知识的过程。网络链接中蕴含着丰富的关于 Web 内容联系、质量和结构方面的信息，是进行网络舆情站点分析的重要资源。② 通过 Web 结构挖掘，可以获得与舆情主题高度相关的链接以及链接逻辑结构的语义知识，从而帮助舆情分析人员确定重要舆情源和中心页面。表 4-3 是不同类型的 Web 挖掘比较。

表 4-3　三种 Web 挖掘比较分析

<table>
<tr><td colspan="2">分类
对比项</td><td>Web 结构挖掘</td><td>Web 内容挖掘</td><td>Web 使用挖掘</td></tr>
<tr><td rowspan="2">挖掘
对象</td><td>数据
类型</td><td>-页面间与页面间的超链接
-由 HTML 语法定义的结构</td><td>-文本、超文本
-图像
-音频
-视频</td><td>-Web 服务器日志
-代理服务器日志
-浏览器日志</td></tr>
<tr><td>挖掘
特点</td><td>超链结构、层次结构</td><td>异构的半结构化或非结构化数据</td><td>结构化数据</td></tr>
</table>

---

① 张玉峰，何超. 基于 Web 挖掘的网络舆情智能分析研究[J]. 情报科学，2011(4)：64-68.

② 周君. Web 文本挖掘关键技术的研究与实现[D]. 西安：西安电子科技大学，2009.

分类\n对比项	Web 结构挖掘	Web 内容挖掘	Web 使用挖掘
挖掘方法	-专有算法，如 HITS、PageRank\n-数据挖掘	-文本挖掘\n-数据挖掘\n-机器学习\n-多媒体挖掘	-数据挖掘\n-机器学习
典型应用	-文档分类、聚类\n-信息抽取\n-信息检索\n-本体学习	-检索结果排序\n-查找相关网页\n-文档分类、聚类	-站点自适应\n-用户建模

与数据挖掘的工作流程类似，Web 挖掘的基本流程也分为数据采集、数据处理、模式挖掘和评估四个步骤。

①数据采集

与传统数据挖掘数据源直接来自应用系统数据库相比，Web挖掘数据源更加丰富多样，囊括了网站网页、电子邮件、BBS、博客日志、网络链接结构信息、网站日志数据甚至是在线交易数据等多类网络数据。因此，我们需要采集与目标有关的信息为挖掘提供信息源，利用针对性的采集技术和策略获取信息。

②数据预处理

对采样所得到的数据进行处理，将它们转变为便于挖掘的形式，主要包括数据清理与集成等环节。如在日志挖掘中，对用户访问日志进行数据清洗、用户识别、会话识别、路径补偿等步骤最终形成用户会话文件。

③模式挖掘

模式挖掘旨在通过数据挖掘或机器学习技术进行模式发现，主要的挖掘技术包括：统计分析、关联规则分析、聚类分析、分类分析、序列模式分析等。

④模式评估

虽然通过模式挖掘可以发现潜在的规则或模式，然而，这些规则或模式是否有趣，是否最终为用户所理解并得以应用，还需要进行模式评估。其实质就是对挖掘得出的所有模式进行分析、评价、解释，保留那些有价值或者有趣的模式，并将有趣模式转化为可直观理解的形式化表示。

（2）语义 Web 挖掘

在进行 Web 挖掘时，由于当前 Web 上的数据均为半结构化或非结构化数据，数据中不包含语义信息，大大增加了对其进行知识发现的难度。1999 年，万维网发明人 Tim Berners-Lee 提出了语义 Web 这一下一代互联网的构想，希望能够扩展现有的互联网，使之具有计算机可以理解的语义信息，以便于计算机或智能软件对互联网上的信息进行有效访问。语义 Web 的出现为进行深层次 Web 挖掘提供了保障，并催生了语义 Web 挖掘的广泛应用。语义 Web 挖掘是语义 Web 与 Web 挖掘的结合，它主要借助先进的人工智能理论和技术、语义 Web 和本体描述语言，对网络上的用户需求查询和各类资源进行一系列的语义解析，通过挖掘其深层语义来更加充分、精确地表达知识资源和用户需求。其根本目的有两个：第一，语义 Web 的语义知识使得 Web 挖掘更易实现，同时能对 Web 挖掘的结果进行改善；第二，可以借助 Web 挖掘的结果更好地构建语义 Web，从而更加有效地发现语义知识。①

作为一项涉及多领域学科技术的 Web 挖掘技术，语义 Web 挖掘通过更加精确高效的知识表示手段和语义提取机制，能帮助用户获取更多的深层次语义知识。其主要技术基础为：

①语义与知识表示

从最直观的表述来看，语义就是数据或符号代表的含义。当这个数据或者符号用于计算机领域时，即表现为计算机对其的处理方式。常用的语义处理方式有两种，其中，过程式语义是计算机对特定数据符号执行程序操作后生成的结果，对执行代码有较强的依附

---

① 张辉. 基于本体的语义 Web 挖掘技术研究［J］. 电脑开发与应用，2009（2）：5-8.

性，不利于扩展和通用；而声明式语义则是体现在对数据符号的声明式描述中（如一阶逻辑），描述可以映射到通用的形式化系统或者描述语言本身有形式化的语义（如 RDF 三元组）。如符号"b02"可以描述为 RDF 三元组（b02 rdf：type Book），用来表示一个类 Book 的实例。对于声明式语义来说，其描述语言通用且便于扩展，是比较理想的语义表示方法。

在描述语义的基础上，人们开始了对客观事件规律知识描述的探索，并总结出了一阶谓词逻辑表示法、语义网络表示法等众多知识表示的方法①。这些方法一般是用 Web 网络、图形、谓语词等形式表示知识，计算机难以理解；同时，只能表示一些最基本的如 is-a、instance、has-part 等基本阶层关系，无法描述递归、交集等更加复杂的关系，概念关系的描述能力有限，没有被计算机处理所选用。随着本体论的推出，基于本体的知识表示在表现形式、语义揭示深度等方面有了较大的提升，同时提供了更加丰富和业界通用的表示逻辑，其配套的描述语言、查询语言和开发工具也更加方便灵活，相对传统的知识表示有着无法比拟的优势。尤其是在本体中采用 OWL 作为知识的表示方式，能准确地描述词汇和层次结构，完整表现具有描述逻辑的知识库，跨平台知识共享得以实现。

②语义标注

作为语义挖掘的一个重要环节，语义标注就是对原始数据做标记，使其具有语义信息，从而被人和机器所理解的过程。在本体论指导下，语义标注是一个在领域本体指导下为文档添加规范化知识表示的过程，往往以 XML 标记语言为数据作标注，以 RDF/XML 作为数据描述的模型，具体步骤包括：a) 将文本中与领域本体中概念相对应的词标记出来，作为该概念所对应的实例，并用 RDF 资源形式加以描述；b) 找出这些实例间存在的与本体中属性相对应的关系。一般来说，若在一个 RDF 陈述中，将与本体概念相对应的两个相互关联的实例及实例间的关系表示为（R1，P，R2），其中，R1、R2 为实例，P 为二者之间的关系，对应着领域本体中

135

① 蔡白兴，徐光右. 人工智能及其应用[M]. 北京：清华大学出版社，2004.

的一个属性。常用的语义标注方式包括手工标注、半自动标注和自动标注三种类型。其中，手工生成语义标注主要借助专家经验，工作量较大，生成的文档一般是静态的，不适合海量 Web 文档的标注，如 Yawas、Edutella、WebKB 等系统均采用手工标注方法；半自动化语义标注需要预设一定数量的手工标注的网页作为系统的训练集，在此基础上进行机器标注，相比手工标注节省了一定的时间和资源，但效率仍很低下且易出错，如 IMAT、OntoAnnotate 等系统采用了这种方式；自动化语义标注方法完全借助机器实现，效率较高，但标注结果缺乏可靠性，需要利用文本语义分析的方法获取语义知识。①

③语义推理

语义推理是一种建立在领域知识规则库和描述逻辑基础之上，利用一定的逻辑规则和推理算法获取有用信息的过程。语义推理既是语义挖掘的一个重要环节，也是语义挖掘的目的。在语义 Web 挖掘中，领域本体对源数据的语义标注形成了待推理的对象知识库，领域本体概念关系则构成了推理逻辑规则，领域本体指导下的推理活动则为挖掘更加符合用户的需求知识提供了保障。

在语义 Web 挖掘中，通过语义 Web 为普通 Web 添加语义标注，从而将无结构的网页数据转化为机器可以理解的形式，从而为知识发现提供更多有价值的东西。基于此，创建语义 Web 有多种方式，如通过内容与结构来创建语义 Web 和通过使用记录创建语义 Web，包括本体学习、实例学习、映射及合并本体等方法。这些方法中，本体学习是最常用也是最有效的方法，它借助许多已存在的资源（如知识库、词典等），将机器学习技术与智能代理技术结合起来半自动地从网络中提取语义。实例学习则是针对已经存在的本体，建立本体概念集实例，以此为基础进行自动或半自动化的文档标注。

④基于本体的语义挖掘

与传统的 Web 挖掘不同，基于本体的语义挖掘的技术基础主

---

① 张玉峰，蔡皎洁. 基于数据挖掘的 Web 文本语义分析与标注研究 [J]. 情报理论与实践，2010（2）：85-88.

要是语义 Web、本体、本体描述语言等。①

a. 语义 Web

语义 Web 的提出主要是想解决传统 Web 存在的三个问题：第一，缺乏对信息的语义描述；第二，Web 内容的链接缺乏语义；第三，只能实现基于"关键词"而不是基于"内容"的检索。在 Tim Berners-Lee 提出的语义 Web 七层架构中（见图 4-12），各个层次分别实现了资源统一编码、结构化标记、本体描述、推理规则生成、Web 认证和系统交互等功能。通过以上七层的保障机制，语义 Web 相较传统 Web 具有更加客观形象的知识表示特性、语义特性和用户个性，是一个更加丰富多样、富有个性且值得信任的网络。

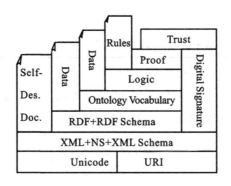

图 4-12 语义 Web 架构图

b. 本体②

本体（Ontology）最早起源于哲学领域，用来对客观存在进行系统的描述。随着计算机的发展，本体被引入人工智能领域，用来描述知识系统的静态领域知识，并被赋予新的定义。在 Gruber 和

---

① 杨洁. 基于本体和 Apriori 算法的语义挖掘技术研究[D]. 太原：太原理工大学，2011：10.

② 董坚峰，胡凤. 基于 OWL 本体的知识表示研究[J]. 情报理论与实践，2010(9)：89-92.

137

Borst 等人关于本体定义的基础上，1998 年 Studer 提出本体是指
"共享概念模型的明确的形式化规范说明"。作为一种知识表示方
法，本体在某一个知识领域内一般包括 5 个基本的建模元语，即一
个完整的本体应该具有 5 个部分：类（Classes）或概念（Concepts）、
关 系（Relations）、函 数（Functions）、公 理（Axioms）、实 例
（Instances）。从语义上讲，概念之间基本的关系共有 4 种：part-of
（概念之间部分与整体的关系）、kind-of（概念之间的继承关系）、
instance-of（概念实例与概念之间的关系）、attribute-of（某个概念是
另一个概念的属性）。在实际本体建模过程中，我们可以根据领域
的具体情况定义相应的概念之间的关系，同时详细说明模型中涵盖
的概念、实例、关系和公理等实体。表 4-4 是常用的一些通用性本
体资源。

表 4-4　常用的通用性本体资源一览表

名称	描　　述	开　发　者	来　　源
WordNet	一个基于心理语言学的在线机器词典	普林斯顿大学认知科学实验室	http：//Wordnet.prineeton.edu
SUMO	一个通用知识本体	IEEE 标准上层知识本体小组	http：//ontologyprotal.org
FrameNet	一个以机器可读的形式对知识进行标注的语义英文词典	美国国家科学基金委员会	http：//framenet.icsi.berk-eley.edu/
CYC	一个人类常识知识库系统，OpenCyc 是其开源版本	Stanford 大学的 D. Lenat 教授团队	http：//www.cyc.com/cyc/-opencyc/overview
MindNet	一个概念知识库系统	微软公司	http：//www.mindresources.net/

续表

名称	描　述	开　发　者	来　源
HowNet	一个面向计算机的常识本体	中国科学院计算机语言信息中心董振东	http://www.keenage.com/
NKI	一个大型的可共享的知识群体(知识基础平台)	中国科学院计算所曹存根教授	http://www.cnki.com/
Pangu	盘古知识库是一个通用常识知识库	中国科学院数学所陆汝铃院士	

c. 本体描述语言①

本体描述语言，也称为标记语言、置标语言、构建语言或者是表示语言等，是一种利用特定的形式化语言对本体模型进行描述以便机器和用户都能达到统一的理解的语言。主要的本体描述语言有XML、RDF/RDFS、OWL 等。其中，XML 用来描述结构化文档的表层语法，对文档没有任何语义约束；RDF 描述 RDF 资源的属性和类型的词汇表，提供了对这些属性和类型的普遍层次的语义；OWL 则添加了更多用于描述属性和类型的词汇，例如类型的不相交性、基数、等价性，属性更丰富的类型、属性特征以及枚举型等。

在这三种本体描述语言中，OWL 是应用最广泛的本体描述语言，它对于知识的描述主要从概念和属性两个方面进行，OWL 中的概念由类来表示，它可以是名字(如 URI)或表达式，而且提供大量的构造子来建立表达式，OWL 强大的表达能力正是由它所支持的概念构造子/性质构造子以及各种公理所决定的。图 4-13 是

139

———————————

① 董坚峰，胡凤. 基于 OWL 本体的知识表示研究[J]. 情报理论与实践，2010(9)：89-92.

OWL 的知识表示过程。

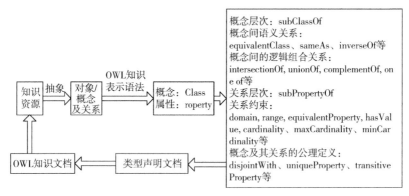

图 4-13　OWL 的知识表示过程

下面是一段关于 SARS 的本体 OWL 文件片段：

<传染病>

<传染病 rdf：ID＝"SARS">

　<owl：sarneAs>

　　<传染病 rdf：ID＝"严重急性呼吸道征候群">

　　<owl：sarneAs rdf：resource＝"#SARS"/>

　　<owl：sameAs>

　　　<传染病 rdf：ID＝"非典型性肺炎">

　　　<owl：sameAs rdf：resource＝"#严重急性呼吸道征候

群"/>

　　　　<rdfs：comment rdf；datatype＝"http://www.w3.org/
2001/XML Schema#String">又称严重急性呼吸综合征，简称 SRS，
是一种因感染 SARS 相关冠状病毒而导致的以发热、干咳、胸闷为
主要症状的一种新的呼吸道传染病</rdfs：comment>

　　　</传染病>

　　</owl：sameAs>

</传染病>

d. 基于本体的语义挖掘模型

在语义 Web 挖掘实施中，我们通常是先在互联网中进行搜集，将搜集到的资源进行语义提取后放入语义信息源库中，之后，借助本体、本体描述语言等生成语义数据库，在此基础上进行语义挖掘并将结果推送给用户，具体过程如图 4-14 所示①。

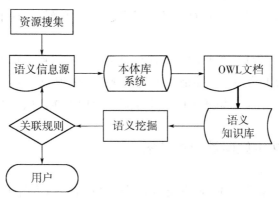

图 4-14　语义挖掘模型

　　第一，资源搜集。该步骤主要完成两方面工作：一是按照既定的搜集策略从网络上采集与本次挖掘目标相关的信息集，并对其进行预处理；二是按照既定的领域分类规则确定已采集信息的领域归属，同时判断是否需要领域的知识及是否已有相关本体描述。完成这两方面工作后将符合要求的数据推送至语义信息源。

　　第二，语义信息源。语义信息源是语义挖掘相关操作的对象，也是前面资源搜集阶段得到的数据集合，在领域专家的帮助下，对其进行一系列诸如本体学习、本体聚类等语义处理操作和资源、属性描述后可以得到建立本体所需的各类数据。

　　第三，本体库系统。本体库系统主要存储经过本体描述后的来自语义信息源的各类数据。对于已得到的带有语义的信息进行本体描述，同时利用本体构建软件建立本体库系统。

　　①　杨洁. 基于本体和 Apriori 算法的语义挖掘技术研究［D］. 太原理工大学，2011.

第四，OWL 文件。对已建立好的本体，利用 OWL 语义表示工具进行存储，从而得到 owl 格式的存储文件。

第五，语义知识库。对 owl 文件进行格式转换，使之成为适合进行挖掘操作的数据库存储形式，并生成语义知识库。

第六，语义挖掘。利用分类/聚类、关联分析、遗传算法等各种数据挖掘方法和技术对语义知识库进行挖掘操作，这个步骤是本流程的核心。

第七，关联规则和用户。这是语义挖掘的终点，它主要是将语义挖掘得到的结果(主要是一些关联规则类知识)提供给用户使用，同时，这些语义知识还可以为建立新的领域本体提供参考借鉴。

4.4.4 文本倾向性分析技术

作为互联网环境下公众对社会现象和社会事件所表达的态度、观点、情感和行为的总和，网络舆情具有明显的情感倾向性，对其加以分析判断可以帮助公共管理部门了解民意和进行舆论引导。同时，网络舆情又是借助论坛、博客等网络载体中的网络言论表达出来的，网络舆情倾向性分析实质上就是一种网络文本倾向性分析。如何借助文本倾向性分析判断公众舆情倾向，是网络舆情分析的重要内容，也是自然语言处理在网络舆情分析中的技术应用。

(1)文本倾向性分析概述

文本倾向性分析(Sentiment Classification)就是针对用户关于某个事物或者现象发表的看法或评论性文本进行分析，从而获取其倾向性态度(正面还是负面或中性)，也称为褒贬倾向分析或极性分析①。早在 20 世纪 90 年代，Hatzivassiloglou 和 McKeown 等人在研究词语的语义倾向识别问题时就发现，通过对语料进行训练学习的

---

① 陶县俊. 情感 Ontology 构建及其网络舆情文本倾向分析[D]. 新乡：河南师范大学，2009.

方式可以提高倾向性识别率达 82%；后期通过语言学技术来研究约束多个连续形容词之间的连词，以判断这些形容词的情感倾向，然后通过聚类的方法形成不同情感倾向的类，这种方法可将文本倾向性分析的识别率提高到 90%。后来，Tumey 提出了一种基于语义倾向和点互信息检索的非监督文本分类方法，有效地对 Epinions 网站上的 400 多篇商品比较信息进行正面和负面倾向分类，正确率达到 70%以上；同时，Tumey、Pang 等提出了基于统计和机器学习的语义文本倾向性分类方法，为文本倾向性分析奠定了技术基础①。目前，文本倾向性分析属于计算语言学的范畴，涉及自然语言处理、人工智能、机器学习、信息检索和数据挖掘等多学科技术，已经在商品评论分析、公共事件分析、微博态度分析、社会舆情分析、新闻报道评价等多个领域得到广泛的应用。由于文本结构涉及词语、句子和文档三个层次，目前的文本倾向性分析也多从这三个角度展开。

①词语情感倾向性分析

对词语的情感倾向进行分析是文本倾向分析的基础。众所周知，名词、动词、形容词和副词均是具有情感倾向的词语，同时，一些命名实体如人名、地名、机构名、产品名、事件名等也可以用来判断情感倾向。在舆情文本中，这些词语的极性(褒义、贬义和中性)除了少部分可以通过词典查阅获取外，大部分均无法直接获取，尤其对于一些特定语境中的带有嘲讽、反语等词汇，更是无法判断。另外，词语表达倾向的强烈程度也是词语倾向分析需要考虑的，尤其是在评论数量较多的舆情文本中。从这个角度来说，词语倾向性分析包括对词语极性、强度和上下文模式的分析，涉及的分析方法主要有以下几种。②

a. 基于词典的方法

主要是借助已有的词典或通过对已有的词典进行扩展生成情感

143

① 黄敏. 网络舆情中热点挖掘及文本倾向性分析技术的研究[D]. 合肥：合肥工业大学，2011.

② 宋光鹏. 文本的情感倾向分析研究[D]. 北京：北京邮电大学，2008.

词典进而判断词语极性。其中，英文词典主要以 WordNet 或 General Inquirer 为基础，中文词典则以知网（HowNet）为基础。基于词典的方法实现思路为：以给定的一批已知极性的词语集合作为种子，在词典中找出与情感倾向未知的新词语义相近且出现在种子集合中的若干个词，通过比较种子词极性与未知词极性来推断未知词的情感倾向。基于词典的方法实现比较简单，但对种子词质量及数量的依赖比较明显。

b. 无监督机器学习方法

这种方法也称为点互信息量法，其实现思想与第一种方法类似，需要预先设定一些种子词集，通过分析新词与种子词的紧密程度来判断其情感倾向性。不同的是，其判断依据不再依赖于已有词典，而是利用计算机信息（即根据词语在语料库中的同现情况）判断其联系紧密程度。如 Turney 曾将这种思想应用到词汇的极性分类中，通过新情感词与种子情感词的共现程度来判断新情感词的极性，得到了较好的效果①。同样，该方法也对种子词数量的依赖比较明显，同时会产生大量的噪声。

c. 基于人工标注语料库的方法

这种方法首先利用人工方式对语料库分别进行分词级、句子级和文档级的情感倾向标注，在已标注语料的基础上，利用词语的共现关系、搭配关系或者语义关系来判断词语的情感倾向性。基于人工标注语料库的方法准确度较高，但需要大量的人工标注语料库支持，工作量较大。

②句子情感倾向性分析

句子层面的情感倾向性分析主要处理特定上下文中出现的语句，其基本任务则是对句子中的各种主观性信息进行分析和提取，通过分析提取出与情感倾向性论述相关联的各个要素（如论述人、评价对象、倾向极性、强度和重要性等）来判断句子倾向性。如王

---

① TUmey P D. Thumbs up or thumbs down? Semantic orientation applied to unsupervised classification of reviews［C］. Proceedings of the 40th Annual Meeting of the Association for Computational Linguistics，Philadelphia，2002.

根等人①提出了一种基于多重冗余标记的 CRFS 模型，模型包括句子情感主客观分类、褒贬分类和褒贬强弱分类等任务，有效地提高了句子情感分析的准确度。

③文档情感倾向性分析

文档情感倾向性分析主要是从整个文档篇章上判断其情感倾向性。其判断假设建立在整个文档都是对一个对象进行评论的基础之上，而这在现实中却是不存在的。因此，目前该方面的研究进展不大，代表性的成果有：Woods②以电影评论为对象，通过将文档中词和短语的倾向性进行平均，来判断文档的倾向性；Pang 采用了Bayes 方法、最大熵模型和支持向量机三种机器学习方法对英文电影评论进行情感分类实验，实验结果表明，利用支持向量机方法进行评论文本情感分类的效果最好，等等③。

（2）文本倾向性分析的流程和任务

文本倾向分析是对包含感情色彩的文本进行分析、处理、归纳、统计等处理的过程，涉及文本采集及预处理、情感信息分类、情感信息抽取等多项流程。一般来说，开展文本倾向分析需要以下步骤(见图 4-15)④。

①采集原始数据：原始数据一般来自拟分析客户所拥有的数据，包括电子邮件文本、网络评论、客户留言、博客或者微博内容发表等，这些数据一般是非结构化的自由文本，在采集时往往通过网络爬虫进行抓取。

②预处理：为了提高情感倾向分析的准确率和效率，需要对

①　王根，赵军. 基于多重标记 CRF 的句子情感分析研究［C］. 全国第九届计算语言学学术会议，2007.

②　Woods W A. Transition Net Work Granmars for Natural Unguage Analysis. CACM，1970，13(10)：591-600.

③　罗亚平. 面向网络舆情的中文评论文本情感倾向分析研究［D］. 大连：东北财经大学，2010.

④　杨卉. Web 文本观点挖掘及隐含情感倾向的研究［D］. 长春：吉林大学，2011.

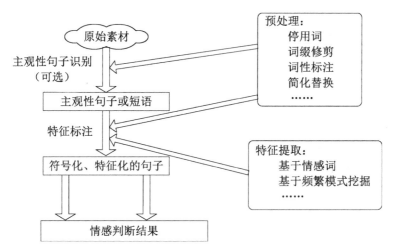

图 4-15　文本情感倾向性分析流程

数据进行一些预处理工作，如去除噪声数据、停用词、词性标注、中文分词以及一些必要的简化替换（如将"电视机"替换为产品名）等。

③情感信息抽取：情感信息也称为情感词或者特征词，是指文本中带有情感意义的信息单元，如产品的特征词、表示情感态度的形容词等。情感信息抽取也是情感倾向分类的前提，一般情况下是直接抽取代表情感的特征词，如"很好""优秀""郁闷"等。情感词可以借助计算机手段自动抽取，但对于特定产品和特定话题的情感分析则需要人工构造情感词表。

④情感倾向分类：情感倾向分类是在情感信息抽取结果的基础上对情感单元进行分类，一般按照情感的极性可分为褒贬两大类。按照分类目的的不同，又可分为褒贬分析和主客观分析。情感分类一般采用 SVM 和 NB 等基于机器学习的标准分类器，也有使用基于规则的分类器对特征进行直接判断等方法①。

---

① 曹云翔. 情感倾向分析系统 VOCA 中信息抽取的设计与实现[D]. 南京：南京大学，2013.

（3）文本倾向性分析主要方法

目前国内外对于文本倾向性的分析方法主要有以下三类：①②

①基于文本分类的文本倾向性分析

基于文本分类的文本倾向性分析是建立在机器学习上的一种有指导性的学习方法，常用 K 近邻算法（KNN）和支持向量机算法（SNM）来实现。其实现思想为：用户针对某一主题的文档先设定训练样本集，利用人工标注倾向性方法确定学习样本；然后通过机器学习方法构造不同倾向性的分类器（"褒义"或"贬义"），最后使用训练好的分类器对识别文本进行分类得到其倾向性。

主要实现算法如下：

输入：待分类文本 d

输出：倾向性分类结果 C

Step1 对训练样本集进行分词；

Step2 利用情感词表标识文本中的情感特征词；

Step3 利用 TF-IDF 公式和情感词本身的情感权重对特征权重进行计算；

Step4 根据文本情感特征和权重得到文本情感向量的特征空间；

Step5 对 d 进行分词处理和特征权重计算，得到 d 的情感向量的特征空间；

Step6 利用 KNN 或 SVM 分类器对文本 d 进行分类；

Step7 返回文本 d 的倾向性分类结果 C。

基于文本分类的文本倾向性分析方法的特点是对限定主题领域和训练集有依赖，在有大规模经人工标注的训练集支持下能达到较好的分类效果，但面对多主题或者不固定主题数据集时效率不高。

① 王兰成，徐震. 基于情感本体的主题网络舆情倾向性分析[J]. 信息与控制，2013(1)：46-52.

② 马海兵，刘永丹，王兰成，等. 三种文档语义倾向性识别方法的分析与比较[J]. 现代图书情报技术，2007(4)：43-47.

②基于语义规则模式的文本倾向性分析

这种方法首先将自然语言的句法结构进行简化后生成一种语义规则模式，然后将语义规则模式作为文本特征，对特征词进行倾向性分拆后，再对分析结果的倾向量度求平均值以得到整个文档的语义倾向①。其中，语义规则模式按照主语+谓语+宾语的句式结构，一般表示为：

语义模式 = <主体><行为><受体>，<语义倾向值>。其中，<主体><行为><受体>称为语义模式的部件，分别对应句子的主语、谓语和宾语，<语义倾向值>表示语义模式的语义倾向权重，取值区间为[1，1]，其中(0，1]区间的取值表示正面的情感倾向，[1，0)区间的取值表示负面的情感倾向。在实际应用中通常将语义模式进行简化，得到以下几个结构：

语义模式 = <主体><行为>，<语义倾向值>|

语义模式 = <行为><受体>，<语义倾向值>|

语义模式 = <主体>，<语义倾向值>|

语义模式 = <受体>，<语义倾向值>

主要实现算法如下：

输入：待识别文本 d，语义规则模式集合 $S = \{s_1, s_2, s_3, \cdots, s_m\}$，部件集合 $I = \{i_1, i_2, i_3, \cdots, i_n\}$，阈值 δ

输出：倾向性结果 C

Step1 对 d 进行词法分析；

Step2 提取出与部件集合 I 中元素相匹配的所有特征；

Step3 提取出与集合 S 中元素相匹配的语义规则模式，得到匹配的语义规则模式集合 $M = \{m_1, m_2, m_3, \cdots, m_k\}$ 和集合中每个元素的语义倾向值 w_i；

Step4 累加所有匹配模式的语义倾向值，结果作为文本 d 的语义倾向值 $W(d) = \sum_{i=1}^{k} w_i$；

---

① 黄敏. 网络舆情中热点挖掘及文本倾向性分析技术的研究[D]. 合肥：合肥工业大学，2011.

Step5 比较 $W(d)$ 与阈值 δ，若 $W(d)>\delta$，则 d 为正面倾向；若 $W(d)<\delta$，则 d 为负面倾向；

Step6 返回文本 d 的倾向性结果 C。

与基于分类的方法不同，基于语义规则模式的方法非常适用于对限定主题的文本分类，但是过分依赖人工进行语义模式抽取，算法实现工作量非常大。

③基于情感词的文本倾向性分析

该方法主要是通过比较文本间特征词的情感倾向值来度量文本的倾向值，其中特征词的情感倾向值通过计算特征词与具有强烈倾向意义的基准词之间的关联度获得。目前，互信息法、基于知网的特征提取法等均可被用于关联度计算上，该方法主要算法如下：

输入：待识别文本 d，情感特征集合 T，阈值 δ

输出：倾向性结果 C

Step1 对 d 进行分词处理，提取文本特征；

Step2 计算特征在文本中的权重 θ；

Step3 计算特征词与集合 T 中基准词之间的关联度 R；

Step4 计算特征的情感倾向值 $w=R\theta$；

Step5 累加文本所有特征词的情感倾向值，结果作为文本 d 的语义倾向值 $W(d)=\sum_{i=1}^{k}w_i$；

Step6 比较 $W(d)$ 与阈值 δ，若 $W(d)>\delta$，则 d 为正面倾向；若 $W(d)<\delta$，则 d 为负面倾向；

Step7 返回文本 d 的倾向性结果 C。

基于情感词的方法的特点在于对分类器依赖不强，只需要一个分类器就可以轻松实现；但过分依赖基准词，所选基准词的质量和计算算法均对最后结果有一定影响。

④文本倾向性判断及强度计算

在文本倾向性分析中，网络文本的极性和强度计算是判断文本倾向的关键。其中，极性的判断需要极性词典的支持，各观点词的强度决定了整篇文本的极性强度。对于极性词典来说，内含所有词的词性共分为褒义、贬义、中性三类，还有一部分为未知极性的词，这些词的极性取值为 $P_{value} \in \{positive, negative, mid, unknown\}$，分别代表褒义、贬义、中性和未知极性词，其词性构成元组集合则为 $S_{positive}$、$S_{negeative}$ 和 S_{mid}，取值为 unknown 的词即为需要计算的，也是不在上面三个集合中的词。具体计算词 Word 公式如下：

$$P(\text{Word}, W_{pos}) = \begin{cases} \text{positive}, & (\text{Word}, W_{pos}) \in S_{\text{positive}} \\ \text{mid}, & (\text{Word}, W_{pos}) \in S_{\text{mid}} \\ \text{negative}, & (\text{Word}, W_{pos}) \in S_{\text{negative}} \\ \text{unknown}, & (\text{Word}, W_{pos}) \notin S_{\text{positive}} \cup S_{\text{mid}} \cup S_{\text{negative}} \end{cases}$$

$$(4\text{-}11)$$

在词的极性判断方法基础上，我们可以继续对词的极性强度进行计算。我们可以通过对不同程度的词的修饰词赋予不同的强度系数，对这些系数进行加权得出词的强度。

综上所述，网络信息文本倾向性极性分类及强度计算包括以下几个步骤：

Step1 对网络文本进行模式提取，提取文本中的词语；

Step2 对提取出来的词语进行筛选，选取除了名词以外的词语进入 Step3，对于那些不具有清晰的语法结构且不能提取出主观性语句的则选取所有词语进入 Step3；

Step3 通过领域极性词典判断极性在领域极性词典中查找 Word 和该词语对应的领域词典，匹配的话，查找 Word 的极性，然后执行 Step6，不匹配的话执行 Step4；

Step4 通过极性判定词典判断极性，在基本极性词典中查找词语 Word，匹配的话，查找 Word 的极性，然后执行 Step6，不匹配的话，在扩展极性词典中查找词语 Word，匹配的话，查找 Word 的极性，然后执行 Step6，不匹配的话执行 Step5；

Step5 对未登录词语的极性进行判断，首先在扩展词语词典中寻找 Word，匹配的话，查找 Word 的极性，然后执行 Step6，否则，对 Word 进行同义词扩展，借助《同义词词林》等语义词典扩展计算其极性公式，匹配的话，查找 Word 的极性，然后执行 Step6；

Step6 计算词语极性强度，根据 word 的极性和 Word_{mod} 计算

Word 的极性强度 Strength(Word);

Step7 检查该词语是否被否定修饰，若 Word 被否定关系所修饰，则否定前缀 Negation 为 1，对 P_{value} 进行取反操作，$P_{\text{value}} = -P_{\text{value}}$，若没有被否定词修饰则 Negation 为默认值 0，$P_{\text{value}} = -P_{\text{value}}$ 的值不改变；

Step8 对可以提取出主观性语句的文本则对这些主观性语句的极性值 P_{value} 求和 Polarity(R_1)，以此作为该文本的极性值，而对于那些不具有清晰的语法结构、未能提取出主观性语句的文本则对所有的词语的极性值 P_{value} 求和 Polarity(R_2)，并以此作为该文本的极性值。

第5章　旅游网络舆情分析

"工欲善其事，必先利其器"。旅游网络舆情信息工作的开展，舆情分析是其中最核心的环节。舆情分析工作开展的效果，离不开高效舆情分析方法的支持。网络舆情作为一种特殊的信息源，其分析方法仍遵循传统信息分析方法，但是网络舆情依托于互联网，信息本质隐藏于深层 Web 空间和公共危机事件中，具有比一般信息资源更强的动态性和时效性，因此，可以针对这些特点探索适合旅游网络舆情分析的方法。

5.1　旅游网络舆情分析概述

5.1.1　旅游网络舆情分析

所谓网络舆情分析，是指利用科学的方法、数据化工具技术对网络舆论情况进行分析研究，真实地反映网络媒体及民众对社会管理、经营信誉、产品口碑等中介性社会事项的态度及情绪，形成舆情分析报告并提出合理的预测及建议，供国家管理者或企业决策时参考①。

---

① 蒋大龙，马军. 网络舆情分析师教程[M]. 北京：电子工业出版社，2014.

在网络环境下，网络舆情分析的过程，是在占有大量网络信息资源（如被主要门户网站报道、主流网络媒体采录，或被网络论坛持续关注、微博微信转发量巨大的事件信息）的基础上进行的，需要由舆情分析人员充分利用科学的方法、数据化工具技术对被采集的舆情进行抽样、分类、分析，作出一个全面的、综合性的评价，在准确把握真实情况的基础上进行趋势预测，形成舆情分析报告，提出合理化建议。

对于旅游业来说，旅游网络舆情分析的过程就是旅游公共管理部门、旅游企业依托部门内设舆情分析师、舆情信息工作人员、政府舆情管控部门（网宣、公安）或第三方舆情信息监测平台（如人民网舆情工作室）对涉及旅游行业、旅游市场、旅游者及相关的网络舆情，利用信息分析方法进行分析和研判，从而作出旅游舆情事件趋势预测、提供舆情报告的过程。在旅游网络舆情分析中，正面舆情有助于引导方向，负面舆情有助于修正方向，归根结底都能为决策科学化提供可靠的依据。一般舆情分析人员有全面的、联系的、发展的、辩证的眼光，能对庞大、散乱无序的网络信息数据进行聚集，探索舆情未来发展趋势，并能针对某一时间的特定网络舆情进行科学、综合地分析并提供合理的依据和建议。因此，旅游网络舆情分析能够客观真实地揭示网络事件的真相和规律性内容，实现网络舆情信息的有序化组织，相比无序的网络报道和网民更加可靠和准确，从而更易满足决策部门和决策者对信息客观性、准确性的要求。

5.1.2　旅游网络舆情分析的作用

一般来说，舆情分析的基本目的是根据舆情趋势为国家或企业领导者决策提供依据和建议。旅游网络舆情分析工作的开展，对于政府旅游管理部门、旅游目的地企业及旅游从业人员具有重要的作用。

（1）有助于旅游行政管理部门科学制定决策和应对舆情危机

对政府旅游行政管理部门而言，舆情分析的目的是通过及时掌握网络舆情动态，直接、全面、综合地反映舆情的产生和变化趋势，为党政机关把握行业全局工作、实施科学决策、制定政策规划等提供数据化依据。网络舆情本质上反映了国家管理部门、网民（公民）以及网络媒体在决策中的互动关系，影响着国家和社会的发展和稳定。就旅游网络舆情而言，通过对其进行分析，可以使旅游行政管理部门及时收集旅游行业舆情民意，获得民众及消费者对旅游政策、法规、制度实施效果的反馈，建立旅游管理部门、旅游企业与游客、网民、媒体之间的良好联系，更好地为解决旅游行业中出现的涉及游客权益、利益的问题提供决策依据和信息支持。同时，通过对旅游网络舆情的分析，可以及时监测和发现影响旅游行业良性发展的一些不负责任的网络流言、虚假信息、谣言及负面舆情，从而开展针对性的舆情应对与危机化解工作，最终提升旅游网络舆情引导能力和危机应对能力。

（2）有助于旅游企业树立口碑及提升竞争力

对旅游企业而言，舆情分析的目的是对企业经营信誉、产品口碑等舆情数据进行综合分析，或从竞争情报角度出发进行对比分析，帮助企业掌握自身和竞争对手情况、了解行业舆情走势，根据竞争状况转变经营模式或制定相关措施来化解危机。一方面，通过舆情分析，企业可以快速把握旅游行业动态，了解旅游者对于产品、服务的需求情况，评估企业口碑、产品、服务等竞争力因素，科学预测产品市场趋势及经营方向；另一方面，网络舆情能够折射出游客和社会公众对于旅游目的地、旅游企业的评价，尤其在旅游突发事件上利用"倒逼机制"促进旅游改善产品服务质量、提供满意产品，从而为企业调整经营方向和进行科学决策提供依据。

（3）有助于旅游从业人员改善服务质量和加强行业自律

对旅游从业人员来说，舆情分析的目的是对旅游从业者个人的管理、执法、服务经历等舆情数据进行综合分析，间接揭露出从业人员服务质量、个人素养等信息，促使管理者、执法人员、服务人员、舆情分析人员找准差距，提升个人素质，进而提升企业整体服务水平和行业自律。近年来相当大部分旅游舆情事件是由旅游管理和服务人员素质较低或行业自律不足引起的，尤其是导游群体和旅游执法群体。借助网络舆情中的"曝光"，可以使这些害群之马无所遁形，进而产生行业中的优胜劣汰，最终形成自律环境。另外，对于旅游舆情分析人员这一类特殊从业人员，舆情分析可以将分布在各个媒体的网络舆情信息聚集汇总，统计出反映旅游突发事件的舆情信息的不同倾向性观点，系统地概括某一时期有关被分析对象的网络舆论状况，生成全面、准确、精确、可计量的数据化信息报告。同时，也可使舆情分析人员对被分析对象的历史、现状和未来有完整的概念，并从中窥探出网络舆情的发展规律和发展趋势，为未来更好地开展旅游舆情工作奠定基础。

5.1.3 旅游网络舆情分析的原则

旅游舆情分析应当遵循客观性、全局性、及时性、准确性等四项原则，只有这样才能保证舆情分析的质量和效果。

(1)客观性原则

舆情分析的客观性原则是指在舆情分析时应该从发布舆情的网民角度考察舆情，避免带有个人偏见或者"盲人摸象"的情况发生。旅游网络舆情的产生涉及多类主体，有涉事游客、旁观网民、意见领袖、政府传媒、旅游企业及其他网络传媒，这些主体出于各自利益立场对于同样的舆情事件的舆情表现可能是不一样的甚至是完全相反的，甚至是同一类群体因为教育程度、社会地位、个人经历不一样也会在舆情表述上呈现相悖的情况。尤其是涉事游客和涉事企业这两类舆论往往是完全相反的。因此，在进行舆情分析时，一定要坚持客观性原则，公正地分析和评价舆情信息。一是坚持实事求是，尽最大可能地不掺杂个人情感进行舆情分析，对于舆情事件把握演化发展规律，在分析中遵循舆情分析工作程序，在舆情报告提交时建立多级审核机制；二是做好政治站位，在舆情分析中要注意与党和国家政治方向保持一致，具有政治意识，对于涉及境外、反党反社会主义相关的舆情主题保持警惕性，尽量避免舆情负面影响。

一般来说，网络舆情分析的客观性原则是最基本、最重要的原则，其他基本原则均建立在客观性原则基础上。

（2）全面性原则

舆情分析的全面性原则是指在舆情分析时应该全面把握网络舆情在时间、空间、参与主体等方面的规律，分析结果既不以偏概全，也不人云亦云。第一，时间上的全面性。旅游网络舆情事件的发生并非一蹴而就，众多舆情信息的产生诱因可能并不在当前而是以前就有（见舆情演化章节），因此，在对旅游网络舆情进行分析时，不能仅针对当前或者之后的信息，更应该追溯之前相关主题舆情内容；尤其是对一些影响力较大、经历时间较长的舆情事件更应如此。第二，空间上的全面性。旅游网络舆情事件的发生，不仅仅在旅游目的地，也有可能涉及客源地甚至类似相关事件的发生地，因此在进行分析时需要统筹考虑这些地域空间，从中发现和揭示舆情事件空间演化的规律。尤其是涉及群体性事件，更应该从全局空间角度考虑，以免无法把握舆情事件脉络。比如近年来屡次出现的"零团费""负团费""低价团"舆情事件，涉及区域几乎遍布全国大多数旅游目的地，只有从地域全局和行业全局进行分析才能最终理想地应对网络舆情危机。第三，人员上的全面性。旅游网络舆情事件中，最核心的要素是人，舆情事件的发生、演化和解决都是由于人的作用。对于旅游网络舆情分析来说，分析中要全面考虑到舆情的产生者、传播者、旁观者、利益相关者等参与人员在不同阶段的诉求、行动及力量消长等情况，这样才能全面把握旅游网络舆情发展规律。

（3）及时性原则

网络舆情分析的及时性原则是指在网络舆情突发事件发生后，公共管理部门和舆情分析人员及时介入、快速响应并采集舆情相关信息，研判舆情演化趋势。在网络新媒体时代，普通网民都能借助手机等移动终端成为自媒体发言人，而旅游网络舆情又多发生在群体聚集地，移动网络传播与人际传播交互作用下使舆情传播扩散更快，危机影响程度更大。因此，舆情分析人员能够在舆情演化各个阶段中及时介入，既能快速获取到第一手信息资源，进而研判舆情走势，主动做好舆情引导者的角色，又能及时获取各阶段的传播渠道、传播主题、意见领袖等关键信息，从而全面了解舆情动态，形成最新的舆情分析研判结果提交给管理部门及涉旅企业应对。当然，网络舆情分析是否及时，还取决于舆情分析人员的经验及对舆情的敏感程度。

（4）准确性原则

网络舆情分析的准确性原则是指舆情分析时要注意舆情分析素材要真实可信、舆情分析方法要科学得当、舆情分析结果要精准且有深度。舆情分析是为舆情应对和危机解决提供决策参考的基础性工作，旅游网络舆情发生后，必然会在互联网上出现大量真伪难辨的信息，甚至出现网络谣言。因此，在开展舆情分析时，要注意分析对象即舆情内容的真实有效性，对采集到的信息进行真伪甄别，以保证分析素材的真实可靠性，这也是舆情分析前进行数据预处理的要求。同时，舆情分析本身是一项技术工作，采用的多为统计分析、网络计量等定量方法，在分析方法采用过程中尽量采用普适性强、数据依赖性低、计算机便于处理的方法以提高分析的质量。网络舆情分析的准确性还要求尽量提高分析结果的精度和深度，有精度和深度的舆情分析结果不仅需要分析人员不局限于揭示网络舆情中浅显的舆情信息和规律，更要挖掘出深层的观点和倾向性意见，揭露出舆情的发展演化趋势和危机风险程度，等等。

157

5.1.4　旅游网络舆情分析的组织实施

旅游舆情分析既是一项系统性工作，也是一项技术性工作，实施效果的好坏离不开管理部门的精心组织。其中，成立专门的组织机构和培养一定数量的舆情分析师是关键。

(1)旅游网络舆情分析的组织机构

我国历来重视舆情信息工作，早在传统媒体时代就依托宣传部门建立了舆论分析研判相关机构，并建立了信访接待制度。自1994 年接入互联网后，网络舆论监管也纳入舆情监管重点领域，联合宣传、公安等部门成立了网络宣传、网络监管机构。进入 21世纪以来，尤其是 2011 年随着微博、微信等新媒体的应用，网络舆情监测、分析和预警压力倍增，舆情分析逐步从综合管理部门中独立出来，同时社会力量广泛参与到这一领域。

对于旅游行业来说，主要的舆情监测分析组织体系包括以下几类：

第一，政府及行业主管部门内设的舆情分析相关部门。除一直存在的宣传、公安部门内设机构外，还有诸如政府的信息办、网监办、大数据办等机构，旅游主管部门设置的信息办等。这些机构大多脱胎于党政机关的综合办公室，履行着信息采集、舆情上报、舆情监测、舆情分析等职能。需要指出的是，国家旅游行业主管部门非常重视舆情信息工作，搭建了"金旅"工程等国家信息管理平台，并于 2015 年依托中国旅游研究院设置了旅游数据中心，其核心职能是负责旅游行业统计和经济核算工作，同时承担旅游行业数据统计与核算的基础平台搭建、日常运维、数据采集、分析测算、专题研究及对外发布等职责，以及对地方旅游统计的业务指导工作。中心的发展目标是成为旅游统计工作平台、数据分析平台、决策支持平台、产业引导平台和国际交流平台①。

---

①　中国旅游研究院. 旅游数据中心简介［EB/OL］. http://www.ctaweb. org.cn/cta/lysjzx/202103/8af79ad93f6f4efc8f38a1b300a3e241.shtml，2015-05-25.

第二，官方和民间舆情监测机构。如人民网舆情监测室（现已更名为人民网舆情数据中心）、中新社新媒体中心、各大门户网站（如新浪、网易、百度、腾讯等）的舆情分析机构或相关内容板块等。这些机构一部分是依托国家权威媒体建立的，如人民网舆情监测室是国内最早从事互联网舆情监测、研究的专业机构之一，是由人民日报社《市场报》的舆论监督部、人民日报社《经济观察报》的新闻评论部和新华社国际部的社会调查部于 2005 年共同组建的。另外一部分机构则由各大门户网站设立，主要依托门户网站庞大的信息流量和先进的网络技术开展舆情分析工作。上述机构一方面设置了专门的旅游舆情内容板块，另一方面通过服务外包形式与旅游管理部门合作开展舆情分析工作。

第三，第三方服务外包机构。这些机构多为互联网界知名的舆情监测预警企业，如蚁坊软件、乐思、军犬等，他们通过提供成熟的网络舆情监测预警系统和定制化的舆情解决方案，以服务外包形式向政府及企事业单位提供舆情分析相关服务。舆情监测系统费用根据监测范围（主题）、服务对象、服务需求、数据量等综合拟定，一般一年几万到几十万不等；同时，还可以提供各类按需定制服务，如舆情信息人工精准报送、舆情报告推送等。

（2）网络舆情分析师

网络舆情分析师也称网络特工，是指专职从事互联网信息监测、舆情态势分析、舆论环境研究、网络危机处置等工作，为各级党政机构、企事业单位以及个人提供互联网信息监测、分析和咨询服务。[1]

我国非常重视网络舆情分析行业并将网络舆情分析师纳入国家职业资格体系。早在 2013 年，人力资源和社会保障部就将网络舆情分析师正式纳入 CETTIC 职业培训序列，并制定了相对完善的考评体系。对于一名合格的网络舆情分析师，其需要具备的素能既包

---

[1] 百度百科. 网络舆情分析师［EB/OL］. https://baike.baidu.com/item/网络舆情分析师/5957188？fr = aladdin,2021-11-12.

括基本的舆情信息分析、数据库处理、信息加工等信息处理能力，还应该了解和掌握国家互联网及信息安全领域的法律法规及政策，能够利用舆情信息分析工具、软件独立开展舆情监测、分析、报告撰写等工作。

　　网络舆情分析师的出现，为旅游业开展舆情分析和预警提供了人才储备，解决了旅游行业缺乏专业化舆情分析人才的困境，未来旅游业要将内训与外引相结合，加大旅游网络舆情人才培养与应用。

5.2　旅游网络舆情分析方法概述

5.2.1　网络舆情分析方法

　　作为人类认识世界、适应世界和改造世界的思路、途径、方式和程序的集合，方法论在社会历史进步中起着重要的作用。方法的不断积累和创造逐渐形成了方法的体系，对方法的产生、演变及其性质、结构、特点等诸多方面的研究构成了方法论。从方法论的角度来讲，方法是分层次的，一般可以粗线条地划分为哲学方法、一般方法和具体方法三个层次。上层方法对下层方法起指导作用，下层方法更专门、操作性更强。①

　　网络舆情作为一类特殊的信息客体，其分析方法脱胎于传统信息分析方法，但又具有自己独有的特性。网络舆情分析与图书情报、新闻传播、计算机科学与技术、公共决策等多学科方法交融，逻辑分析、系统分析、图书情报学方法、社会学的方法、统计学、未来学的方法等是网络舆情分析的元方法，而基于现代信息客体和网络信息资源的分析方法(如网络计量、数据挖掘、语义分析等)则成为网络舆情分析的具体方法，二者共同构成网络舆情分析的方

---

　　①　查先进.信息分析[M].武汉：武汉大学出版社，2011.

法体系。

网络舆情分析方法体系是随着网络舆情分析研究实践的开展与积累而形成的一整套方法集合，且不断随着网络舆情研究领域的扩展和深入衍生出新的方法，处于完善的过程中。

在元方法的研究中，王秀梅（2007）根据方法论的三个层次，构建了以哲学为基础，涵盖定性、定量、定性与定量相结合三个部分的方法体系，并介绍了每个部分具体的方法；卢泰宏在梳理信息分析方法的基础上构建了信息分析方法总体框架，该框架以相关分析、预测分析和评估分析为骨架，探讨了定性、拟定量和定量三类主要方法①，其中，定性方法包括因素分解法、逻辑方法、历史比较法、社会调查法和德尔菲法，是社会科学研究的主要方法；拟定量方法涉及内容分析法、交叉影响分析法、关联树法、综合评估法和层次分析法等方法，目前已经得到重视；定量方法则包括时序模型、回归模型、因子分析法、聚类分析法、引文分析法和计算机辅助分析法等，该类方法已经成为经济管理科学研究的主流方法。该信息分析方法总体框架为构建网络舆情研究方法体系提供了良好的理论支撑。李超平等人则将信息分析方法扩展到网络电子政务领域，总结出适用于网络信息分析的主要方法②：相似分析（如分类分析法、内容分析法、聚类分析法）、相关分析（如关联分析法、回归分析法等）和模型分析（如时间序列模型、回归分析模型、增长模型等）。

曹树金等人在前人研究基础上，结合网络舆情信息分析的功能与实践经验，归结出网络舆情分析中四种适应性和延展性较好的方法：网络计量法、主题聚类法、内容分析法、社会网络分析法③。

---

① 卢泰宏. 信息分析[M]. 广州：中山大学出版社，1998.

② 李超平，杨福康. 政务信息分析：框架与原则[J]. 情报理论与实践，2001（3）：172-174.

③ 曹树金，陈忆金. 网络舆情信息分析与利用的功能与模型研究[J]. 信息资源管理学报，2011（3）：11-19.

可以看出，目前网络舆情分析仍主要借鉴传统信息分析方法或来自其他领域的分析方法，尚未形成成熟的方法体系，相关方法也在不断完善中。因此，笔者结合前人的成果和网络舆情分析的实践，根据网络舆情分析流程总结出从舆情规划到网络舆情分析结果展示涉及的 6 类方法，分别为网络舆情分析元方法、网络舆情课题选择方法、网络舆情获取方法、网络舆情信息整序法、网络舆情信息抽象法、网络舆情分析结果表述方法(见表 5-1)。

表 5-1　网络舆情分析方法一览表

网络舆情分析方法分类	子方法	具 体 方 法
网络舆情分析元方法		逻辑学的方法、系统分析的方法、图书情报学的方法、社会学的方法、统计学、未来学的方法
网络舆情课题选择方法		问卷调查法、比较法
网络舆情获取方法		网络调查法、搜索引擎法
网络舆情信息整序法		分类方法、摘要方法、聚类方法
网络舆情信息抽象法	逻辑思维法	比较和分类、归纳和演绎、分析和综合、想象和类比
	网络计量法	内容分析法、链接分析法
	预测方法	专家调查法、趋势外推法、时间序列法
	系统方法	模型模拟法、层次分析法、社会网络分析法、系统动力学法
网络舆情分析结果表述方法		可视化方法、图表法、数据库法

5.2.2　旅游网络舆情分析方法体系

上文表 5-1 中出现的各类方法尽管涉及了从网络舆情规划到舆

情结果展示的各流程，具有一定的通用性和系统性，但是在方法应用上忽视了网络舆情作为特殊信息分析客体的动态特性和现代信息处理技术对分析方法的支撑，也没有形成系统的方法体系，因此，在本节笔者将在考虑这两个因素基础上探讨网络舆情分析的适用性方法并构建系统的方法体系。尤其是网络舆情作为政府治理和公共管理这一特殊情报领域，其信息分析可以借助情报分析的方法和理念以及自然语言处理、数据挖掘、人工智能等技术，形成以元方法为指导、常用社会科学分析方法为支撑、现代智能信息分析处理方法为主干的网络舆情分析方法体系(见图5-1)。

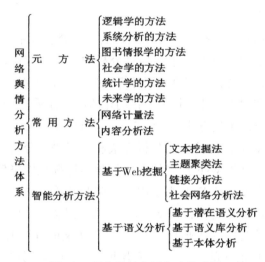

图 5-1　网络舆情分析方法体系图

(1)元方法

元方法是网络舆情分析方法论的基础，也是网络舆情相关学科领域方法的汇总，包括逻辑学的方法、系统分析的方法、图书情报学的方法、社会学的方法、统计学的方法、未来学的方法等。其中，统计学的方法和未来学的方法在网络舆情预测和趋势分析中起着关键的作用。

（2）常用方法

网络舆情的常用方法包括内容分析法和网络计量法，这两种方法也是社会科学研究中普遍使用的科学方法，在网络舆情分析中应用广泛。其中，内容分析法可以完成对网络舆情内容单元的定量分析，揭示舆情文本隐含内容，在描述舆情具体隐含内容和进行舆情观点推论中有重要的作用；网络计量法则偏向于对网络舆情传播中的节点关系、用户联系和用户行为的计量分析，在舆情意见领袖发现、舆情演变规律发现等方面起着重要的作用。

（3）智能分析方法

网络舆情智能分析方法是伴随自然语言处理技术、人工智能、语义 Web、数据挖掘等技术在信息分析中的深入应用而产生的一类新型方法，该类方法充分利用计算机强大的信息处理手段和人工智能技术，实现了高速、精准、自动化的信息分析，已经成为当前网络舆情分析的主流方法。一般来说，智能分析方法主要包括两类方法：基于 Web 挖掘的智能分析方法和基于语义分析的智能分析方法。其中，基于 Web 挖掘的方法是数据挖掘在网络信息分析中的新应用，主要是从 Web 文本内容、Web 链接结构、Web 使用记录等方面发现舆情规律，包括 Web 文本挖掘法、主题聚类法、链接挖掘法和社会网络分析法等方法；基于语义的方法则主要通过分析 Web 文本中潜在的语义结构或借助本体、语义词典等外部语义知识从舆情文本语义层面发现舆情规律，主要包括潜在语义分析法和基于外部语义知识的语义分析方法等。

在旅游网络舆情中，由于传统的社会学、统计学等舆情方法已经无法适应大数据背景下动态海量舆情分析的需求，基于现代信息技术手段的方法（如内容分析、社会网络分析、智能 Web 挖掘分析等）已经成为现代舆情监测分析系统的常用方法。因此，下面章节将重点介绍旅游网络舆情分析中的常用方法和智能分析方法。

5.3　旅游网络舆情分析常用方法

5.3.1　内容分析法

（1）网络内容分析法概述

网络内容分析法是内容分析法在互联网空间的应用以及基于网络技术环境进行的内容分析研究①。随着近年来现代网络信息交流活动的日渐频繁和网络信息资源管理进程的不断推进，网络内容分析法在揭示网络信息交流规律及影响力方面起到了重要的作用。

内容分析法起源于二战时期的传播学领域，主要奠基人为美国传播学家 H. D. 拉斯维尔和 B. 贝雷尔森。其中，拉斯维尔等人在组织的一项以获取军政战时情报为目的的项目中积累了报纸传媒内容分析的实践工作经验，贝雷尔森则在《传播研究的内容分析》中提出了内容分析的概念和工作方法。② 内容分析法应用和研究集大成者则为美国社会预测学家奈斯比特，他利用内容分析法对美国社会变化的动态和趋势进行了充分地预测。此后，内容分析法作为一种独立的社会科学分析方法走上历史舞台，并引起众多学者的关注，应用在众多领域中。尤其是 20 世纪 60 年代以后，内容分析法与计算机进行了结合，内容分析的效率得到大幅度提升。如今，网络内容分析法则成为研究热点进入国内外学者研究视野。

从信息分析角度来说，内容分析法实质上是一种对文本符号行为交流内容进行客观系统分析，以推断作者意图、验证假设或描述事实的方法。在实际应用中，它采取定性与定量分析相结合的方法，通过测度文本中包含的各种符号形式（如词、句等）的信息量

165

---

① 邱均平. 网络计量学[M]. 北京：科学出版社，2010.
② 郭庆光. 传播学教程[M]. 北京：中国人民大学出版社，1999.

来揣度信息交流内容。尤其是内容分析的对象是已经固化的交流内容符号，受分析实施者主观影响较小，具有较强的客观性。另外，在进行内容分析时需要建立系统的分析体系，包括分析对象选取的一致性和连续性、分析类目设置的全面性和系统性等。

随着网络信息资源的激增和类型的复杂化，网络内容分析呈现出一些新的特征，具体表现在其分析范围和外延已经扩大，并出现了多种网络内容分析类型。如学界提出了一系列划分依据，包括按媒体形式划分、按分析单元划分、按网络信息活动主体划分等，全面涉及了词频、网页、网站、网络结构单元等网络要素，文本、图像、声音、视频等媒体形式以及信息发布者、传播者、利用者等活动主体，充分体现了内容分析在网络中应用的广泛性和强大的适应性。从技术角度来说，网络内容分析需要强大的计算机信息技术的支撑，包括主题搜索、元搜索等信息采集技术和 OLAP、数据挖掘等分析技术，可以实现对新闻网站、BBS 论坛、E-mail、网络广告、博客/微博等多类信息源的分析。不过，实践中常用的抽样分析对象仍是 Web 网页①。

（2）网络舆情内容分析主要类型

网络内容分析法的应用范围非常广泛，分析对象涉及与网络舆情相关的各种要素、各种载体和各种形式。从这个意义上说，网络舆情内容分析主要有以下类型：

①按分析要素分类

作为内容分析法最小的分析单元，网络舆情的内容分析要素主要包括舆情载体中的各种网页、网站、网络结构及页面词语、段落等。因此可以以此为依据划分为以下几种基本类型：

a. 词频分析。舆情文本中包含着大量词汇，通过统计这些词汇（尤其是那些反映主题或者倾向的词语）出现的频次可以帮助确定舆情主题或者判断内容倾向。这种基于词频的内容分析方法也是

---

① 黄晓斌. 网络内容分析法在竞争情报研究中的应用[J]. 图书情报工作，2007（4）：34-37，123.

目前使用最多的方法。

b. 网页分析。这种分析方法主要是以舆情信息所依附的 Web 页面为分析对象，从整体上分析网页承载的内容单元和网页内容布局，进而判断网页舆情主题。

c. 网站分析。舆情网站往往由众多围绕特定主题的 Web 页面或栏目组成，网民访问该网站留下的各种记录（日志信息）反映了舆情主题的影响力或受欢迎程度。通过分析网站访问人数、内容主题、页面规模等，可以透视网站隐含的规律及舆情主题分布情况。

d. 结构单元分析。这种内容分析方法主要以与网络舆情相关的网站、聊天室、E-mail 群、讨论组等结构单元为分析对象，通过探索它们在结构特征、链接关系、数量分布方面的规律来把握网络舆情分布趋势。

②按媒体类型分类

网络舆情信息不仅仅蕴含于文本文件中，还有相当大一部分分布于网络上的各类图片、音频/视频、流媒体等文件中，因此可以按这种媒体类型划分为以下几类：

a. 文本分析。文本是内容分析最常用也是最终的分析对象，文本分析通过分析舆情文本中的词频分布和篇幅内容来获取其承载的舆情信息。

b. 声音分析。这种分析方法主要对承载各种舆情信息的单独音频文件或者网页内嵌语音、背景音等进行内容分析，通过对其音色、旋律、波动率等特征属性进行赋值和向量映射来获取其信息内涵。

c. 图像分析。这种分析方法主要是对网民发布的各类图片文件进行量化操作，提取反映其语义特征值的数据或者特征（如颜色、纹理、形状等）加以建模识别，最终发现其隐含的语义内容。

d. 视频分析。这种分析方法的对象为网民发布的各种动态视频文件或者流媒体，在分析中往往将其转化为静态图片帧、文本等形式，但实现工作量非常大，对分析人员要求很高，仍处于实验室探索阶段。

在上述几种内容分析中，后三种多媒体载体形式复杂，内容负载丰富，内容分析难度较大，往往需要先将其转化为文本。

③按舆情活动主体分类

在网络舆情产生及演变过程中涉及舆情发布者、传播者和使用者三类信息活动主体，因此，可以根据这个划分依据对其进行内容分析。

a. 网络信息发布者分析。主要是对发布与舆情相关信息的网络用户的网络 ID、网名特征、发帖频率和帖子内容等来推断其舆情发布规律。

b. 网络信息传播者分析。主要是分析传播发布者舆情信息的网络用户身份特征、传播路径、行为特征来获取其传播倾向。

c. 网络信息使用者分析。这种分析方法主要是对网络用户在网络上的身份 ID、发帖数量及内容分布、使用行为等进行分析，在分析时往往需要获取用户的各类访问日志、Cookie 记录等信息。

（3）网络舆情内容分析流程

网络舆情内容分析工作的开展需要在一定的计划及工作程序指导下进行，从而保证其分析结果的科学性和好的分析效果，具体的分析流程如图 5-2 所示①。

第一，确立分析目标和范围，提出假设。首先确定网络舆情内容分析研究大纲，在大纲中规定本次内容分析的预期目标、分析对象、选样标准等内容，并参照以往经验提出假设。

第二，抽取样本。鉴于网络舆情信息分布的广泛性和海量性，通过对少量文本的内容分析可能无法达到预期目标，所以可以尽可能地选择一些有代表性的样本进行分析。一般来说，抽样可以从信息内容和时间两个方面进行。其中，按内容抽样采取随机抽样或分层抽样，按时间抽样采取简单随机抽样、连续日期抽样、构造周抽样等方式。

第三，收集数据。根据确定的分析目标和样本，收集所需的网络舆情信息。

---

① 刘毅. 内容分析法在网络舆情信息分析中的应用[J]. 天津大学学报（社会科学版），2006(4)：307-310.

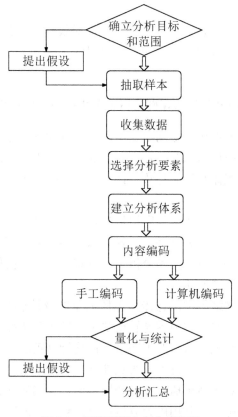

图 5-2　网络舆情内容分析流程

第四，选择分析要素。根据分析大纲目标要求，结合内容分析的工作难度和时间，选择合适的分析要素，可以参照上文提到的各种要素进行针对性选择。

第五，建立分析体系。根据需要自行设计或者采用现成的分析维度(类目)体系，确定分类项目和标准，在此基础上实现分析单元的合理和科学归类。

第六，编码计划。通过人工作业或者计算机辅助手段将分析要素放入建立好的分析体系之中。

第七，量化与统计。对已确定分析类目的分析要素进行量化处理，判断样本分析单位在类目中是否存在，统计出现在类目的频次及探索分布规律。

第八，分析汇总。由多个分析人员对统计结果进行信度分析，评判内容分析结果的可靠性和客观性程度，在此基础上提出最终分析结论。

（4）网络内容分析法在网络舆情分析中的主要应用

作为一种能挖掘深层网络文本内容信息的分析方法，网络内容分析法在描述舆情信息隐含内容、推论舆情传播意图及情感倾向、预测舆情演变规律及发展趋势、评价舆情传播效果等方面有较好的应用，主要如下：

第一，对网络中传播的舆情信息隐含内容进行描述。网络舆情中蕴含着大量与社会公共问题、网民及公众情绪态度相关的信息，通过内容分析法进行描述和分析，可以获取上述舆情信息及推测舆情分布情况和发展变化趋势。

第二，对网络舆情信息传播主体的意图及情感倾向进行推论。不可否认，网络舆情的内容能够反映舆情发布和传播者的态度与情感倾向，而且在大多数情况下网络舆情均能真正表达出民众对事务的态度立场和情绪，但是不可避免地会有一定数量的有特殊目的或有组织性的恶意舆情传播存在，如网络谣言、偏激话题、恶意诽谤等。在这种情况下，利用内容分析法对民众发表的网络言论进行分析，可以判断出其中的意图及情感倾向并提供给相关部门进行比较分析，进而分析和推论出舆情传播者态度倾向和传播目的。同时，对于谣言或者虚假信息，可以此为基础追根溯源，找出不良舆情源并及时消除影响。

第三，对网络舆情演变规律和发展趋势进行预测。网络舆情具有动态特性，其不断与舆情相关事件、人员进行交互，随着时间推移向不可预料的方向发展。通过对不同时间段的舆情内容进行描述和分析，可以判断舆情信息特征及与产生者之间的关联，从而获取舆情信息来源和产生缘由。同时，还可以借助内容分析法进行舆情趋势预测，对一段时间范围内一定主题的舆情信息进行跟踪和描述来把握舆情演变规律及趋势，从而为公共管理部门进行舆情预测提供指导。

第四，对网络舆情传播效果进行评价。网络舆情在产生与传播过程中会对其他用户产生正面或者负面的影响，从而影响他们的态度和情绪。通过内容分析法，可以比较舆情信息内容与用户行为特征的相关性，进而判断舆情对用户的影响程度，从而为网络舆情传播效果评价和舆情监控提供依据。

（5）网络内容分析法实例

为了验证网络内容分析法在网络舆情分析中的应用，本书将以食品安全事件为研究对象，利用内容分析法分析在2009年《食品安全法》正式发布后与食品安全事件相关的舆情报道。具体过程如下：

①样本选择

2009年4月1日—5月31日两个月内的600余起食品安全事件的网络报道，涉及43个网站的620篇文章。

②类目编码与数据分析

根据调研，从食品安全事件的信息来源、危害类型、不合格食品后处理、不合格原因分析、危害程度描述以及相关数字描述等6个维度编制分析类目（见表5-2），同时对利用网络爬虫抓取的舆情事件网页进行编码处理，统计每个类目涉及的事件条数，然后提交给Excel进行分析处理。

表5-2 食品安全事件编码表

维度	分 类
	食品添加剂
	食品成分
	非食用物质
危害类型	微生物和毒素污染
	重金属类
	农兽药残留
	其他（假冒伪劣、标签等）

171

续表

维度	分　　类
信息来源	农产品
	食品生产
	食品流通
	餐饮服务
不合格食品后处理	报道了不合格食品后处理方式（例如处罚、召回、下架、销毁等）
	未报道不合格食品后处理方式
不合格原因分析	分析不合格原因
	未分析不合格原因
危害程度描述	描述不合格程度
	未描述不合格程度
数字描述	不合格食品种类数量描述
	合格率/不合格率描述
	超标程度描述
	未进行数字描述

③结果与分析

从网络信息关注点来看，网络普遍认为食品安全事件主要来源于食品流通、食品生产、餐饮服务、农产品生产等环节，其中，食品流通因与消费者市场关系最为密切而占比重最大（49%），具体如图 5-3 所示。

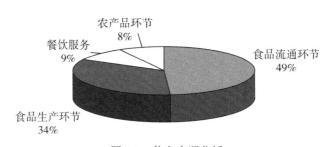

图 5-3　信息来源分析

从食品危害类别来看，食品添加剂、食品成分、微生物与毒素、非食用物质、重金属类、农兽药残留、其他(如假冒伪劣、制假售假、标签问题等)为主要危害源(见图 5-4)，尤其是甜味剂、着色剂等食品添加剂在新闻中出现的频次最高，占 26%。

从网络信息报道中对不合格食品的后处理的文本描述来看，仅有不到 20% 的信息描述了对不合格食品的处理，相关处理方式涉及货物下架、销毁、召回等，而其他信息均未描述相关内容，说明网络重视程度不够。

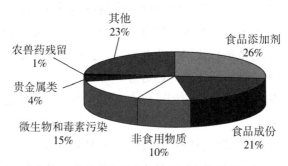

图 5-4　食品安全信息中涉及的食品危害类别

另外，还可以通过内容分析法对与食品安全相关的其他维度进行分析，从而得到与网络食品安全事件相关的纵深内容。

综上所述，通过在模糊、纷杂的网络舆情中采用内容分析法的编码和定量分析方法，能让舆情分析人员获取与舆情事件相关的真实和量化信息，实现对舆情信息的深层客观描述和从更高层面把握网络舆论信息的复杂背景与思想倾向。

173

5.3.2 网络计量法

近年来，网络计量法作为一种客观评价网络链接特征和网站流量的定量信息分析方法，在搜索引擎比较、网站评价、网络科学信息交流、网络舆情分析等领域得到了广泛的应用。

（1）网络计量法概述

网络计量法是传统信息计量方法在网络上的新应用，它伴随图书情报领域的网络计量学的产生发展而不断发展和壮大。作为一种针对网络环境的信息计量方法，网络计量法主要借助搜索引擎、统计模型等工具建立数学模型来实现网络信息的抽取和定量分析，其分析对象包括以下三类：第一，网络信息的直接计量；第二，网络文献及其相关特征的信息计量；第三，网络结构单元(如单字、词语、词频、作者特征、作者行为等)或网络链接关系的信息计量。通过网络计量分析，研究者可以发现网络信息组织规律和信息交流方式，并以此为依据优化网络资源配置、提高科学信息交流效率和信息检索效率、预测科学发展趋势等。

目前，网络计量法的应用可以在以下方面为网络舆情分析提供方法支持①：

第一，网络媒体信息的计量分析。主要对网络上多媒体或超媒体信息进行统计计量，借此研究其组织规律和发展趋势，以指导网站建设和网络管理。

第二，网络站点结构的计量分析。主要是通过构建网站结构的数学统计模型研究网络内部和网络之间相互连接及拓扑结构，进而进行网络(页)链接分析，从而揭示网络的复杂性。

第三，网络舆情信息的计量分析。主要是对网络舆情涉及的新闻、论坛等信息的作者分布、离散分布、演变周期、转载引证等规律进行分析，从而揭示网络舆情信息的分布规律。

第四，网络影响因子的分析。主要是对网络(网站)的影响因子进行链接分析计算，从而给出对网站影响力或权威程度的有效评价。

上述这些应用，一方面能为网络舆情分析提供思路借鉴(如通过网络信息计量可以大致发现网络舆情信息在内容单元上的分布情

---

① 邱均平，等. 网络计量学[M]. 北京：科学出版社，2010.

况），另一方面能为网络舆情分析提供方法辅助（如链接分析法与网络影响因子分析法可以确定权威舆情网站和影响力，从而为危机预警提供重点关注对象）等。

一般来说，在进行网络计量分析时会使用多种分析方法，常用的有网络链接分析法、相关分析法、内容分析法、统计分析法、域名分析法、数据挖掘法等，鉴于其他方法我们已经做过介绍或将在其他章节介绍，本节我们主要讨论网络链接分析法和域名分析法。

（2）网络链接分析法在舆情分析中的应用

链接分析法，亦称网络链接分析或超链分析，是参照传统文献计量学的引文分析法，借助链接解析工具、统计分析软件等工具分析网络链接数量、拓扑类型，链接集中与离散规律，共链状况等信息，从而计算网络影响因子、评价核心网站和网络信息资源质量的方法。

网络链接分析的理论基石在于网络的自组织性、相关性和网络链接本身具有的间接评价功能，其中相关性是其中最重要的一个方面。众所周知，任何一个网站均是由若干个相互关联的网页组成，从而形成网页之间在内容、结构、功能、附属要素上的相关性。如某些网站上的拥有大量相同主题的信息形成内容相关，某些特定网页组织在一起形成结构上的相关，站点之间共享内容属于功能相关，网站拥有大量的广告、友情链接等相互指引的链接要素均属于附属要素相关性，等等。

在对网络进行链接分析时，需要考虑以下计量指标①：

①入链数：是指进入一个网页的链接总数，相当于引文分析中的被引次数。入链数通常包括自链数和外部链接数。

②出链数：是指一个网页的出链总数，相当于引文分析中的"引文数"。出链反映了网页指向能力的大小，往往也用数量来表

175

---

①　孙建军，李江. 网络信息计量理论、工具与应用[M]. 北京：科学出版社，2009.

示。一般来说，出链数越大，网页指向能力越强。

③网络影响因子（Web impact factor，WIF）：是衡量网站（网页）影响力的指标，往往在指定时间内，指向某一国家或网站的外部入链或内部入链网页数的逻辑和与该国家或网站内部的网页数比值来表示。用公式表示为：

WIF＝外部入链总数/搜索引擎索引到的该网站内的网页总数

WIF 测度了网站吸引链接的能力。

④网络使用因子（Web user factor，WUF）反映某一国家或网站的网页指向其他网页能力的分布情况，可以用来测试某一国家或网站的链接分布特征。

WUF＝（某一国家或网站的）出链数/该国家或网站的网页数

WUF 反映了网站出链的平均量，得出网站链接的分布情况。通常，WUF 越高，说明网站利用其他网络信息资源的程度越高，相应的，该网站的信息数量和质量也可能越高。

⑤链接倾向（Link propensity，LP）是衡量网站影响力的指标，反映了网站被链接的情况，同时可以反映一个国家在网络利用中的地位，如以大学为例，

LP＝（某大学网站的）外部入链数/（该大学网站的）全职科研人员数

或：LP＝（某大学网站的）外部入链数/（该大学网站的）内部网页数

对于网络舆情信息分析来说，可以综合考虑舆情网站的特性和计量方法的适用性，采用以下步骤进行网络舆情网站共链分析。具体链接分析指标如表 5-3 所示。

表 5-3　舆情网站链接指标一览表

指标名称	指　标　含　义
总链接数	运用搜索引擎搜索到的与某网站存在链接的网页总数，反映了该网站被链接的总量大小，是网站影响力与辐射力的主要标志

续表

指标名称	指标含义
内链接数	运用搜索引擎针对某网站范围内搜索到的与该网站存在链接的网页数，反映网站内部结构的层次性与完备性
外链接数	运用搜索引擎针对某网站范围外搜索得到的与该网站存在链接的网页数。一般认为，它比总链接数更好地反映了网站的影响力与辐射力
网页数	运用搜索引擎搜索到的某网站内的网页数。一般认为，网站包含的网页越多，其信息含量越大。它在一定程度上反映了网站的规模大小，但并不代表网站信息质量与信息浓度的高低
影响因子	总链接数与网页数比值，反映了网页被链接的总的平均水平
外部网络影响因子	外链接数与网页数比值，比网络影响因子更好地反映了网站的外部影响力与网络辐射力

网络舆情链接分析的实施步骤如下：

第一，确定舆情主题及主要舆情网站。确定舆情网站的方法很多，可以参照权威机构对网站评价排名，也可以根据分析师的经验，总之，按需进行。

第二，选择合适的搜索引擎。选择搜索引擎的原则是要有提供链接搜索、收录页面广泛、支持语言丰富和稳定性较高等。提供链接搜索是进行链接分析的必要条件；收录页面广泛、支持语言丰富则是提高查全率与查准率的先决条件；稳定性则是保证搜索引擎效率的必要条件。

第三，利用搜索引擎进行共链数据搜集。

第四，对检索到的数据利用 Excel、SPSS 等软件进行处理和相应的统计分析。

第五，结合与舆情主题相关的国内外现状，进行舆情趋势分析

177

和预测，为危机预警提供决策。

在具体实施时，链接分析法特别擅长于对舆情社区的挖掘和知识发现，其中涉及的算法较多，如基于重要度分析的 PageRank 算法、基于完全二分图核的算法、基于共引用与共耦合关系的 HITS 算法、基于流量的算法和基于 K 完全子图连边密度的算法等，因为这部分与下文将要讨论的 Web 挖掘相关，因此在此略过。

(3) 网络域名分析法在舆情分析中的应用

域名作为网络时代的产物，也是网络舆情的重要表征形式要素之一。域名分析法关注网络日志、网络流量、网络引文等对象要素的分析，成为目前网络舆情分析应用中的一种重要方法。

①域名分析法的原理

域名分析法是针对域名及与域名相关的一系列事件而展开的分析方法，是在一定时间内，运用一定的定量研究方法对某域名的用户广度、域名及其子域名下的资源规模、访问情况、网络影响力及技术因素等参数进行定量描述和统计分析，从而揭示出其中的客观规律的一种分析方法①。其基本原理和工作流程为：

（a）选择分析对象。一般来说，域名分析法的分析对象为归属于域名服务器或与之相关的网络资源，如服务器上存储的网络日志、网络数据流量、网络文献及其引文等，其中网络日志文件是最常用的分析对象。

（b）数据预处理。对选取的原始数据进行识别和净化处理，剔除噪声数据和无关数据，为下一步操作提供准确可信的规范化数据。

（c）统计分析。综合采用统计分析、聚类、分类、关联规则、序列模式识别等数学统计方法和计算机软件对规范化的数据进行多

---

① 邱均平，宋艳辉. 域名分析法的研究——概念、原理、内容与应用［J］. 图书情报知识，2010(6)：72-79.

指标、多角度处理和分析。

（d）得出结论。对统计分析阶段得到的各种规则和模式进行系统分析，提取与预定目的相同的分析模式和规则作为最终结果。

②基于网络日志分析的域名分析法及其应用

网络用户在访问网络时会留下大量日志类信息（包括服务器日志、用户注册信息、Cookie 数据记录等），这些记录可以帮助人们获取用户访问行为及潜在用户信息（如关注领域、兴趣等）。基于网络日志分析的域名分析法即是对这些网络日志进行分析，从而获取用户行为及发现潜在用户信息。在进行日志分析时往往采用关联分析、路径分析、统计分析、序列模式分析、分类规则分析和聚类分析等分析模式，从中发现用户关注热点、访问路径及习惯、兴趣特征和行为趋势等。

在旅游网络舆情分析中，通过该类分析，可以获取用户对舆情话题的关注兴趣领域、网站访问频率、上网行为习惯等信息，并以此为依据动态调整网站结构和栏目，进而帮助公共管理部门引导舆论方向；可以通过分类和聚类方法发现对某类舆情信息感兴趣的用户群，或将具有相似浏览行为或特征的用户进行分组，从而更好地进行网络用户管理；可以通过分析网络用户信息访问特性获取用户对某类主题舆情信息的关注、浏览和交流传播规律，从而为建立良好的舆情传播机制提供支持。

③基于网络流量分析的域名分析法及其应用

作为网络性能最重要的衡量指标，网络流量折射出网络的使用状态及负载能力，近年来逐步成为网络舆情分析的重要对象。网络流量包括节点端口流量、端到端的 IP 流量、业务层流量、用户业务数据流量等类型，涉及网站访问、用户行为、用户特征等多个综合指标。对于舆情网站来说，这三类网络流量指标涉及若干分指标（如表 5-4 所示），并从多个方面反映了用户对舆情网站的关注、访问、使用程度。

表 5-4 舆情网站网络流量分析指标一览表①

指标类别	分指标	含　义
网站访问量指标	访问数	即用户会话数，反映了网站通信量的总体水平，可以作为网站受欢迎程度的测试
	页面请求数	指为了进入目标页面，浏览器和它连接的服务器之间进行的每次单一连接的次数总和
	唯一访问者数	指在一定特定时间(一天、一周或一月)内第一次进入网站，具有唯一访问者标识(唯一地址)的访问者数目
	页面浏览	也称页面印象，指访问者在其浏览器上对请求网页一次完整的下载浏览行为
用户特征指标	用户使用的浏览器	用户浏览网页所使用的浏览器，一般可以通过日志文件获取
	用户的域名和主机	用户使用的计算机域名和主机名，一般可以通过日志文件获取
	用户的计算机操作系统	用户使用的计算机制作商或者软件制作商关于操作平台的信息，可以通过分析浏览器特定字符串获得
	用户的入站路径	反映访问者来源的信息集合，包括中转网站 URL 或搜索引擎请求关键词等
	用户的入站网页	反映用户通过哪个(些)网页进入网站的信息集合，包括页面 URL 和页面标签
	用户浏览网站的常用路径	即用户访问网站的指引链接，一般通过 HTTP_REFERRER 环境变量和对服务器日志文件的分析获取

---

① 邱均平，黄晓斌，段宇锋，等. 网络数据分析[M]. 北京：北京大学出版社，2004：85-87.

续表

指标类别	分指标	含　义
用户的行为特征指标	每个访问的停留时间	指用户的第一次请求至最后一次请求的时间加上每个页面请求的平均时间，而各个访问停留时间与用户访问数之余则为每个访问的停留时间，反映了页面的质量
	用户的退出页面	用户离开的页面信息

通过网络流量分析，除了可以收集和统计与舆情网站相关的流量数据，还可以对网站流量指标进行科学分析和深度挖掘，从而完成对网站的网络流量监控、超量警示、趋势分析等功能。具体而言，在网络舆情公共危机预警中，通过该类分析，可以用来检测舆情网站的异常流量，通过将现阶段网站流量与一段时间流量阈值进行比较，判断网站访问是否正常及预测异常程度，从而进行预警；可以用来评判舆情网站的价值大小，根据该网站上用户访问流量大小确定是不是热门网站或者核心网站，是否应该纳入预警监控范围；可以用来优化舆情网站结构，处理异常流量，维护舆情网站的正常运转；可以用来监控网站本身与经营业务的相关性，通过分析网站流量波动发现网站是否有了为了提高点击率的无关业务内容，业务是否稳定，是否通过加入舆论热点来吸引访问者等，从而加强网站维护；可以用来发现和防护如黑客攻击、病毒攻击等网络突发事件，及时处理突发网络事件。

在网络舆情分析中，与舆情网站相关的流量分析主要包括以下内容：

a. 网络流量流向分析。对舆情网站的流量流向分析主要是基于统计方法，通过在网站及其所属网络端口设置监控点，统计分析流经各接入点的流量数值和流向进而获取相关数据，这对于监控网络隐患和优化网站结构具有十分重要的意义。

b. 网络流量特征及流量协议分析。这种分析主要是借助流量监控软件(如 MRTG)等实现，通过监控一段时间内(如一个小时、一天等)流经舆情网站的网络流量的分布数据获取不同网络协议占据的网络带宽大小比例和用户流量包大小，从而把握网络用户及协议使用网络资源规律，并以此为依据规划网络资源分配。

　　c. 异常流量检测分析。这种分析主要是建立在对正常流量数据模型的对比分析基础之上，通过记录一段时间内的正常流量数据建立对比模型，设置异常阈值来检测现有的网络流量分布情况，从而实现对异常流量的检测和早期预警，这种方法也是网络舆情流量分析中的常用方法之一。

5.4　大数据背景下的旅游网络舆情智能分析方法

　　大数据时代的到来，改变了网络舆情分析的方法及技术手段，扩展了舆情分析的领域范围，给舆情分析带来了挑战。在大数据背景下，旅游网络舆情信息海量化、舆情演化规律隐性化、分析研判手段智能化趋势更加明显，舆情分析需要智能信息手段的支持。

　　在第四章已经叙及，Web 挖掘是一种综合应用自然语言处理、数据挖掘、人工智能等技术从 Web 页面内容、链接结构和使用记录中发现潜在知识的智能分析方法。与传统的网络舆情分析方法相比，Web 挖掘方法可以深入到 Web 文本、Web 主题内容、Web 链接结构和 Web 用户行为等舆情单元，从中自动、智能地获取并发现相关舆情信息内涵和舆情热点，提高舆情处理和分析的效率与质量，实现网络舆情的智能分析和动态预警,① 是一种适合大数据背景下旅游网络舆情分析的有效方法。根据 Web 挖掘对不同舆情单

---

　　① 　张玉峰，何超. 基于 Web 挖掘的网络舆情智能分析研究[J]. 情报理论与实践，2011(4)：64-68.

元分析处理的具体应用，常用的分析方法有 Web 文本挖掘法、主题聚类法、链接挖掘法和社会网络分析法。

5.4.1　文本挖掘法

（1）文本挖掘概述

文本挖掘也称文本数据挖掘或文本知识发现，是数据挖掘、自然语言处理、信息抽取、机器学习等技术在文本数据分析中的应用。与一般的数据挖掘不同，文本挖掘的对象主要是非结构化的自然语言文本数据（如文档、表格、E-mail、网页、文献档案、微博内容等），通过计算机手段抽取文本信息进而发现隐含的、以前未知的、潜在有用的知识模式①。其主要任务是通过挖掘分析文本内容概念、相互关系来提供用户知识。

文本挖掘有很多类型，最常用的是按照文档对象进行分类，包括基于单文档的文本挖掘和基于文档集的文本挖掘。其中，前者仅对单个文档进行分析处理，以获取隐含知识模式，相关的挖掘技术有文档摘要、信息抽取等；后者则是对大规模的文档数据进行模式抽取，相关的挖掘技术有文本分类/聚类、文档过滤、自动摘要、文本因素分析等②。

（2）文本挖掘的流程

文本挖掘是一项系统工程，涉及多个技术环节和流程（见图 5-5），具体原理为：首先从文档集中提取文本特征并用文本表示模型进行数字形式表示，然后对生成的文本特征集进行降维等操作，优化文本特征项和缩减特征集的规模；在此基础上通过挖掘算法获取知识模式并对其进行结果评估，最后将可用的知识模式提供给用

183

---

① 张玉峰，朱莹. 基于 Web 文本挖掘的企业竞争情报获取方法研究. 情报理论与实践，2006(5)：563-566.

② 涂承胜，鲁明羽，陆玉昌. Web 内容挖掘技术研究[J]. 计算机应用研究，2003(11)：5-10.

户使用①。

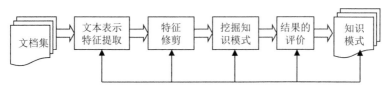

图 5-5　文本挖掘的典型模式

①文本表示和特征提取

文本表示和特征提取是文本挖掘的预处理阶段，它从半结构化或非结构化的文本数据中抽取代表其特征的元数据，并将这些元数据用结构化的形式保存在数据库中。一般来说，文本的特征包括描述性特征和语义性特征，其中，前者涉及文本的名称、日期、大小、类型等信息，可以通过简单的处理来获取；而后者涉及文本的作者、机构、标题、内容等语义信息，通常难以获取②。

一旦特征抽取完毕，就可以用各种模型进行文本表示，其中向量空间模型表示法是最常用的文本表示方法。该模型认为文本特征之间是相互独立的，特征依赖性可以忽略不计，从而可以将文本完全用其所包含的特征词来表示：$D = (t_1, t_2, \cdots, t_k, t_{k+1}, \cdots, t_n)$，其中 t_k 是文档 D 的第 k 个特征词，$1 \leqslant k \leqslant n$。

②特征修剪

文本挖掘的对象文本集是由大量词汇组成的，这些词汇多是自然语言，冗余过多、特征不明显且维数偏大，不利于计算机的存储和处理。因此，需要对这些特征进行降维处理从而选取出最具有代表意义的特征词。

但是，当进行特征提取时，由于词汇数量过多会产生非常庞大的特征维数，需要消耗更多的系统处理资源；而且，将所有词均列为特征词也是不现实的，一些不适合挖掘分析的冗余词应该先剔除

①　郭长旺. 企业智能化竞争情报系统的构建与运行研究［D］. 合肥：中国科学技术大学，2005.

②　黄晓斌. 网络信息挖掘［M］. 北京：电子工业出版社. 2005.

掉，因此，我们只能将那些最有代表性的词选为特征词。

目前，特征修剪主要有横向选择和纵向投影两种方式。第一种方式主要通过剔除噪声文档以改进挖掘精度，或在文档数量过多时仅选取一部分样本以提高挖掘效率。后者则只是选择符合挖掘目标的有用特征数据进行特征修剪，进而获取具有代表性的文本特征子集①。目前用得比较多的特征选择方法有文本权重、词频、信息增益、互信息、文档频次等②，这些方法已经在第四章进行过介绍，在此不再赘述。

③挖掘知识模式

作为文本挖掘的核心环节，挖掘知识模式流程主要是利用文本分类/聚类，自动文摘等方法和技术从建立的文本特征集中抽取或识别出以前未知的、有趣或有用的、最终可理解的知识模式。

④结果评估

这个阶段主要是对挖掘得到的知识或者模式进行评价，并利用可视化手段将符合用户要求的知识或者模式呈现给用户。对结果的评价可以分别从知识模式与挖掘目标的符合程度、发现知识的重要程度、是否发现知识模式等三个方面展开，并结合一些常用的评测方法(如 BEP、MAP 等)进行评估③。

(3) 文本挖掘法在网络舆情分析中的主要应用

面对错综复杂的网络舆情，文本挖掘可以深入其文本内容单元，从而为深层次的舆情分析提供技术支持和解决方案，具体应用如下：

①描述网络舆情。公众对网络舆情事件的观点、态度、情绪等往往隐含在大量的舆情文本中，利用文本挖掘，可以生成舆情相关的描述性信息和知识，从而为公共管理部门掌握舆情动态提供参

185

① 郭长旺. 企业智能化竞争情报系统的构建与运行研究[D]. 合肥：中国科学技术大学，2005.

② 张玉峰，朱莹. 基于 Web 文本挖掘的企业竞争情报获取方法研究[J]. 情报理论与实践，2006(5)：563-566.

③ 朱莹. 基于 Web 挖掘的企业竞争情报获取研究[D]. 武汉：武汉大学，2007.

考。其中，利用特征提取方法可以获取舆情热点、焦点的特征词和热点话题，利用分类分析和聚类分析可以判断舆情反映的社会问题归属和危害程度。

②分析网络舆情相关事件和观点的关联程度。网络舆情事件及舆情文本隐含的观点态度之间往往具有时空上的关联性，这为文本挖掘进行关联分析提供了依据。一方面，利用文本挖掘方法，可以从舆情文本中发现网络舆情发展演变规律，追溯舆情信息源头和趋势；另一方面，文本挖掘可以为网络舆情话题识别与跟踪提供技术支持，通过文本特征识别舆情主题，为公共危机预警提供决策支持。

③判断网络舆情信息的真实性和传播主体的态度倾向。利用文本挖掘分析大量舆情文本中涉及的舆情发布者、传播者等主体的 IP 地址、评论话题、评论用词等内容，推论网络舆情传播意图和情感倾向，尤其是利用文本词语的相似来判断谣言、虚假信息等不良舆情，最终为公共管理部门掌握公众舆情倾向提供决策依据。

④预测网络舆情产生发展趋势。利用文本挖掘分析某一段时间范围内特定舆情主题，获取其产生、变化和发展演变规律，进而推论其未来发展趋势及影响，从而为公共管理部门进行舆情预警应对和不良舆情引导提供决策依据。

(4) 网络舆情文本挖掘分析模型

网络舆情文本挖掘涉及数据准备、数据处理和分析实施多个阶段，具体实现模型如图 5-6 所示。①

①准备阶段。准备阶段实际上是网络舆情数据采集和数据筛选的阶段，在这个阶段，舆情分析人员（专家、分析师）利用采集软件（一般为搜索爬虫或主题 Agent）在舆情网站上自动获取网络热点新闻、突发事件报道等舆情信息，并将采集结果以关键词的形式反馈给分析人员。舆情分析人员根据需求对采集结果进行筛选，从而形成初始关键词集。经过人工干预后的初始关键词集最终形成热点

---

① 黄晓斌，赵超. 文本挖掘在网络舆情信息分析中的应用[J]. 情报科学，2009(1)：94-99.

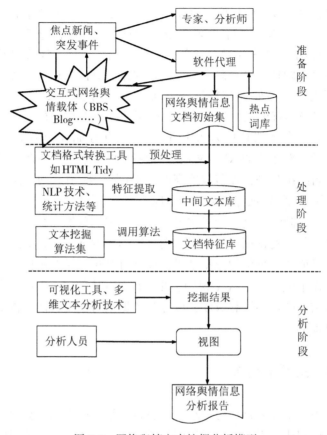

图 5-6　网络舆情文本挖掘分析模型

词库，并以以下记录的形式进行存放：

$$(\text{keyword}, T, \text{link}, t_i, t_r, W)t_i$$

其中，keyword 表示关键词；T 表示获取该关键词的时间；link 表示获取该关键词的网页 URL（可以是多个）；t_i 表示各网页中含有该关键词的相关文本的发布时间；t_r 为二值型字段，表示出现该关键词的相关文本是否转载；W 表示网页来源可靠性权值，t_i 为当字段为转载时，W 的值取该转载文章的初始来源网页的权值，W 的计算可以根据 Alexa 网络排名、Pagerank 算法以及专家评价的综合加权而定。

此后，根据 keyword 对热点词库中的记录进行分类存储并建立索引，以在更大范围内抓取网页作铺垫。最后，利用元搜索和主题爬虫对各交互式舆情网站(BBS、Blog、SNS 等)进行信息抓取，获取URL、网页内容等相关信息被存放在网络舆情信息文档初始集中。

②处理阶段。处理阶段主要完成对采集到的文档初始集中的网页进行规范化预处理和特征提取等工作。由于 XML 格式文档比HTML 文档具有更强的语义结构和通用性，所以在进行规范化处理时统一将所有文档转换为 XML 格式文档并存储在"中间文本库"中。此后，对生成的 XML 文档进行特征提取操作，并将维度高的词汇进行降维处理，保留权值高的词汇(如一些敏感词、高频实词等)作为文档特征项存入文档特征库中。

③分析阶段。这一阶段主要完成文本挖掘分析和结果的可视化展示等工作。在挖掘过程中，借助合适的挖掘软件和算法进行文本挖掘，形成科学可信的挖掘结果；借助可视化工具对挖掘结果进行多维操作生成各种可视化视图(如数据立方体等)。最后，分析各类挖掘结果的可靠性和效度，以此为依据撰写网络舆情分析报告并提交决策部门。

5.4.2　主题聚类法

作为一个无监督学习过程，聚类将一组特征未知的数据集合按照相似性归成若干类别，保证同类个体间距足够小，而不同类则尽可能大，从而实现新类的识别。在网络舆情分析中，舆情信息往往覆盖多个主题，事先无法确定主题范围及特征值。在这种情况下，采用聚类的方法将这些主题特征未知的舆情信息进行自动主题类别划分，可以发现与某一主题相关的所有信息和具有相似特征的用户群，从而为舆情监控和话题跟踪提供决策依据①。

(1)主题聚类法概述

主题聚类法是一种融合信息组织中的主题法与数据挖掘、机器

---

① 张玉峰，何超. 基于 Web 挖掘的网络舆情智能分析研究[J]. 情报理论与实践，2011(4)：64-68.

学习中的聚类方法而形成的一种新的信息分析方法。它通过对文本、查询式等聚类对象进行主题分析和提取，将聚类对象转换为基于主题的表示形式，在此基础上进行对象的聚类分析以得到基于主题的聚类结果描述①。

相比传统的聚类方法，主题聚类方法有以下特点。第一，该方法重视主题分析和描述，能实现语义层面的聚类特征描述，从而提高聚类质量和效果；第二，该方法的核心是对聚类对象的主题提取，而主题提取则在文本维度约简方面具有相当的优势，因此通过主题聚类可以大幅减少大规模高维数据的计算问题，从而节省系统资源和缩短分析时间；第三，该方法可以提供对结果的深层语义描述。

（2）网络舆情主题聚类常用算法

目前，学界认可的主题聚类算法主要有以下几种，每种特点见表 5-5。

表 5-5　常见聚类算法②

	传统聚类算法				子空间聚类算法
	层次型	划分型	密度型	网格型	
代表算法	HAC，HDC，BIRCH，CURE，Chameleon	K-Means，K-Medoids，FCM，Clarans	DBSCAN，OPTICS，DENCLUE	STING，WaveCluster	CLIQUE，PROCLUS，EWKM，COSA
特点	可进行不同粒度的聚类；时间复杂度高	速度快，效率高；需要指定簇类数目，倾向于发现球形的簇	能处理噪声点和发现任意形状的簇；依赖于索引技术	能处理噪声点，识别任意形状的簇，对于数据点数有低的时间复杂；受维度影响大	能够发现子空间中的簇，能够有效处理高维数据

189

---

① 章成志，张庆国，师庆辉. 基于主题聚类的主题数字图书馆构建[J]. 中国图书馆学报，2008（6）：64-69.

② 申莹. 针对确定话题的离散文本舆情聚类与可视化研究[D]. 武汉：武汉理工大学，2011.

其中，基于划分的方法原理简单，易于实现，常用于网络舆情主题聚类中。该方法常将拟聚类对象划分为若干个组，并保证组和对象的一一对应关系。

k-means 算法就是一种典型的基于划分的方法，它由 MacQueen 提出，是目前应用最广泛的聚类算法之一。它具有算法简单且快速收敛、高效处理大文本集的优点，非常适合数量巨大的网络舆情文本分析。

一般来说，主题聚类主要是通过计算样本数据点之间的逻辑距离来判断某个样本数据属于哪一个簇，从而实现各样本点的分配。在具体实现中需要先将文本数据进行向量化表示，再进行聚类分析处理。如对博客舆情文本进行情感极性的主题聚类时，先设定簇数 k 为 3（分别表示正面、负面和中性的情感极性态度），然后将所有博客文本转化为向量的形式，对这些组成空间向量的数据点进行聚类可以得出不同的簇，最后完成对博客舆情文本情感极性的分类。

(3) 网络舆情主题聚类分析流程

从流程上来说，主题聚类一般包括主题提取、样本聚类及聚类结果描述等。具体到网络舆情聚类分析上，因为舆情的载体主要是网站中的具体网页或其他内容单元，这些均属于半结构化数据，并不利于挖掘分析，因此在网络主题聚类时首先要解决网页文本表示的问题。在此基础上，进行主题词抽取、聚类算法实现和描述，具体流程如图 5-7 所示。

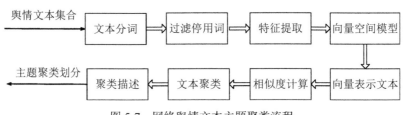

图 5-7　网络舆情文本主题聚类流程

在上述流程中，比较关键的是网页文本的向量空间表示、主题词抽取、相似度计算等环节。其中网页文本表示前文已经提及，不再叙述；主题词抽取过程则需要充分分析舆情网页文本，在分词系统辅助下尽可能地抽取出能代表网页主题的特征词。为了提高效率和方便实现，我们常直接从网页标题和文本首段中抽取一些实词（一般多为名词、动词或者短语等），并将一些停用词过滤掉。而相似度计算则是利用相似度计算模型来计算已抽取出的聚类样本间的相似度，可利用欧氏距离方法和向量余弦系数方法等。为了减少向量维度太高情况下的运算量，有时也会采取降维算法来处理。①

5.4.3 链接挖掘法

(1) Web 链接结构及链接挖掘

Web 作为超文本的文档集合，可以看作是一种自相似、多层次、超大规模的有向图，其中，有向图的边即为超链接，各个节点则为 Web 页面，这些共同构成了 Web 的链接结构。在这种链接结构中，各个超链接所在的网页是该超链接的起始网页，URL 所指向的网页则是该超链接的终止网页，整个 Web 页面或站点就是通过这些超链接按相同或相关的内容主题自然地聚合在一起。诚然，这些链接结构中也蕴含着大量信息，如网页 A 与网页 B 存在超链接，说明 A 的作者认为 B 的内容非常重要，且二者之间具有主题相似性。从这个角度来看，当大量网页均链接指向同一个网页时，这个网页即为权威页（对站点而言则是权威站点），它们往往是包含高质量主题内容的信息源；反之，若一个网页或站点大量链接到其他的信息源，这类网页或者站点则称为中心页面或中心站点，它

191

---

① 严桂夺. 基于主题聚类的网页目录结构构建方法研究［D］. 广州：华南理工大学，2010.

们往往提供对高质量主题内容存取的信息源①。Web 的这种链接结构的自组织规律为 Web 知识发现提供了良好的资源，也成为链接挖掘分析的基础。

　　链接挖掘又称 Web 结构挖掘，是一种在单个网页内部、特定网页集或整个 Internet 的 PIW 等多个尺度上对网络结构数据进行挖掘以获取 Web 潜在的超链接结构模式的过程②。链接挖掘在网页采集、搜索结果的二次排序、兴趣社区识别、检索结果的聚类、网页相似度计算、寻找相关主题的权威站点及网络安全方面有广泛的应用。

　　Web 链接挖掘的核心在于超链接分析，即通过分析页面的链接关系来研究网页的引用关系。超链分析基于以下两个假设：第一，如果页面 A 上传到页面 B 的超链接，则认为此超链接是页面 A 的作者对页面 B 的推荐；第二，如果页面 A 和页面 B 存在超链接，则页面 A 和页面 B 可能具有共同的主题。基于这两条假设，超链分析最初被用于搜索引擎对 Web 资源的评价和结果排序，其基本原理就是通过统计分析互联网上页面被链接的次数来确定该网页的重要程度或者是不是权威页面。这种搜索排序方式大大改善了传统搜索引擎通过词频统计进行网页查询结果排序而产生的不客观、易作弊的情况，从而提高了搜索引擎的效度及信度。同时，链接挖掘还常用于对电子商务、新闻门户等网站结构的优化上，通过改善站点架构来激发用户兴趣和吸引用户浏览③。

（2）基于链接挖掘的网络舆情分析应用

①热点舆情发现和舆情生命周期阶段判断

作为 WWW 中的一种，舆情网站也是由点和线组成的，其中

---

　　①　周敏子，周皓峰，王晨，汪卫，施伯乐. 使用频繁结构提炼网络权威资源[J]. 计算机研究与发展，2004（10）：1614-1620.
　　②　郑庆华，刘均，田锋，等. Web 知识挖掘：理论、方法与应用[M].北京：科学出版社，2010.
　　③　张阿红. Web 链接结构挖掘中 HITS 算法的分析与改进[D]. 兰州：西北师范大学，2009.

点即超链接，对应着某个舆情页面或页面中的图片、E-mail、流媒体文件等；线则为具体的 Web 页面，负责将各点连接起来，是 Web 的核心元素①。从这种角度来说，若一个链接点被链的频次高，说明该页面有较高的认可度和较广的影响面，其所对应的舆情即为一个热点舆情；反之，对那些被链频次很低或者没有被链接过的链接点来说，其所对应的主题不太可能成为一个热点舆情。因此，通过链接挖掘分析各舆情网站中链接点的链接频次和页面被链次数，可以确定该网页的重要程度和发现热点舆情主题分布情况，进而确定整个网站的舆情影响度及热点舆情。

在此基础上，如果对一段时间内某些网站的被链情况和链接点进行监测分析，可以确定舆情所处的生命周期阶段和确定是否有突发舆情。如新发布舆情页面被链次数一般较少，舆情处于萌芽期；若在某个时间点或较短时间范围内该页面被链频次突然大幅增加，说明该点所对应的舆情主题可能已经成为热点舆情，并有可能向突发舆情转化而进入舆情爆发期；当然，若某个页面被链频次较高，但已经发布了较长时间，则说明该页面主题所对应的舆情可能不再受关注，可能进入了舆情衰落期。

②敏感舆情社区发现

随着人与网络交互程度的不断加强，网络形成了若干围绕某些特定主题的人际关系网络，这些网络被称为社交圈子或社区。从结构上来看，这些社区松散地分布在基于某个特定主题的、相互连接的 Web 页面集上，且社区内页面的链接密度很大。同时，分布于这些网络社区中的大量敏感信息常常被网民热议或相互转载评论，从而形成了错综复杂的链接互引关系。因此，通过分析这些舆情社区的组织结构和敏感内容链接引证规律来发现敏感舆情社区，也是

193

①　王贤明，谷琼，胡智文. 链接分析在网络舆情分析中的应用研究［C］. Proceedings of 2010 Third International Conference on Education Technology and Training(Volume 7). Institute of Electrical and Electronics Engineers，2010：153- 156.

链接挖掘的重要任务。

目前敏感舆情社区发现主要是建立在主题聚类和链接挖掘基础之上，先通过主题知识聚类的方式发现网络社区，随后采用各种链接挖掘算法分析社区链接结构和主题分布，进而发现敏感社区。如高琰等在《基于链接分析的 Web 社区发现技术的研究》中介绍了利用 PageRank、HITS、连接分析图、最大流的社区发现 4 种算法发现敏感社区的方法，取得了较好的效果①。

5.4.4　社会网络分析法

作为社会学研究中的一种重要方法，社会网络分析用来对人、组织、计算机或者其他信息或知识处理实体之间的关系或者流动信息进行映射和测量。1954 年，J. A. Barnes 在分析挪威一个渔村的跨亲缘和阶级的关系，同时提出了"社会网络"(social network)的概念，随后，Elizabeth Bott 提出用"节"(knit)来测度社会网络结构，社会网络逐渐引起社会学界的关注。20 世纪 70 年代以来，小群体(clique)、同位群(block)、社会群(socialcirace)以及组织内部网络、市场网络等纳入了社会网络分析范畴，社会网络分析方法体系逐步成熟。

随着互联网的广泛应用，网络用户在网络空间中形成了大量的虚拟社群，通过这些社群，人们自由地进行交流沟通和信息分享，构建了一个个以人际交往为目的的社会网络。这些基于互联网平台的社会网络是虚拟社群的重要基础，也是网络舆情的主要活动空间。与真实社会中的社会网络一样，这些虚拟社群中的社会网络也存在若干联系，能借助社会网络分析中的节点、连线、图形等可视化形式清晰表现个体网民或网络组织之间的关系，从而为网络舆情分析提供方法支持。

---

① 高琰，谷士文，唐瑭. 基于链接分析的 Web 社区发现技术的研究[J]. 计算机应用研究，2006(7)：183-185.

（1）社会网络及其表示形式

一般来说，社会网络指的是社会行动者及其之间关系的集合，这些集合往往由若干个点（社会行动者）和点之间的连线（行动者之间的关系）组成。用点和线来表达网络，这是社会网络的形式化界定①。在现实社区的社会网络分析中，点代表的是实实在在的个体或团体，如人或人类组织；而在网络社区中点则代表 ID，即网民身份的象征。社会网络分析中研究的关系也就是个体或团体之间的信息互动，而网络社区中的信息交流关系则表现为网络社区成员之间的链接关系。

通常情况下，社会网络往往用图示法和邻接矩阵法两类表示方法。其中，前者利用社会网络关系图来描述社会网络（节点代表实体，节点间连线代表社会关系）。这种表示方式比较形象直观，但不方便计算机的分析处理；而后者则是利用邻接矩阵表示社会网络关系，并对矩阵元素进行了赋值（0 代表不存在社会关系，1 代表存在社会关系）这种方式适合进行定量研究，能借助计算机工具进行分析。图 5-8 分别为两种不同的社会网络表示形式，图 5-9 分别为两种不同的社会网络关系矩阵图。

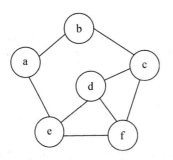 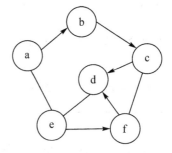

图 5-8a　无向社会网络图　　　图 5-8b　有向社会网络图

---

① 邱均平. 网络计量学［M］. 武汉：武汉大学出版社，2010.

	a	b	c	d	e	f
a	1	0	0	1	1	0
b	0	1	1	1	0	1
c	0	1	1	1	0	1
d	1	1	1	1	0	0
e	1	0	0	0	1	1
f	0	1	1	0	1	1

	a	b	c	d	e	f
a	1	0	0	1	1	0
b	0	1	1	1	0	1
c	0	0	1	0	0	1
d	0	0	1	1	0	0
e	0	0	0	0	1	0
f	0	0	0	0	1	1

图 5-9a　无向社会网络关系矩阵图　　图 5-9b　有向社会网络关系矩阵

（2）社会网络分析指标

在进行具体社会网络分析时，通常通过以下指标来度量社会网络[①]：

a. 度：描述社会网络中某个节点周围节点的个数的指标，也叫"关联度"，用 $d(n_i)$ 来表示，其中 n_i 为节点。

b. 网络密度：描述社会网络图中各个点之间联系的紧密程度，是指在社会网络图中实际存在的线与最多可能数量的线的比例，其取值一般在 0～1。不同类型的社会网络图的密度计算方法是不一样的，具体如表 5-6 所示。

表 5-6　社会网络的密度

网络类型	密度公式	备　注
无向网络密度	$\Delta = \dfrac{2L}{N(N-1)}$	L：网络中的线条数 N：网络中的节点数
有向网络密度	$\Delta = \dfrac{L}{N(N-1)}$	

c. 点度中心度：中心度是分析个体和整体在社会网络图中所处地位的指标。其中，点度中心度用来描述点在整个网络中的控制

---

① 翟延祥.基于社会网络分析的网络社区信息传播模式研究［D］.南京：南京航空航天大学，2011.

力，即测量一个行为者能在多大程度上控制其他行动者。点度中心度往往可以使用网络中与该点有直接联系的点的数目来衡量。

d. 中间中心度：描述行动者对资源控制的程度的指标，反映的是网络中那些相对于其他行动者而言处于中心位置的行动者。中间中心度往往通过点所处的路径位置来衡量，一般处于其他点的最短路径上的点具有较高的中间中心度。

e. 接近中心度：描述测度点不受他人控制的程度的指标，一般用该点与图中所有其他点的捷径距离之和来衡量。若某点与网络中所有其他点的"距离"都很短，则该点的接近中心度较高。

f. 小团体：也叫子群体，一般指社会网络中社会关系比较紧密的成员组成的集合。

(3) 网络舆情社会网络分析方法

互联网作为一种社会网络，聚合了大量的网民，并形成了数量庞大的各类虚拟群体，如 QQ 群、SNS、网络论坛社区等。这些社会网络中隐含的大量舆情信息及网络群体行为特征可以通过 SNA 法来发现，目前常用的有以下几种[①]：

①中心性分析

"中心性"是社会网络分析的重点之一，也是衡量网络舆情传播影响力的主要标准。通过对舆情社会网络进行中心性分析，可以测度与舆情主题相关的网民个体或者虚拟群体在整个社会网络中所处的地位高低、拥有的权力大小和判断是否处于中心地位等，这些为判断舆情意见领袖和热点舆情群体提供了依据。在进行中心性分析时，可以通过中心度测量网民个体处于网络中心的程度及重要性，也可以通过中心势测量不同网民所处网络点在整个网络中的差异性程度。在具体计算时，可以通过以下三个方面进行测度：点度中心度、中间中心度、接近中心度，计算公式如表5-7。

197

---

① 　曾王辉. 微博网络的社区发现研究 [D]. 昆明：云南大学，2012.

表 5-7　中心性指标测度公式

	有　向　图	无　向　图	备　　注
点度中心度	$C(n_i) = \dfrac{d_i(n_i) + d_o(n_i)}{2(n-1)}$	$C(n_i) = \dfrac{d_i(n_i)}{n-1}$	$d(n_i)$ 指节点 n_i 的度数；$d_i(n_i)$，$d_o(n_i)$ 分别为有向网络中节点 n_i 的点入度和点出度
中间中心度	$C_B' = \dfrac{C_B}{(n-1)(n-2)}$	$C_B' = \dfrac{2C_B}{(n-1)(n-2)}$	$C_B = \sum\limits_{j<k} g_{jk}(n_i) \,/\, g_{jk}$；$g_{jk}$ 表示节点 j 和 k 之间存在的捷径的数目；$g_{jk}(n_i)$ 则表示通过 n_i 的捷径数
接近中心度	$C_C' = \dfrac{n-1}{\sum\limits_{j=1}^{n} d(n_i, n_j)}$	$C_C' = \dfrac{n-1}{\sum\limits_{j=1}^{n} d(n_i, n_j)}$	

②核心—边缘结构分析

核心—边缘结构分析是依据网络中节点间关系的紧密程度，将不同的节点划分到核心区域和边缘区域中，从而判断各节点在社会网络中所处的位置①。在网络舆情分析中，通过核心—边缘结构分析，可以确定网络舆情中的意见领袖及其追随者，从而为舆情监控和引导提供决策支持。一般来说，划分到核心区域的节点往往在网络舆情传播中发挥重要的作用，是舆情意见领袖，而与其相关的节点则多为追随者。

③凝聚子群分析

---

① 倪奕. 基于维基百科的社会网络分析技术研究［D］. 长沙：国防科学技术大学，2011.

凝聚子群是指社会网络中某些节点关系特别紧密，以至于结合成一个集合的情况。在凝聚子群中，各节点行动者之间具有强烈、直接、紧密、经常的联系，往往会形成团体。通过凝聚子群分析，可以发现社会网络中存在子群的数量、分布状况、彼此关系、成员组成等情况，从而为发现网络虚拟团体和分析团体成员组成提供借鉴。尤其对于网络舆情来说。各网民由于"群体极化"现象容易围绕特定主题形成凝聚子群，从而为凝聚子群分析(也称小团体分析)提供了契机。在进行凝聚子群分析时，常常用以下指标进行度量。

(a)成分：最大的关联的子图。所有对群体结构进行测量的起始点都涉及"子图"这个概念，一个子图指的是从一个网络中选择出来的任何点和连接这些点的线构成的集合。

(b)派系：一个点的子集，其中任何一对点都有一条线直接相连，并且该派系不被其他任何派系所包含。也可以被定义为一个"成分"是"最大"的关联图(所有点都通过途径相连)，而一个"派系"也是最大的完全关联图(所有点都相互邻接)。在舆情传播领域，派系即一种通过非正式关系联络成的具有共同规范、价值、导向和亚文化的凝聚子群，并且可以与"官方"或正式的社会结构相抗衡。

(c)n-派系：对于一个总图来说，如果其中的一个子图满足如下条件，就称为n-派系。在该子图中，任何两点之间在总图中的距离(即捷径的长度)最大不超过n。如一个2-派系即其成员或者直接相连(距离为1)，或者通过一个共同邻点间相连(距离为2)。

(d)n-宗派：是指满足以下条件的n-派系，即其中任何两点之间的捷径的距离都不超过n。可见，所有的n-宗派都是n-派系。

(e)k-丛：即在这样一个凝聚子群中，每个点都至少与除了k个点之外的其他点直接相连。也就是说，当这个凝聚子群的规模为n时，其中每个点至少都与该凝聚子群中$n-k$个点有直接联系，即每个点的度数都至少为$n-k$。

(f)凝聚子群密度：主要用来衡量一个大的网络中小团体现象是否十分严重。其取值为$[-1, 1]$，取值越大，小团体派系林立现象越严重，取值越小，小团体内聚力越大。这个指标可以用来衡量

199

舆情社区的稳定程度。

在旅游突发事件舆情分析中，社会网络分析对于揭示舆情传播演化规律具有重要作用，尤其是在舆情演化阶段分析、舆情话题识别、舆情传播路径分析等方面。如王童(2020)①利用社会网络分析方法，借助 UCINET 软件对"新型冠状疫情"这一突发公共卫生舆情进行了分析，揭示了"新型冠状疫情"这一舆情话题的传播主体分布规律，发现了舆情意见领袖，并通过凝聚子群分析得出网络群体内部的子结构以及社会行动者之间现实存在的或潜在的联系。

5.5　旅游网络舆情分析报告

5.5.1　旅游网络舆情分析报告及其类型

网络舆情分析作为舆情信息工作的核心环节，其最终目的是向公共管理部门提供舆情分析结果，而舆情分析报告则是最常见的形式。一般来说，网络舆情分析报告是以梳理舆情为主题的报告文本，是舆情分析人员、分析机构在对相关主题事件的舆情进行汇总、筛选、研判、分析的基础上，借助人工或者技术手段揭示舆情特点、规律和趋势，并对舆情产生的原因和反映的深层次问题等进行深入研究，进而形成包含科学合理的可行性建议的决策参考文本。网络舆情报告由于具备提供信息、建言献策等作用，广义上的舆情分析报告也包括内参、领导决策信息等。但本书主要是指由专业舆情分析机构/人员或者专门化舆情监测分析系统制作或者生成的报告。根据上述界定，旅游网络舆情分析报告主要是关于旅游舆情事件的分析报告，其提供对象则是各级旅游主管部门、涉旅企业等。

200

①　王童. 基于社会网络分析的突发公共卫生事件网络舆情研究[D]. 银川：北方民族大学，2020.

从形式上来看，网络舆情分析报告包括常规性报告、专题性报告、综合性报告三类。

第一，常规性报告。常规性报告是舆情分析人员或机构对于日常网络舆情监测对象进行监测和分析形成的报告，这类报告具有较强的时间周期性，也是舆情机构的日常工作内容产物，其主要内容包括：舆情简报、舆情综述、重点舆情分析、行业动态分析以及口碑分析等。根据舆情监测工作需要，常规性报告按监测频率及响应速度还可分为速报、日报、周报、月报等形式。

第二，专题性报告。专题性报告是指舆情分析人员或机构围绕特定主题的事件，以大量的舆情报告资料为素材、以舆情报告特有的分析方法为手段，分析相关现象的发展、变化过程及其规律性。这类报告往往聚焦特定舆情主题事件，或者由行业管理部门委托舆情机构完成，具有舆情信息全面、内容深度高、专题聚焦度高等特点。一般来说，专题性报告包括专题事件综述、传播脉络、话题倾向性分析、事件延伸跟踪、影响及效果总结等内容。

第三，综合性报告。综合性报告是指舆情分析人员或机构围绕特定时间范围、特定舆情主题、特定人物或者企业对象进行舆情综合分析，呈现行业、企业、人物等多维内容信息。该类舆情分析报告有综合常规性报告和专题性报告架构，模板多样，形式灵活，还可提供图片报告和视频报告。一般来说，综合性报告包括企业年度舆情综合分析、突发事件分析、人物综合分析等内容。

对于旅游业来说，这三类报告都是旅游网络舆情分析常用的形式，其中常规性报告多由旅游行业主管或者监管部门委托网监、宣传部门或者自建舆情监测系统完成，多以日报、周报、月报等形式呈现；专题性报告是旅游网络舆情危机应对中常用的报告形式，多在一些重大或者有影响力的旅游危机事件发生前后产生，分析人员既有来自旅游行业主管部门的，也有来自第三方监测机构的；综合性报告则多从年度监测、重点领域监测等多角度呈现舆情分析内容，是旅游行业制定规划和决策、调整行业结构和企业经营方向、应对危机和加强品牌建设的重要依据。

5.5.2　旅游网络舆情分析报告案例

为了更好地阐述旅游网络舆情分析报告内容及写法，笔者以蚁坊软件发布的舆情报告《上海迪士尼游客殴打演员事件》为例展开阐述，这是一份根据特定旅游突发事件借助舆情分析系统结果撰写的专题性报告，涉及舆情事件、舆情演化阶段分析、情感倾向性分析、分析研判结果建议等内容。①

案例事件：2021 年 2 月 20 日，网传一则上海迪士尼游客殴打辱骂表演者的视频（见图 5-9）。视频中一戴口罩女子在《加勒比海盗》舞台剧开演不久突然上台，跳起来打了演员一巴掌，下台后还大声辱骂其"下次再敢当着大家面脱裤子、抽鞭子试试看""你个猪，美国人的猪"。随后，该场表演临时取消，现场观众在工作人员指导下陆续离场。2 月 21 日，浦东公安分局发布"警情通报"，表示"接警后，依法传唤肇事人员管某（女，35 岁）。调查中，民警发现管某思维混乱、语无伦次，经联系其家属，反映管某曾有疑似精神疾病症状，此次系其独自一人于近日来沪游玩。经精神卫生中心诊断，管某被确诊为急性精神病障碍，目前已被医院收治。此事未造成剧场表演人员受伤。"伴随着事实真相的澄清，网络舆论从对"女子殴打辱骂无辜演职人员"行为本身的愤怒谴责衍生到对"精神病人打人"复杂情绪的集中释放，社会舆情由此不断生成、发酵。

图 5-9　上海迪士尼游客殴打演员事件现场截图

———————————

①　蚁坊软件. 上海迪士尼游客殴打演员事件舆情报告［EB/OL］.
https://www.eefung.com/hot-report/20210225165818，2021-02-25.

(1)舆情事件演化分析

上海迪士尼游客殴打演员事件整个网络舆情发酵周期为 3 天，其中于 2 月 21 日 14 时舆情热度到达峰值。根据网络舆情热度的周期性趋势，可将该事件分为舆情酝酿期、舆情爆发期、舆情回落期三个阶段，在这期间由于传播渠道和参与主体介入程度的不同，各阶段的舆论关注话题又存在差异性。

①舆情酝酿期：自媒体平台上网民初始爆料

2 月 20 日至 21 日 10 时，上海迪士尼游客殴打演员事件处于舆情酝酿期，网络热度寥寥无几，仅引起小范围内的少数网民关注。从传播源头看，多个目击此事的网民在自媒体平台上的主动爆料是该起事件舆情发酵的主要起点。2 月 20 日 17：10，网友"Mia"在抖音短视频率先曝光"今日迪士尼打演职人员，导致演出终止，当事人目前被群众围堵中。不知道这女的怎么想的，一只老鼠坏了一锅汤"；当晚 23：18，UP 主"神奇的玖哥"在 B 站上传"上海迪士尼女游客殴打辱骂表演者（原视频）"；21 日零时左右，@刹那_@呛司 dance 囡小囡等博主在微博类社交网络平台上进一步转发传播。

通过以上分析可见，事发现场网民的发帖传播左右着上海迪士尼游客殴打演员事件舆情初期的基本走向，虽然目击者直观看到了事发过程，但由于前因后果并不清晰，该阶段舆论心态倾向于"不急于评价"和"关注进展"。

②舆情爆发期：大 V 转发、媒体报道助推热度高涨

2 月 21 日 10 时至 22 时，上海迪士尼游客殴打演员事件处于舆情爆发期，网络热度经历了急遽上升—峰值—缓慢下降的发展过程，伴随着大 V 转发、媒体介入报道及警方调查，特别是以 2 月 21 日 17：38 上海警方通报"拍打迪士尼演职人员女子系精神障碍"为分界点，舆论焦点在这一时期实现了从对打人女子行为本身的愤怒谴责到对"涉精神病舆情"复杂心态的转变（见图 5-10）。

从舆情爆发期的传播平台分析来看，微博类社交网络平台占比最高，新闻客户端排在其后，新闻、微信公众号和视频占比相对较

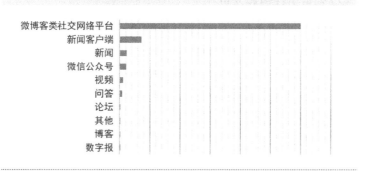

数据分析工具：蚁坊软件·鹰眼速读网

图 5-10 舆情事件传播平台分布图

少，这既与不同传播平台的不同传播特质息息相关，也受到不同参与主体介入时间的影响。一方面，微博类社交平台上网友@呛司dance囡小囡 的博文被@咚咚咚樱酱 @tinyfool @河森堡等影响力较高的博主转发评论，引起了全民的关注和讨论，促使该事件呈现不断扩散的态势。另一方面，#上海迪士尼打人#、#上海迪士尼#的话题标签吸引了媒体的目光，尤其警方通报后确定性消息曝出，媒体从之前的"围观"态度到积极跟进报道传播事实，起到设置新的舆论议题的转折性作用，媒体的介入也使得该议题扩散到了新闻客户端和新闻等其他平台。#拍打迪士尼演职人员女子系精神障碍#、#上海迪士尼游客上台殴打辱骂表演者#等话题登上多个平台热搜，全网热议高潮到来。

③舆情回落期：涉精神病舆情下行网民追问不止

2月22日之后，迪士尼演职人员遭精神病人殴打事件进入舆情回落期，网络热度呈现出持续下降的态势，仅有少量媒体传播报道以及部分此前未关注到此事的网民发表言论进行情感宣泄。从上海迪士尼殴打演员事件曝出到警方通报系精神病仅历时24小时，且通报内容交代了涉事女子的身份背景、精神病的既定事实和后续结果，满足了时效度的基本要求，再加上由于事件类型相对单一，相关舆情没有新的引爆点出现，该起涉精神病舆情走向下行。但是，从舆论话题表现来看，针对"精神病人殴打演职人员"舆情事件网民仍保持高度敏感性，社会恐慌和舆论偏见交织，为今后可能发生的"涉精神病人伤人"事件埋下舆情隐患。

（2）网络情感倾向性分析

上海迪士尼游客殴打演员事件曝光初期与警方通报殴打演职人员系精神病之后，网络情感发生了一定的变化，通过舆情监测系统的分析，警方通报之后网民负面情感明显升高、中立情感和正面情感均有所下降。总的来看，网络负面情感倾向始终占据上风；通报"精神病人"之后网民参与意愿加强，中立情绪被更多的负面言论所取代（见图5-11）。

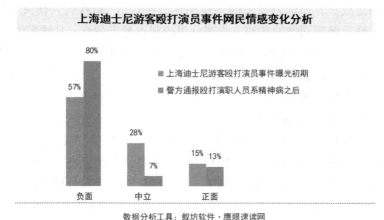

图 5-11　舆情事件网民情感变化分析图

①谴责无辜殴打他人的朴素正义和"仇美"言论的讽刺

上海迪士尼游客殴打演员事件曝光之初，出于谴责无辜殴打演职人员的朴素正义和涉事者"美国人的猪"和"不配当中国人"等言论的讽刺，形成了以负面为主的情感倾向。诸如"这不就是寻衅滋事吗？""骂人家美国猪，结果人家漏的国旗是英国国旗，这不很尴尬吗""这么反美为啥还要来迪士尼""估计是精神病患者"等评论获赞无数。当社交网络上这些碎片化的、个体的言论表达与"朴素正义""公平感""爱国"等群体心理产生"共振"的时候,打人者无法用正常人逻辑解释的行为也酝酿着事件进一步发酵的内在力量。

②涉"精神病人"激起新一轮不满情绪

直到警方通报殴打演职人员系精神病,网络负面情感比例出现了明显升高,"精神病"成为网民讨论的核心词汇,网络舆论围绕"精神病是不是免死金牌""精神病犯罪谁来担责"等问题展开激辩,新一轮的不满情绪逐渐汇集,情感走向更加复杂。

一是"又是精神病"的普遍不同情与呼吁不要歧视"精神病"的观点对峙交锋。"一出事即精神病"对于公众来说已经见怪不怪,多数网民表示"精神病是免死金牌",进一步陷入"阴谋论",认为"精神病"是警方为保护涉事者作出的托词,这类不实消息的加剧传播造成官方公信力丧失的恶性循环,在对待"精神病人伤人"事件上缺乏普遍同情的基调。少部分舆论观点趋于理性,从涉事者行为本身分析"这确实是精神病人才会做出的事儿啊",这与事件曝光之初的舆论猜测相契合,"我国精神障碍患者 1 亿,重度 1600万,如果我们还说他们为什么出来,其实他们已经是幸运儿",从而呼吁不要歧视"精神病"。

二是长期存在的"精神病患者犯罪谁来担责"的舆论争议。从舆论表达看,精神病人的家属和监护人往往成为舆论场上口诛笔伐的主要对象,但是在媒体报道中,他们的发声渠道和意见表达又往往是匿名、缺席的状态,无法满足公众进一步窥探事件内幕的心理。警方通报殴打演职人员为精神病用了"经联系其家属"的词汇,网民质疑"精神有问题家人还放其出来一人游玩?"精神病人伤人难以彻底解决背景之下,网民情感很容易被带动,从不满情绪发泄进而衍生到抨击法律不平等、处罚不公正。

(3)涉精神病人伤人事件舆论认知成因分析

总结近些年来的涉精神病人伤人事件,事发后警方介入一般较为迅速,警情通报发布比较及时,如果造成受害者死亡的重大后果往往很快作出刑事拘留措施,而若止于殴打伤人层面,警方针对精神病人违法的处置即送医治疗。在舆情热度过后，随着网民关注度的下降，媒体在后续追踪上动力不足，这就在舆论场上留下"精神病人犯罪即免死金牌"的刻板印象，不利于公众正确认知治理精神病人犯罪行为，导致这种既定舆论认知周而复始地上演。

①公众朴素正义高于法治理性，造成刻板印象和污名化

精神病人伤人作为突发事件，具有无法预测性和随机性，爆料者多以视频和第一视角进行相关表述，从而给社会公众留下"谴责伤人者即正义行为"的第一印象。即便在警方通报鉴定结果确为"精神病"之后，一些社会公众仍然在舆论观点表达上否定客观事实、质疑警方处理结果、曲解和误读"精神病人伤人"的法律法规，这种"零容忍"的态度长此以往最终发展成为"精神病被强制送医、免于处罚"的舆论的刻板印象。与此同时，污名化"精神病人"群体的非理性态度也无形中被建构，这一负面标签每每被贴上总会引起公众避之不及的恐慌心理，在个案频频曝出时累积的负面情感将稀释法治理性。

②部分媒体舆论导向错误，正面引导不足

媒体报道社会事件有其自身所遵循的规律，对于突发的影响恶劣的"精神病人伤人"事件，舆论有其天然的高关注度属性，在议题设置过程中，部分媒体除了报道基本的事实进展外，还会制造有影响力的话题内容来满足媒体需求。第一，为了迎合公众情感宣泄和猎奇心理，新媒体在报道"精神病人伤人"事件上以矫枉过正的逻辑、单纯吸引眼球的观点肆意赚取点击率和阅读量。《迪士尼游客无故打人，精神病什么时候能不当挡箭牌?》《目击者还原女子打骂迪士尼演员：过程很诡异，不希望打人者被人肉》《上海迪士尼演员被打后续：打人女子家属没道歉，被打演员却道歉了》等，这些文章从精神病是挡箭牌、目击者讲述和被打演员道歉的报道视角将精神病人伤人放到了公众的对立面，这种错误的舆论导向加深了公众刻板化地认同精神障碍者比正常人更容易实施暴力犯罪且免于刑事责任。第二，媒体正面引导舆论正确看待"精神病人伤人"事件整体表现较为薄弱，反思性评判的报道相对较少。迪士尼游客殴打演职人员热度褪去之后，因为已经淡出公众视野，部分媒体失去

了继续追求热点事件的价值，鲜少进行事件评论，难以引发舆情思考。

（4）涉精神病人伤人事件舆情研判建议

围绕上海迪士尼游客殴打表演者，后确定该游客患有精神病这一事件所引发的当下社会精神病伤人事件的讨论仍在持续进行，舆论中的负面情绪仍未完全平息。涉精神病人伤人事件在日常生活中不断发生，基于精神病人负面行为的法律规定，网民们往往会产生激烈的争议，而一些传播主体着重突出精神病人这一信息元素，也进一步激化了此类事件的舆论矛盾和舆情复杂性。因此，本书立足于舆情研判的视角，针对此类事件所引发的舆情反应的共性特征，提出几点关于建立此类事件的理性传播讨论空间的相关建议。

第一，警惕传播者以精神病人引战舆论的目的，强化各方重视此类事件的舆论呼吁。在频发的精神病人负面事件的网络传播中，所有的负面焦点大多集中于精神病人所担负的法律责任。基于精神病人的伤害性行为，网民们负面情绪总是呈现出一触即发的态势。因此，面对网络舆情对于精神病人这一群体的反应敏感性，不少传播主体在传播此类事件的过程中，着重突出精神病人这一话题，进而达到获取流量，引战舆论的目的，这一方面加剧了网民们对精神病人这一群体的负面认知，另一方面刻意强调甚至是歪曲部分信息，造成了精神病患者的污名化，长此以往也会消解此类事件的严肃性。因此，警惕部分传播者利用精神病人刻意引战舆论的目的，净化此类事件的网络讨论环境。

另外，面对此类事件呈现出来的舆论困境，作为有社会影响力的新闻媒体应该站在如何规避此类事件发生的立场上，呼吁社会各方强化对精神病人伤人事件的预防显得尤为重要。媒体通过积极的预防性传播，从家庭角度、社会角度、法律角度等多方面作出相关呼吁，加强重视精神病患者可能造成的社会危害性。

第二，合理设置此类事件法治传播议题，为公众情绪提供情与理的释放视角。在精神病人伤人事件的舆论交锋中，合理设置此类事件中涉及的法治视角，构建起舆论讨论的法治理性，十分必要。

具体来说，一方面可以通过全民普及精神病人伤人事件的不同的法律情况，加强精神病患者违法犯罪行为的法律解读，而不是一味地以情绪化反应为主导，加剧此类事件的舆论表达的过激性、无序性；另一方面要通过普法宣传建立起网民们对此类事件的理性思考能力，减少舆论环境中"精神病人就是免死金牌""选择性精神病""洗白精神病"等评论内容的负面性戏谑。通过引入理性的法治思维，为公众情绪表达提供情与理的释放视角。

第6章　旅游网络舆情预警

凡事预则立，不预则废。网络舆情借用现代互联网和移动互联网交流便捷、传播迅速的特征，将蕴含丰富社情民意的事件征兆在网络上广泛传播，成为公共管理部门进行舆论监测的重点。预警，作为一种特殊的预测行为，建立在对突发事件征兆的持续、动态监测基础之上，是应对突发事件、预防危机发生的重要手段。

旅游网络舆情监测与预警是一项系统工程，是一套建立在舆情动态监测、技术分析和趋势研判基础上的技术过程，涵盖舆情主题规划、信息采集、信息分析、舆情研判、舆情预警、危机处理等多个环节。传统预警方式主要是通过人工经验进行研判，依此结合计算机相关技术对信息进行统计分析，完成预警工作[1]。相比于传统预警方式，现代化预警方式在信息采集、分析、研判、预警等方面效率更高、时效性更强，依赖于科学预警机制的支持。

在旅游网络舆情预警机制建立过程中，预警系统及相应的指标体系的设计是关键，对于可能引发旅游危机的各种要素及呈现出来的危机信号、征兆特征进行严密的动态监控，进而对于危机事件走势、危害程度、危机类型进行科学评估并向旅游管理部门、涉旅企业发送预警警报。可以说，旅游网络舆情预警机制与指标体系就是跨越网络空间与现实组织所构建的一种能够及时预防和纠正不良舆

---

[1]　马帅. 面向在线旅游服务的网络舆情监控与预警研究[D]. 太原：山西财经大学，2019.

情及其演化扩散的"自组织"机制。

6.1 旅游危机事件中的网络舆情预警需求

6.1.1 新媒体技术应用给旅游网络舆情信息工作带来挑战

网络新媒体是依托互联网、移动通信技术和数字技术等新兴科技发展起来的媒介形式,包括博客、微博、微信圈等媒体形式和Facebook、腾讯微信为代表的媒体。① 相比广播、电视、报纸等传统媒体,网络新媒体技术互动传播特性明显,导致网络传播格局发生了重大变革,网络舆情形势日益严峻。以旅游行业为例,公众关注点不再局限于旅游管理部门和行业网站,政府也不再是唯一甚至主要的信息出口;网络舆情控制权不再掌控在政府手中,肇始于网络的突发事件通过门户网站新闻排行榜、门户网站博客排行榜、个人定制电子邮件发送、目标群体电子邮件群发、论坛帖子置顶、搜索引擎操纵等新媒体对社会公众产生深刻影响,旅游网络舆情信息工作难度加大。② 数量巨大的网络用户每时每刻都在不停地生产和传播海量的信息和观点,网页、论坛、博客等媒体舆情信息尚能实时采集,但离散分布于微博、QQ聊天记录、手机短信或微信等即时通信工具中的舆情则难以获取;加之随着网民上网经验的增加,在网络交流中常常使用较为个性化的表达方式,用一些图形符号、自创网络语言来表达敏感信息,传统的基于电脑关键词扫描的网络舆情实时监控和分析对此无能为力。另外,旅游舆情主体往往以学

211

---

① 尹韵公. 中国新媒体发展报告(2012)[M]. 北京:社会科学文献出版社, 2012.

② 魏超. 新媒体技术发展对网络舆情信息工作的影响研究[J]. 图书情报工作, 2014, 58(1):30-34, 71.

生、中青年人为主，舆情内容也主要通过手机移动端发布，网络舆情突发事件爆发点非常不稳定，打破了传统意义上舆情爆发的规律，舆情预警时间大幅缩短，预警工作非常规化特征明显。

6.1.2　旅游突发事件与网络舆情交互加剧舆情预警工作难度

旅游业作为一种信息密集型产业，游客在旅游消费过程中对网络媒体的信息依赖性不断提高，而旅游消费中遇到的一些类似宰客、违约等现象会在"群体极化"作用下形成突发事件。在突发事件爆发过程中，强大的网络舆情与突发事件即时互动、互相强化、交流融合，使原本为时较短的突发事件成为持续时间较长的公共危机，从而大大增加了事件处理难度和处理成本①，如三亚宰客门（2012）、凤凰门票收费（2013）等均是由于网络舆情介入而加大了处理难度。尤其是在网络舆情的推动下，突发事件更加动态化、反复化、持久化，相关舆情信息无规律化程度加剧，任何组织和个人都无法完全决定和控制网络舆情信息的内容，网络舆情监控和预警面临极大的挑战。

6.1.3　网络舆情要素与旅游突发事件的结合产生新的舆情预警需求

在旅游突发事件产生过程中，网络舆情危机事件是由网络媒介曝光、触发或经网络舆情传播而被扩散和放大的危机事件，具有较高的舆情热度②。鉴于旅游产业易受冲击、信息依赖性强等特征，旅游网络舆情也被赋予了新的特征，舆情预警对象也显示出不同特征。第一，旅游网络舆情涉及主体不只是游客和旅游企业，一些特

---

① 董坚峰. 基于 Web 挖掘的突发事件网络舆情预警研究［J］. 现代情报，2014，34（2）：43-47，51.

② 宗利永，顾宝炎. 危机沟通视角下的网络舆情演变问题研究评述［J］. 情报杂志，2010，29（6）：34-37.

殊群体如国家公职人员、明星、外国人一旦涉及旅游事件将迅速形成舆情热点，并在"污名化""标签化"机制作用下被贴上腐败、特权等负面标签，而对这方面的监控预警难度较大。第二，旅游网络舆情与旅游要素结合容易产生新的舆情热点，如在旅游客源、出行、目的地服务、市场营销等方面均会产生大量的舆情热点，并导致不同的舆情预警需求(见表6-1)。第三，旅游突发事件往往与民众生活密切相关，社会特性显著①。无论是景区古城改造与房屋拆迁、环境保护、公共卫生和食品安全，还是旅游消费价格上涨、旅游公款消费、旅游资源配置不公等，都与社会民众生活密切相关，容易形成舆情危机事件。而该类事件往往隐藏较深，需要通过预警分析系统提前预警。

表6-1 旅游突发事件舆情热点及预警需求

序号	旅游系统	舆情热点	预警需求
1	旅游客源系统	公费旅游、公车私用、公款消费	舆情主体甄别及监控
2	旅游出行系统	航班延误、交通服务、服务价格	舆情事件跟踪及预警发布
3	旅游目的地系统	强制消费、景点宰客、门票涨价	舆情及时预警与趋势引导
4	旅游营销系统	虚假炒作、恶意竞争、产品质量	舆情情感程度判别
5	旅游环境系统	游客侵权、违规建筑、环境污染	舆情进展报告提供及政府干预

6.1.4 在线旅游服务的开展拓展预警范围和深度

在线旅游服务(OTA)作为依托于互联网的旅游新业态，搭建

① 付业勤. 旅游危机事件网络舆情的发生机理研究[J]. 合肥工业大学学报(社会科学版)，2014，28(6)：15-21.

了集旅游资讯查询、景点门票预订、酒店预订、交通预约、游客交流于一体的电子商务平台，逐步取代了传统意义上的旅行团模式，解决了旅游服务提供的信息非对称现象和传统旅行社产品单一无特色服务的问题。借助 OTA"7×24"的个性化服务，游客在享受旅游服务时更加灵活和方便，更加能够满足其个性化需求。同时，游客在旅游过程中遇到的各类体验或者突发事件也可以通过在线旅游服务平台及时反馈，如旅游攻略、旅游日志、旅游投诉等形式发布在互联网和 OTA 平台上，从而对旅游服务起到了口碑宣传或者舆论曝光、监督的作用。因此，相比线下渠道，在线旅游服务平台的服务规范性更强，对自身要求更高，也更加在意游客旅游评价。但是，从技术运营角度来看，大多数在线旅游服务平台是第三方电商平台，主要产品还是来自线下实体旅游企业（如景区、酒店、演艺公司等），对于产品的遴选、营销推荐大多靠技术算法实现，难免会出现大数据杀熟、虚假宣传等现象。值得注意的是，随着 OTA 平台入驻商户的增加及管理难度的增加，平台中也会出现虚假销售、强制消费、霸王条款等现象，影响了游客的旅游体验和损害了个人利益，导致线上线下的争议，从而诱发舆情事件甚至旅游危机事件的出现。如 2018 年网络上热炒的携程天价差额"退票门"、大数据杀熟、酒店竞价排名等负面舆情事件均对携程声誉产生了极大影响，加大了舆情预警的难度。在这种情况下，传统线下旅游渠道产生的舆情影响将通过 OTA 平台扩散到整个互联网上，并经过OTA 系统、网络渠道进行扩散传播，与之对应的舆情预警范围也相应扩大，更需要深层次的舆情预警决策支持。

6.2　旅游网络舆情预警方法及内容

6.2.1　旅游网络舆情预警方法

网络舆情预警是以针对舆情危机事件呈现出的危机征兆采用

监控措施为意义，以对舆情事件的发展趋势做出合理的评估为目的所建立的一套危机报警体系①。对于旅游业来说，舆情预警一方面通过搜集、监测、分析、汇总、预测旅游公共事件舆情信息，掌握网络负面舆论和消极情绪，及时向旅游管理部门发出危机警示，为政府制定政策决策和防范旅游危机提供依据；另一方面是搜集汇总分析旅游企业的有关产品口碑、信誉评价、服务质量、竞争态势等相关信息，及时发现企业运营的危机征兆和预测危机苗头，从而引导企业及时调整经营策略、改进服务质量和应对口碑危机。

鉴于旅游网络舆情具有极强的突发性、动态性和大数据特征，对于舆情预警的实现具有较高的时效性和精确性要求，舆情预警方法的选取则极为关键。目前，业界常用的网络舆情预警方法主要包括基于指标等级和基于技术监测两个方面，涵盖基于情感倾向分析的预警方式、基于舆情晴雨表的预警方式、基于指标监测的预警方式及基于大数据分析和挖掘的预警方式，各种方法采用的技术手段、预警呈现结果及特点如表 6-2 所示。

表 6-2　旅游网络舆情预警方法一览表

方法	技术手段	预警结果	特点
基于情感倾向分析的预警	通过采集大量在线旅游服务信息，并运用文本挖掘、自然语言处理、文本语义分析等技术，针对不同的观点基于情感属性实现舆情危机预警	通过正面、负面、中性的情绪性内容单元呈现舆情趋势和态度	符合社会大众舆情认知和情感倾向，结果简单易理解，但易受舆情主体主观影响，结果难以量化

215

① 郭晋珩. 佳木斯市突发事件网络舆情预警分级研究［D］. 哈尔滨：哈尔滨工业大学，2021.

续表

方法	技术手段	预警结果	特点
基于网络晴雨表的预警	构建舆情晴雨表,其中横向坐标代表舆情事件发生概率,纵向坐标代表舆情事件的影响度,根据晴雨表指向明确预警等级	通过晴雨表分级体系反映舆情态势,如红色(Ⅰ级)、橙色(Ⅱ级)、黄色(Ⅲ级)、蓝色(Ⅳ级)等级	预警方法体系较为模糊,结果简单明了、直观可信,往往需要配合其他预警方法综合使用
基于指标监测的预警	根据在线旅游服务需求设立舆情预警指标体系,从不同维度的预警指标构建舆情预警模型,根据预警指标建立预警等级,进行舆情预警	通过测算指标体系权值对应的预警等级	往往需要通过层次分析、德尔菲法等方法确定舆情指标体系,结果直观明了可量化,但指标确定易受主观影响
基于大数据挖掘的预警	利用人工智能、机器学习、模式识别、大数据分析等现代信息技术构建舆情数据训练模型,以此为基础建立预警指标体系,进行舆情预警	通过数据挖掘得到指标体系并确定相应预警等级	通过技术手段确定舆情指标,较其他方法科学客观,是未来的主要预警方法,但在针对特定群体(如匿名网民、公务人员等)获取大数据信息难度较大

(1)基于情感倾向性分析的预警

在旅游网络舆情事件中,网民因为遭受旅游欺诈、个人利益受到侵害、从众心理作怪等多种原因,会借助网络渠道发泄出诸如失望、不满、愤怒等多种情绪,而情感倾向性分析主要是对网络言论发布者的情绪态度进行倾向性挖掘,分析其对于舆情事件的态度和立场。一般而言,网民对于旅游突发事件的态度有着支持、反对和中立三种倾向,借助情感倾向性分析,可以通过技术手段采集舆情信息中的情感关键词，从而研判出网民所持的态度，并根据网民的主观倾向，判定是否需要进行危机预警和危机管理。在具体实施时，一般都是直接从网络评论(如游客留言、社区评论、产品质量口碑评价等)中抓取关键词，并运用文本挖掘、自然语言处理、文本语义分析等技术与已有的情感辞典或情感特征进行模式对比，从而提炼出具体情感倾向，进而判断民众态度及事件趋势。

基于情感倾向性分析的预警主要通过正面、负面、中性的情绪性内容单元呈现舆情趋势和态度，符合社会大众舆情认知和情感倾向，预警结果呈现也非常简单易理解。但是，在具体操作中，其技术实现主要依赖于样本评价的情感语义表现，极易受舆情主体的主观影响；同时，受限于情感词在语义强度上难以辨别，导致预警结果难以量化呈现，无法呈现危机程度和预警强度，常被作为一些较为简单的舆情事件或者辅助性预警方法使用。

(2)基于网络舆情晴雨表的预警

网络舆情晴雨表的产生起源于危机预警领域，我国一般根据危机发生的可能危害性大小，将预警等级分为四个类别，分别是蓝、黄、橙、红四种，可以用网络舆情预警图来表示。通常，这类预警图一共有四个象限，横坐标代表危机发生的概率，最低为0，最高为100%，考虑到实际情况，一般这个数值的平均数应该是50%左右。纵坐标是危机的严重程度，数值范围最低是0，最高取10，该数值由指标体系计算得出。第一象限中，危机发生概率和危机数值都是最高的，此种情形最为严重，因此为红色预警；第二象限中，危机的数值仍然比较高，但是其发生概率大大降低，这就表明其实际造成灾害的可能性比较小，所以为橙色预警；第三象限中，危机事件不但发生的概率比较低，并且发生后其危害也比较小，属于一般公众事件，因此预警程度不高，为蓝色预警；第四象限中，危机发生的概率比较高，但危机影响力比较小，此类事件应该是政府面对的日常工作，因此需要加以重视，处理不当可能导致危机升级为红色预警。

在旅游网络舆情中，基于网络舆情晴雨表的预警往往用可视化

217

形式呈现预警结果，对于用户而言简单明了、直观可信，但是在应用过程中需要事先对事件发生的概率和危险程度进行计算，普通用户存在一定的门槛，而且预警方法体系较为模糊，需要结合各种数学模型综合计算才能得到较为理想的结果。

（3）基于指标监测的预警

基于指标监测的预警方法是目前业界最常用的方法，也是操作性最强的方法。该方法主要借助既定的舆情预警指标体系进行风险等级评估，并根据评估结果给予预警建议。一般来说，预警指标体系是在综合分析舆情主题基础上，通过指标抽取、权重赋予等综合评价而来，指标体系的构建也包括指标构建目的和原则、层次结构、具体指标和权重计算方法等内容。如在构建原则与目的方面，需要与危机管理相关管理部门（如政府部门）的顶层设计相匹配，符合系统性、客观性、科学性、可测量等原则；在层次结构方面，应该符合人们对于客观世界的认知，一般为两层或者三层结构，太复杂的结构往往反而无法满足预警需求；在具体指标确定方面，指标既需要与舆情相关领域的客观科学规律一致，还要与层级结构中的各层级内涵保持一致，因此在具体选取时需要选取覆盖全面、相互独立且便于计算的指标；在权重计算方面，需要借助领域专家知识以最大限度确定具体权重值。目前，在权重确定中使用最多的方法是层次分析法，即将决策问题进行分层求解判断矩阵特征向量的方法求解最优方案。为了配合层次分析法的实施，业界也常用专家咨询等形式通过多轮咨询反馈确定各层次的权重值。

基于指标监测的预警方法往往需要通过层次分析、德尔菲法等方法确定舆情指标体系，预警指标分析结果直观明了且易于量化表示，对于判断舆情危机强度具有重要参考价值，但是指标确定易受主观影响，导致预警结果与事实可能有一定偏差。

（4）基于大数据挖掘的预警

大数据挖掘是近年来随着大数据应用和数据挖掘商业化推进形成的技术领域，是融合数据挖掘、人工智能、云计算、机器学习等先进技术解决海量大数据分析和应用的技术方案。将大数据挖掘应用于网络舆情分析和预警领域，可以利用大数据分析和数据挖掘技术发现异构、无序、动态的海量网络舆情信息中的规律，从而建立基于大数据集的科学训练集和舆情规则库，进而构建更加科学合理的舆情预警指标体系。这种方法通过技术手段确定舆情指标体系，能够有效避免传统舆情预警方法中指标体系建立相对主观的问题，实施技术难度也不大，是未来网络舆情预警的主要方法。该方法的不足之处是在针对特定群体(如匿名网民、公务人员等)获取大数据信息时难度较大，可能会影响预警精度。

6.2.2 旅游网络舆情预警的渠道和内容

前已叙及，旅游网络舆情传播速度快、覆盖范围广，舆情监测和预警难度大。为了降低舆情预警中的信息采集和解读的成本，提高预警的准确性，厘清舆情传播的渠道和核心内容是其中的关键。一般来说，发现"网络受众关心的是什么，议论的是什么，支持的是什么，反对的是什么，满意的是什么，不满意的是什么，以及它们的舆论强度"是找出舆情预警渠道和内容的重要依据①。结合传统网络舆情监控渠道②，笔者认为旅游网络舆情预警应重点聚焦如下渠道：

第一，中央重大政策和改革措施的出台、旅游政策的制定等所引发的舆情，以网络点击率比较高的网络媒体——政府新闻网站、主要门户网站为主要监控渠道，如新华网、人民网、新浪网、搜狐网等以及国家文旅部、各地旅游主管部门建立的官网、官微等。

第二，与社会民众、游客切身利益相关性较强的政策、做法，容易引发群众思想波动和不满情绪的舆情信息，以旅游及相关职权部门的相应网站为主要监控渠道，如工商、交通、文旅、公检

---

① 黄鸣刚. 公共危机中的网络舆论预警研究——以浙江省为例[M]. 北京：中国广播电视出版社，2009.

② 王来华. 舆情研究概论[M]. 天津：天津社会科学院出版社，2003.

法等。

第三，涉及旅游行业、居民消费的国内外要闻、重大事件的跟踪报道、热点评论等，以新闻网站为主要监控渠道，如新浪、搜狐、网易等。

第四，旅游热点问题以及突发事件，以虚拟社区、社交网络的热门板块、即时通信资讯为主要监控渠道，如强国论坛、天涯论坛、百度贴吧、BBS、微信公众号、微博等。

第五，网络谣言、内幕真相、网络评论等，蕴含着大量带有倾向性和危机诱因，极易通过网络热议、转载等方式形成舆情风暴和危机事件的舆情信息，以个人网页、即时通信工具、自媒体网站为主要监控渠道，如新浪博客、腾讯朋友圈、抖音号等。

第六，社会思潮以及理论动态舆情，以学术类理论网站和社科类网站为主要监控渠道，如中国学术论坛、国学网站、各种数字图书馆等。

以上 6 种渠道，基本涵盖了旅游网络舆情传播的方方面面，也成为舆情预警的关键渠道。为了更好地发现有价值的舆情信息并提供预警决策，需要在以上渠道中统筹考虑到引发民众舆情的触发点信息，即引发网民高关注度、强共鸣度的信息，具体而言，包括以下几个方面内容：

第一，政治——国内外重大的政治事件、政治谣言、境外敌对势力的活动等，这类舆情热点需要有专人和专门的技术工具进行跟踪和监控，相关舆情映射出广大社会公众对于国家及国家出台的方针政策的态度倾向。

第二，行政——涉旅公共管理部门不作为、乱作为或者决策失误，对这类舆情热点进行深入监控，能看出旅游消费者、地方民众对公共管理部门管理水平的态度和意见。

第三，游客利益——游客旅游保障机制健全程度、旅游消费公平合理性、游客权益是否得到保障、游客诉求是否渠道畅通及得到回应等，对这舆情热点进行深入监控，能看出旅游消费者对与自身切身利益相关问题的立场。

第四，突发事件——突发公共卫生事件，突发自然灾害，突发经济安全事件，突发事故等，这些都是引发旅游危机事件的重要诱因。

第五，社会矛盾——社会贫富差距过大，官二代、富二代、星二代的肆意作为，低收入特殊群体利益受损，对这类舆情热点进行深入监控，能看出社会民众对社会和谐发展的关注程度。

第六，公共安全事件——重特大刑事案件、恐怖威胁，社会治安状况差，对这些舆情热点进行深入监控，能看出社会民众对旅游体验安全感的诉求水平。

旅游网络舆情预警的渠道和内容的确定，为舆情监控提供了对象和范围，也为舆情预警指标体系的建设和预警的开展提供了信息资源支撑。

6.3　旅游网络舆情预警机制

旅游网络舆情预警是一套系统的体系，涉及运行管理和保障机制的配合。一般来说，网络舆情预警机制由两部分构成：预警工作流程和预警管理制度。有效的预警工作流程可以保证预警工作的全面、准确、精确；有效的预警管理制度可以保障预警工作落到实处，使预警的目的得以实现。预警流程一般包括信息搜集、汇集整理、分析评估、预警报警四个方面。预警管理制度包括预警组织管理和预警引导预案。

6.3.1　旅游突发事件中的网络舆情预警工作流程

传统意义上的旅游突发事件预警往往是通过人工研判完成的，借助人工经验进行判断，计算机仅完成统计分析等辅助功能。在新的网络媒体时代，网络舆情预警注重人工研判和计算机信息分析的结合，实现从突发事件舆情主题规划到危机处理的全过程管理。因此，可以设计包括舆情主题规划、舆情信息收集、舆情信息分析、舆情信息预警、舆情危机处理的突发事件网络舆情预警流程(见图6-1)。

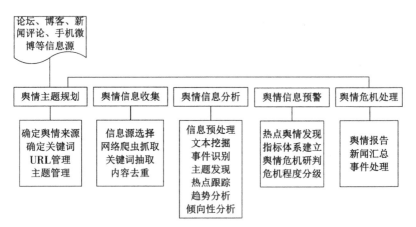

图 6-1　旅游突发事件中的网络舆情预警流程图

①舆情主题规划。这个阶段主要通过人工经验和计算机统计结合筛选出与旅游突发事件相关的舆情主题，如强制消费、宰客、景点门票涨价等，在此基础上确定舆情预警主题目标，并确定舆情采集源、主题词、分析方法、预警策略等，在此基础上部署预警任务。

②舆情信息收集。根据舆情主题规划任务从不同舆情源采集与主题相关的舆情信息，数据收集的渠道包括传统的网络媒体渠道和新媒体渠道。其中，传统网络媒体涵盖了新闻网站、网络论坛、百度贴吧以及各类即时通信工具；新媒体渠道主要包括各类自媒体平台及应用软件平台，如微信、微博、抖音、快手以及视频网站等。在具体操作时，可以重点选择门户网站旅游频道、热门旅游论坛、驴友朋友圈等作为主要信息源，通过搜索引擎爬虫抓取网页内容，从中抽取网页特征和关键词，并进行内容去重以提高信息采集精度。

③舆情信息分析。对采集的信息进行预处理，为进一步分析提供素材；利用数据挖掘、文本挖掘、统计分析等手段分析舆情信息，尤其是利用数据挖掘方法分析出热点舆情相关的事件、主题及发展趋势。值得注意的是，无论是根据数据建立指标体系计算风险级别，还是通过智能算法辨识舆情的涉敏因素，都需要大量的人力物力资源，尽量使得网络舆情数据立体化、全局化、动态化，将最

终得到的结果变得真实可信，并能够有效预测舆情的发展方向，根据预测结果及时进行舆论引导和处理，使事件过程健康发展。

④舆情信息预警。这个阶段主要借助舆情分析结果发现舆情热点，并建立突发事件舆情预警指标体系对舆情危机进行研判，给出危机程度分级结果和预警等级结果。

⑤舆情危机处理。对分析和预警得到的舆情信息结果进行分析、解释，生成舆情分析报告，根据分析报告结果，由系统或工作人员判定是否发出警报以及发出警报的级别，警报的发出要求准确性和时效性，及时将重要信息反馈给政府领导层级和相关部门，形成联动机制，在权威媒体上发布舆情动态并引导管理部门处理舆情危机。

6.3.2 面向突发事件处理的网络舆情预警机制

（1）舆情采集机制

想要有效地实现舆情预警和管理首先要采集舆情、掌握舆情，建立科学高效的舆情采集机制是突发事件舆情预警的第一步。信息采集工作作为舆情入口要保证信息的完整多样，在锁定核心舆情源的同时尽可能拓宽舆情收集渠道。目前，旅游网络舆情的发源地主要是涉旅网络平台和移动 App，如新浪搜狐旅游频道、中青旅等旅游企业网站、天涯社区旅游论坛、地方政府旅游门户、携程艺龙等移动 APP 以及 QQ 群、微信圈等关于旅游的社交网络，这些舆情源分布离散、结构异构、舆情信息表述多样，采集工作有一定难度。为了更好地采集舆情，我们可以一方面建立网络信息员制度，设置信息观测点和汇报点，通过人工手段筛选一些关键舆情点；另一方面，利用智能采集工具（如网络搜索引擎、智能 Agent 等）对各个平台发布的信息进行抓取，并根据预警需求定制得到采集结果。

（2）舆情监测机制

舆情监测机制的目的是及时准确地对旅游突发事件网络舆情的动向进行有效监控，动态不间断地挖掘和分析网络舆情中蕴含的网民情绪、行为和事件趋势等关键信息，自动生成简报、报告、图表等分析结果，并将最新情况及时反馈到相关部门和在舆情网站上发布。目前，很多旅游地区舆情监测工作主要靠人工完成，舆情采集质量和监测效果一般，监控实时性也较差，引进和采用互联网舆情监测系统成为大势所趋。同时，需要从两个方面建立舆情监测机制，一是日常监测，主要通过舆情监测系统对旅游网站进行扫描，从而及时了解突发事件动态；二是重点监测，当发生重大事件时，监测人员24小时不间断地对重点舆情源网站进行监控，及时对舆情信息的发展和走向进行预测分析。

（3）舆情预控机制

舆情预控机制主要是在既定预警标准基础上对网络舆情的安全级别进行评价，并根据不同级别对应的预警应急预案做出应急处理。目前旅游网络舆情预警指标体系主要围绕舆情主体（舆情媒体、网络报料者、关注网民）、舆情客体（引发舆情的事件）、舆情本体（信息内容、意见倾向）3个方面建立（见表6-3），监测到的舆情信息经分析后若发现超出预警指标阈值的情况，则进行预警评级（如理想安全、较安全、临界安全、较不安全、不安全等级别），并根据评估级别做出各类具有时效性、参考价值、战略意义的情报产品，为旅游管理部门、旅游企业等组织提供危机应对、市场营销、客户服务和战略管理等专题服务。

表6-3 旅游突发事件网络舆情预警指标体系

一级指标	二级指标	三级指标
舆情主体	媒体情况	传播媒体级别
		传播媒体种类
		传播媒体数量
	媒体关注	传统媒体关注
		网络媒体关注
		地域空间分布

续表

一级指标	二级指标	三级指标
舆情客体	网民情况	意见领袖数量
		发布帖子数量
		转发帖子数量
	网民关注	评论帖子数量
		点击浏览数量
	事件内容	事件主题性质
		事件危害程度
		事件敏感程度
		事件复杂程度
	事件爆发	爆料者影响力
		当事人影响力
		事件涉及范围
		事件变化情况
	事件扩散	次生事件情况
		其他领域扩展
		转化现实可能
		事件管控情况
		管控主体言行
		当地网络普及
		当地稳定状况
舆情本体	信息内容	意见倾向状况
		意见情绪状况
		意见争论情况
		意见内容指向
	信息形式	信息文本长度
		信息图片情况
		信息音频情况
		信息视频情况

（4）舆情发布机制

突发事件中的网络舆情信息发布是旅游突发事件处理的关键环节，也是网络舆情预警的目的之一。在旅游突发事件预警过程中，通过建立舆情发布机制选择舆情发言人、发布时机、发布内容及主要媒体，从而促进网络舆情的引导和正确处理。在旅游突发事件发生前后，网络舆情信息发言人通过各种网络媒体发布本地区、本单位在突发事件中的进程和处理结果，并在网上答复相关问题的处理情况，分析研判突发事件中的网络舆情，通过与公众互动正确引导网络舆情。

6.3.3　旅游突发事件网络舆情预警机制的保障策略

凡事预则立，不预则废。网络舆情预警机制的建立是一项系统工程，涉及组织、人员、技术等各方面因素，为了保障对突发事件的科学高效预警，我们既要在理念上树立"预防在先"的舆情预警观念，也要在人员组织和技术方面提供组织保障和技术支持。

（1）树立"预防在先"的网络舆情预警观念

旅游突发事件舆情预警机制的建立可以有效降低突发事件舆论风险，减少公共损失和不良影响。涉旅部门要树立危机意识，结合实际，建立机构合理、反应灵活、协调有序的突发事件舆情危机应急体系，健全舆情预警机制。同时，涉旅部门还应利用现代技术加强网络舆情监测，及时对突发事件的各种舆情进行风险评估，及时准确地发现网络不良信息，提前预警，增强舆情引导和调控力度，最大限度地缩小由突发事件所导致的不良影响。

（2）建立协调联动的网络舆情预警组织体系

目前，无论在地区层面还是国家层面，旅游行业都缺乏一个统一的网络舆情预警监控组织体系，网络舆情监控和预警涉及部门众多，包括官方网络媒体（如人民网、新华社）、政府网宣部门（如各级党委宣传部门网站)、专项内容管理部门(如广电、文化、工商、交通、教育、环保等)、执法部门(如公安局、法院)、行业主管部门(国家旅游局、工业和信息化部)等,这些部门种类繁多、政出多门、协调不强,旅游舆情预警及时性和质量大大打折,建立多职能部门联合,政府、企业与媒体互动的协调联动组织体系势在必行。在该组织体系中,政府是旅游突发事件舆情预警的主体,主要负责网络舆情网站管理和监控、区域网络文化和意识形态引导、网络安全保障、旅游公共服务、旅游突发事件应急等方面的管理工作;旅游企业是与旅游目的地政府并列的主体,是旅游突发事件的直接关系人,主要负责舆情监测、事件处置、新闻发布、网络沟通、善后恢复等事宜;媒体是突发事件舆情的集散地,在突发事件舆情预警中完成舆情监控、正能量引导等工作。值得注意的是,只有建立健康有序的政府、企业与媒体的联动关系,才能有效地利用媒体传递舆情真相,彰显主流价值。

(3)构建科学高效的网络舆情预警系统

构建旅游突发事件网络舆情预警系统是进行舆情预警管理的技术条件。目前,国内外研发了众多网络舆情监测预警系统,包括国内的谷尼、方正、TRS 和国外的 Review See、StatPac 等,这些系统均采用人工智能、数据挖掘、自然语言处理等高新技术,能提供对网络舆情信息采集、分析、处理、分类、监测和预警的全过程支持,但是现在市场上的类似产品都是通用产品,面向旅游行业的很少,对旅游突发事件预警能力针对性不强。因此,我们有必要构建一套适合旅游突发事件舆情预警的系统,系统由技术模块、业务流程、指标体系三部分构成,其中技术模块包括舆情规划管理、信息采集、信息处理、分析研判、报告服务等功能,能实现与旅游突发事件舆情预警流程的无缝对接;指标体系是预警系统的核心,可以根据旅游突发事件发生机理、网络舆情演化阶段等划分不同的指标体系,通过赋予指标权重给出预警阈值并实现预警。

6.4　旅游网络舆情预警指标体系的构建与实施案例

在旅游网络舆情预警的方法中，基于指标监测的方法因其易于测量、直观方便，是舆情预警最常用的方法。本节将采用此方法对旅游危机事件网络舆情预警的实施进行实证分析，探索方法的适用性和实施要点。

6.4.1　旅游网络舆情预警指标的选取

建立一个科学、系统且实用的舆情预警指标体系是实现网络舆情危机事件预警的重要依据。由于网络舆情发展的随机性、突发性等特点，涉及的各种因素也多种多样，每个影响因素对网络舆情危机的影响程度也不同，建立科学化的预警指标体系对预防和约束网络舆情危机事件扩散起着关键性作用。

（1）旅游网络舆情预警指标选取的原则

鉴于旅游危机事件发生演化具有动态、综合等特征，在具体的舆情预警指标确定方面需要体现如下原则。

第一，科学性原则。鉴于网络舆情是对客观事件的反映，舆情预警也应具备能相应客观地评价事物特征。因此，预警指标选取的科学性即在指标选择时合理、客观及准确，不是由评价人员根据个人主观臆断制造出来的。科学性还体现在舆情指标是一个科学的体系，各指标之间具有关联性和明显的区分度。

第二，可测性原则。旅游网络舆情蕴含着大量的网民对于旅游事件的情绪、态度、倾向等不确定因素，因此必须选取那些能够直接进行测度的指标。

第三，可靠性原则。网络舆情预警是为了及时识别风险征兆并化解危机，因此需要选取能够间接反映危机征兆、对危机进行可靠反应的指标。

第四，最小性原则。旅游网络舆情的产生演化是多种因素交互作用的结果，蕴含的动力机制极其丰富，反映出来的舆情指标体系也难以枚举，很多因素指标之间具有极强的交叉包容关系，选取满足需要的指标集既能减少预警测算的工作量，又能降低舆情预警复杂性而直击舆情事件本质。

第五，延续性原则。对于旅游网络舆情的预警需要考虑对其动态演化趋势进行预测，能够相对稳定地反映事件演化规律，选取的指标需要在时间上有一定的延续性。

（2）旅游网络舆情预警指标的确定

基于上述考虑，结合第二章旅游网络舆情要素及危机事件预警需求，本节拟以网络舆情的主体、客体、本体、媒介等要素为切入点构建预警指标体系，这也是在旅游网络舆情事件演化中起最重要作用的因素。其中，主体指的是互联网上的形成或参与舆情的网民，舆情的发展主要依靠网民主体推动；客体指的是引发网络舆情的旅游突发事件，旅游网络舆情的对象具有广泛性和较强的随机性；本体指的是网民发表的对于突发事件的态度以及情感倾向；媒介是网络舆情产生与发展的场所或载体，如互联网、论坛、新媒体等。

为了更加科学地确定，笔者运用 AHP 层次分析法构建旅游突发事件网络舆情风险监测预警体系，其主要思路是在专家调研和文献调研的基础上，将旅游网络舆情要素、旅游突发事件特点与预警现实需求进行有机结合，构建完整的指标体系，具体划分为事件、网民、相关部门（政府、景区）、媒体四个维度（即一级指标），再在一级指标基础上确定相应的二级指标。

一级指标中的事件属于网络舆情的起因。它可以进一步细分为事件热搜排名、事件危害程度和事件影响时长。网民属于网络舆情的主体，网民的态度和行为影响着舆情的走势，因此网民的行为可以作为第二指标，包括点击浏览量、发布帖子数量和网民情感倾向。相关部门包括政府和旅游企业等，属于网络舆情的调控主体，

229

能够在一定程度上影响和引导舆论走势，二级指标可以分为反应速度、处理效率和舆论的控制能力。媒体既可以是网络舆情的载体，也可以类似网民起到网络舆情主体的作用，其二级指标可以划分为媒体发文量、传播速度、媒体情感倾向。完整的指标体系如表6-4所示。

表 6-4　旅游突发事件网络舆情预警指标体系

目　　标	一 级 指 标	二 级 指 标
旅游突发事件网络舆情风险评估 A	旅游突发事件 B1	事件热搜排名 C11
		事件危害程度 C12
		事件影响持续时长 C13
	网民 B2	点击浏览量 C21
		发布帖子数量 C22
		网民情感倾向 C23
	相关部门 B3	反应速度 C31
		处理效率 C32
		舆论控制能力 C33
	媒体 B4	媒体发文量 C41
		传播速度 C42
		媒体情感倾向 C43

上述指标体系体现了旅游网络舆情危机预警的影响因素，各指标的具体内涵如下：

①事件热搜排名

事件热搜排名指标主要指与事件内容特征相关的关键词通过搜索引擎在网站或者自媒体上的流量排名，如在百度热搜、微博热搜等媒体上呈现的关键词排名。

②事件危害程度

事件危害程度指标指的是事件爆发后对于当事主体、旅游目的地经济、涉旅企业及社会政治、经济等带来的负面影响程度等。

③事件影响持续时长

事件影响持续时长指标主要指事件从曝光到平息持续的时间，一般以天或者小时为单位进行测算。

（2）网民

①点击浏览量

点击浏览量指标主要是指网民对与舆情事件相关的网页、微博等页面的访问量或点击量。一般来说，网民每1次对该网页访问均被记录1次；网民对同一页面的多次访问，访问量累计。

②发布帖子数量

发布帖子数量指标是指网民在网站、网络论坛、自媒体平台上发布舆情事件相关主题的内容数量。为了更好地把握发帖内容关注程度，网民对于发帖内容的回复数量也加权计入总数量。

③网民情感倾向

网民情感倾向指标是指网民在网络发帖、回帖中的网络言论透漏出的观点、态度倾向，一般为正面、负面、中性等。为了便于测算统计，对于复杂舆情往往借助情感辞典采用[0，9]或者[-9，9]之间的数值形式间接表达网民情感倾向趋势。

（3）相关部门

①反应速度

反应速度指标是指旅游管理行政部门、涉旅企业等主体对于舆情事件发生后的反应或者应对速度。

②处理效率

处理效率指标是指旅游管理行政部门、涉旅企业等主体从介入舆情事件、处理相关责任人到化解舆情危机的时间和效果。

③舆论控制能力

舆论控制能力指标是指政府相关部门（宣传、旅游主管部门等）在舆情演化过程中进行网络舆论的引导、干预和化解舆情危机的能力。

（4）媒体

①媒体发文量

媒体发文量指标是指各种网络媒体（含传统网站和自媒体平台）和传统媒体报道舆情事件的数量。

②传播速度

传播速度指标是指舆情事件利用媒体传播至受众的时间。

③媒体情感倾向

媒体情感倾向指标是指各类媒体报道舆情事件中的观点、态度倾向，具体测算和网民情感倾向类似。

6.4.2　旅游网络舆情预警指标体系的构建

为了更好地测算旅游网络舆情预警指标体系中的因子，本研究拟采用"AHP-模糊综合评价"方法，该方法是将层次分析法和多层次模糊综合评判法有机结合起来对决策问题进行评价，即通过层次分析法确定子目标和各指标权重，用多层次模糊综合评判法得到最终评价结果①。

（1）因素集的确定

确定研究目标的因素集是建立综合评价体系时需要首先考虑的。在确定旅游网络舆情的因素集时，主要考虑影响旅游网络舆情的一些关键指标，对关键指标体系进行划分，即 $U = \{ U_1, U_2, \cdots, U_n \}$。本书根据上节确定的舆情预警指标将基本因素集 U 大致划分成 4 个子集，对于评价因素 $U_i = \{ U_{i1}, U_{i2}, \cdots, U_{ik} \}$，将其细分为由 12 个具体因素形成的评价因素集合。

（2）评价集的确定

评判集指的是评判目标的评判结果集合。在建立评价集 $V =$

---

① 牛彩虹. 基于 AHP—多层次模糊综合评判的甘肃省田园综合体特色化发展研究[D]. 兰州：兰州交通大学，2021.

$\{v_1, v_2, v_3, \cdots, v_m\}$ 时，本书综合我国自然灾害预警等级划分标准与相关专家学者意见，将旅游网络舆情预警分为 4 个等级：蓝色预警（轻微严重，Ⅳ级）、黄色预警（一般严重，Ⅲ级）、橙色预警（比较严重，Ⅱ级）和红色预警（非常严重，Ⅰ级），即取 $m=4$ 对旅游网络舆情预警等级进行评价，以此确立的评价等级集合为 $V = \{v_1, v_2, v_3, v_4\} = \{$轻微严重，比较严重，相当严重，特别严重$\}$。

（3）指标权重的计算

根据本研究构建的旅游突发事件网络舆情预警指标，本书采用专家问卷调查法，调查对象为吉首大学等院校的专家学者。对照 9 级比例标尺分法：1 为同等重要，3 为稍微重要，5 为比较重要，7 为非常重要，9 为绝对重要，2、4、6、8 为相邻尺度的中间值。比较各指标之间的重要性，得到各级指标的判断矩阵：

$$B_A = \begin{Bmatrix} 1 & 3 & 2 & 1 \\ 1/3 & 1 & 1 & 1 \\ 1/2 & 1 & 1 & 2 \\ 1 & 1 & 1/2 & 1 \end{Bmatrix}$$

$$C_{B1} = \begin{Bmatrix} 1 & 1/3 & 1/2 \\ 3 & 1 & 2 \\ 2 & 1/2 & 1 \end{Bmatrix} \quad C_{B2} = \begin{Bmatrix} 1 & 1 & 2 \\ 1 & 1 & 1 \\ 1/2 & 1 & 1 \end{Bmatrix}$$

$$C_{B3} = \begin{Bmatrix} 1 & 2 & 1/2 \\ 1/2 & 1 & 1 \\ 1 & 1 & 1 \end{Bmatrix} \quad C_{B4} = \begin{Bmatrix} 1 & 1 & 1/2 \\ 1 & 1 & 1 \\ 2 & 1 & 1 \end{Bmatrix}$$

专家给出的判断结果具有主观性。若判断矩阵中存在微小误差，则可能导致整个矩阵出现矛盾，因此需要对判断矩阵进行一致性检验。一致性检验的指标为 $C.I = \dfrac{\lambda_{\max} - n}{n-1}$，然后通过查表可知 $R.I$（见表 6-5），最后计算一致性的比率：$C.R = \dfrac{C.I}{R.I}$，当 $C.R$ 小于 0.1 时，说明矩阵通过一致性检验。

233

表 6-5　平均随机一致性指标

阶数	1	2	3	4	5	6	7
$R.I$	0	0	0.52	0.89	1.12	1.26	1.36

本研究中各级指标判断矩阵的一致性检验结果如表 6-6 所示。

表 6-6　各级指标一致性检验结果值

判断矩阵	λ_{max}	$C.I$	$C.R$
BA	4.2427	0.0808	0.090883
CB_1	3.0092	0.0046	0.008849
CB_2	3.0536	0.0268	0.051559
CB_3	3.0536	0.0268	0.051559
CB_4	3.0536	0.0268	0.051559

由表 6-6 可知，各级指标一致性检验结果显示 $C.R$ 均小于 0.1，因此通过一致性检验。这说明矩阵的权重分配是合理的。运用 YAAHP（V7.5）软件得出其各级指标权重如表 6-7 所示：

表 6-7　旅游突发事件网络舆情风险评估指标权重

一　级　指　标	权重	二　级　指　标	权重	综合权重
旅游突发事件 B_1	0.3756	事件热搜排名 C11	0.1634	0.0614
		事件危害程度 C12	0.5396	0.2027
		事件影响持续时长 C13	0.2969	0.1115
网民 B_2	0.1767	点击浏览量 C21	0.4126	0.0729
		发布帖子数量 C22	0.3275	0.0579
		网民情感倾向 C23	0.2599	0.0459
相关部门 B_3	0.2403	反应速度 C31	0.4126	0.0992
		处理效率 C32	0.2599	0.0625
		舆论控制能力 C33	0.3275	0.0787

续表

一级指标	权重	二级指标	权重	综合权重
媒体 B_4	0.2704	媒体发文量 C41	0.2599	0.0539
		传播速度 C42	0.3275	0.0679
		媒体情感倾向 C43	0.4125	0.0856

6.4.3 旅游网络舆情预警典型案例剖析

2021 年 4 月 21 日晚,网络上传出张家界某导游辱骂游客"骗吃骗喝"的视频,引起了网友们的强烈不满。网友们在各大社交平台上对此事进行声讨,造成了严重的网络舆情。本研究选取此事件作为实证研究主要基于 2 个原因:第一,旅游景点具有代表性。① 张家界国家森林公园是中国第一个森林公园,也被列入全球首批《世界地质公园》,同时张家界市还是湘鄂渝黔革命根据地的发源地和中心区域,因此张家界在世界众多旅游城市中具有显著的代表性,是旅游城市的典型。第二,事件具有代表性。在旅游突发事件中,发生较为频繁的当属"黑导游"事件,在云南丽江、北京、东北雪乡、桂林等地均发生过此类事件。因此本书选取该事件具有普适性与代表性。

通过专家评分的方式构造判断矩阵确立各指标的权重 Ai,再通过发放问卷的方式,得到评价集隶属度矩阵 Ri,进而运用 $Bi = Ai \cdot Ri$ 得到第一级模糊综合评判模型,接下来,再由第一级模糊综合评判模型 B 和相对应的权重 A 得到第二级模糊综合评判模型,$Bs = A \cdot R$,得到整体评判向量,最终根据加权计算来确定其对应网络舆情风险等级。

(1) 数据收集与分析

为了获取网民对于此次事件舆论风险程度的认知情况,本书利

235

---

① 董坚峰,陈家鑫. 大数据背景下旅游突发事件的网络舆情治理[J]. 福建电脑,2021,37(12):17-21.

用问卷星 APP，在微博、微信、贴吧等社交平台上进行相关数据的收集，共收集到 156 份问卷，得到有效问卷为 151 份，有效回收率为 96.8%（见表 6-8）。

表 6-8　网民对"张家界导游"事件网络舆情的认识调查数据

二级指标	不严重	轻微严重	一般严重	比较严重	非常严重
C11	9(6.0%)	30(20%)	46(30%)	50(33.1%)	16(10.6%)
C12	8(5.2%)	30(20%)	39(25.8%)	58(38.4%)	16(10.6%)
C13	11(7.3%)	24(15.9%)	50(33.1%)	52(34.4%)	14(9.3%)
C21	4(2.6%)	27(17.9%)	40(26.5%)	62(41.1%)	18(11.9%)
C22	5(3.3%)	20(13.2%)	38(25.2%)	66(43.7%)	22(14.6%)
C23	3(2.0%)	20(13.2%)	48(31.8%)	64(42.4%)	16(10.6%)
C31	6(4.0%)	26(17.2%)	42(27.8%)	59(39.1%)	18(11.9%)
C32	3(2.0%)	30(20%)	47(31.1%)	50(33.1%)	18(11.9%)
C33	4(2.6%)	25(16.6%)	54(35.8%)	53(35.1%)	15(10.0%)
C41	7(4.6%)	29(19.2%)	41(27.2%)	46(30.5%)	29(18.8%)
C42	6(4.0%)	11(7.3%)	41(27.2%)	67(44.4%)	27(17.9%)
C43	4(2.6%)	27(17.9%)	42(27.8%)	54(35.8%)	26(14.4%)

①信度分析

本次问卷信度分析通过 SPSS 25 版本的可靠性分析进行检验。总体的标准化信度系数为 0.938，信度系数取值在 0~1，越接近 1 说明可靠性越高，所以本次调查的结果信度较好。

②效度分析

本次问卷效度分析是通过 SPSS 25，探索性因子分析的方法实现检验过程（见表 6-9）。

表 6-9 KMO 和巴特利特检验

KMO 取样适切性量数		0.941
巴特利特球形度检验	近似卡方	1164.921
	自由度	66
	显著性	.000

根据以上结果可以看出，KMO 检验系数为 0.941，其系数在 0~1，越接近 1 说明效度越好。根据球形检验的显著性也可以看出，本次检验的显著性无限接近于 0，拒绝原假设。

(2)实证分析

采用模糊综合评价法将网络舆情的风险评估分为 5 个程度：$R =$[不严重，轻微严重，一般严重，比较严重，非常严重]，并使 $R =$[1，2，3，4，5]，最后将分析结果进行加权，得到区间在(0，1]、(1，2]、(2，3]、(3，4]、(4，5]，风险程度依次递增，风险级别分别为五级风险、四级风险、三级风险、二级风险、一级风险。

由表 6-8 及表 6-9 可得评判向量：

$B1 = \{0.1634 \quad 0.5396 \quad 0.2969\}$。

$$\begin{Bmatrix} 0.060 & 0.200 & 0.300 & 0.331 & 0.106 \\ 0.052 & 0.200 & 0.258 & 0.384 & 0.106 \\ 0.073 & 0.159 & 0.331 & 0.344 & 0.093 \end{Bmatrix}$$

$= \{0.0595 \quad 0.1878 \quad 0.2865 \quad 0.3634 \quad 0.1021\}$

$B2 = \{0.4126 \quad 0.3275 \quad 0.2599\}$。

$$\begin{Bmatrix} 0.026 & 0.179 & 0.265 & 0.411 & 0.119 \\ 0.033 & 0.132 & 0.252 & 0.437 & 0.146 \\ 0.020 & 0.132 & 0.318 & 0.424 & 0.106 \end{Bmatrix}$$

$= \{0.0267 \quad 0.1539 \quad 0.2745 \quad 0.4229 \quad 0.1245\}$

$B3 = \{0.4126 \quad 0.2599 \quad 0.3275\}$。

$$\begin{Bmatrix} 0.040 & 0.172 & 0.278 & 0.391 & 0.119 \\ 0.020 & 0.300 & 0.311 & 0.331 & 0.119 \\ 0.026 & 0.166 & 0.358 & 0.351 & 0.100 \end{Bmatrix}$$

$$= \{0.0302 \quad 0.2033 \quad 0.3128 \quad 0.3623 \quad 0.1128\}$$

$B4 = \{0.2599 \quad 0.3275 \quad 0.4125\}$。

$$\begin{Bmatrix} 0.046 & 0.192 & 0.272 & 0.305 & 0.188 \\ 0.040 & 0.073 & 0.272 & 0.444 & 0.179 \\ 0.026 & 0.179 & 0.278 & 0.358 & 0.144 \end{Bmatrix}$$

$$= \{0.0358 \quad 0.1476 \quad 0.2744 \quad 0.3724 \quad 0.1669\}$$

整体的评判向量为:

$B = \{0.3756 \quad 0.1767 \quad 0.2403 \quad 0.2704\}$。

$$\begin{Bmatrix} 0.0595 & 0.1878 & 0.2865 & 0.3634 & 0.1021 \\ 0.0267 & 0.1539 & 0.2745 & 0.4229 & 0.1245 \\ 0.0302 & 0.2033 & 0.3128 & 0.3623 & 0.1128 \\ 0.0358 & 0.1476 & 0.2744 & 0.3724 & 0.1669 \end{Bmatrix}$$

$$= \{0.0440 \quad 0.1865 \quad 0.3055 \quad 0.3990 \quad 0.1326\}$$

经过加权计算后可知风险系数为 3.5925。因此此次"张家界导游辱骂游客"事件风险级别为二级。结合评估指标体系的权重来看，一般旅游突发事件的危害程度越高，其在社会上的热度持续时间越长，就越容易导致旅游网络舆情的产生。相关部门对事件的回应与处理方式以及媒体对于事件的态度、传播与渲染都在很大程度上影响了网络舆情的产生与风险等级。

(3)结论和建议

由上述案例可以看出，此次事件风险等级较高，舆情延续时间长，参与主体也多，为治理带来了较大的难度。但是，由于当地政府的及时介入和对舆论的及时引导，在张家界市政府、网民、媒体的共同努力下，事件得到较好的平息。该事件为旅游网络舆情治理提供了经验借鉴:

第一，引导网民营造良好网络生态，实现网民自治。网民既是舆情事件的当事人，也是舆情的传播者和参与者，通过营造良好网络生态空间，引导、规范网民言行，能将舆情消灭在起始阶段，实现无为而治。

第二，发挥政府、媒体作用，实现协同治理。舆情事件的解决离不开政府、媒体的支持，政府在舆情事件中应担任舆情第一回应人、第一解释人以及舆论引导人，媒体发挥舆情第一报道人、第一传播人，协作处理舆情是解决问题的关键。

第三，构建舆情预警研判体系，实现科学治理。在舆情治理中地方政府应结合网络舆情现状和地方公共管理部门舆情治理的现实需求，构建符合个性需求的舆情预警指标体系，与技术公司合作定制技术系统，从而实现科学治理。

第7章 旅游网络舆情治理

旅游行业突发事件网络舆情是一把"双刃剑"，舆情治理是否得当对旅游目的地形象建设具有正负两方面的影响。党的十九届六中全会审议通过的《中共中央关于党的百年奋斗重大成就和历史经验的决议》指出，"党高度重视互联网这个意识形态斗争的主阵地、主战场、最前沿，健全互联网领导和管理体制，坚持依法管网治网，营造清朗的网络空间"。网络舆情空间"主阵地、主战场、最前沿"的重要地位更加突出，也对旅游舆情治理提出了更高的要求。如何把握旅游网络舆情的演化机理，发挥政府舆情治理的主体作用，推进治理模式和手段创新，完善治理制度和法治建设，是应对当前旅游突发事件网络舆情的关键，也是国家治理体系和治理能力现代化建设的重点之一。

7.1 旅游网络舆情治理概述

7.1.1 网络舆情治理

网络舆情治理是国家治理体系的有机组成部分。早在2013年，十八届三中全会审议通过了《中共中央关于全面深化改革若干重大问题的决定》，《决定》首次从国家战略层面强调要加强互联网管理、打造清朗的网络空间环境，网络治理成为国家治理体系的组成部分。2014 年，网络安全和信息化领导小组正式成立；2018 年，领导小组改为中国共产党中央网络安全和信息化委员会，全盘负责网络安全和信息化领域的顶层设计和统筹推进，为国家层面的网络舆情治理提供了组织保障。2017 年，党的十九大报告指出"加强互联网内容建设，建立网络综合治理体系，营造清朗的网络空间"，对互联网治理与内容建设作出统一部署。此后，我国不断强化互联网管理和网络舆情治理的顶层设计，陆续出台了系列政策和法律法规，着力推进网络强国建设和提升网络治理能力，形成了具有中国特色的互联网治理"中国经验"①。

网络舆情治理是一项系统工程。网络舆情治理的主体是政府或从事公共管理的非政府组织，客体是网络舆情，网络是舆情传播和治理的载体。相比一般的政府公共治理，网络舆情治理更注重对于网络言论的引导、网络生态的监管和良好网络舆论环境的营造。因此，网络舆情治理并不是对于网民言论自由的限制，对公民正常上网秩序的干预，而是由网络公共管理部门为主导对各类互联网舆情信息尤其是负面舆情进行管控和引导，从而形成正常有序的网络舆论生态和打造风清气朗的网络环境的行为。网络舆情治理的最终目的是通过营造健康向上的网络舆情环境推进和谐社会建设，推进经济社会和谐发展。网络舆情治理同时是一项综合性工程，需要各有关管理部门通力合作，解决在虚拟空间上复杂多变的舆情传播演化所带来的问题及应对各类网络舆情危机。

从研究内容上看，网络舆情治理可以看作是网络治理的组成部分②。网络治理主要对象为网络空间、网络用户、网络行为及网络媒介及其承载的信息内容；网络舆情治理则是包括网络治理主体在内的多元主体对于网络用户发布的信息内容进行监管、研判、预警

① 陈廷. 中国特色的网络综合治理体系研究：建构逻辑与完善进路[J]. 国家治理现代化研究，2019(2)：39-60，243-244.
② 韩建力. 政治沟通视域下中国网络舆情治理研究[D]. 长春：吉林大学，2019.

和引导，涉及一整套治理机制、制度。从实践上看，我国自1994年全面接入国际互联网以来，积累了丰富的网络舆情治理经验，在治理主体、治理对象、治理方式和治理效果四个方面呈现出良好的互联网治理格局。

在治理主体方面，我国形成了"以公共权力为主导，多元主体协同治理"的网络舆情治理架构；在治理对象方面，互联网内容生产机构、互联网服务提供机构、互联网用户等均纳入治理对象，尤其是网络信息内容（如网络言论、网络出版、网络新闻等）是舆情治理的重要对象；在治理方式方面，技术、法制、行政、伦理均成为网络舆情治理的常用方式，尤其是网络技术治理、立法制约和行业自律成为舆情治理的常态化方法，在应对舆情危机、引导舆情发展等领域起到了重要作用；在治理效果方面，网络舆情治理的组织体系、制度保障、技术体系业已形成，网络舆情生成和传播的空间环境不断净化和改善，网络信息交流的秩序不断好转，网民的素质素养不断提升，网络舆情治理效果初显。

7.1.2 旅游网络舆情治理

对于旅游业来说，旅游网络舆情是随着现代网络技术在旅游行业中的应用出现的新事物，是网民（游客）在旅游体验中遭遇到的服务体验不佳、不公平对待或者其他问题在网络平台上的直接反映。网络平台作为相对独立、自由的言论集散地，使得与旅游相关的言论更加容易在平台中进行传播，形成舆情并不断发酵。但是，旅游网络舆情的治理并不是要求相关管理部门直接对于舆情问题进行管理或者处理，而是由旅游管理部门会同新闻、网监及其他相关部门对于舆情进行监管、引导和研判，引导网民舆情传播并化解舆情带来的风险或危机。通过对近些年发生的旅游舆情事件进行分析，可以发现其主要内容大多是围绕游客维权、对旅游场所安全、卫生、服务及管理的诉求，这些诉求内容对于旅游行业的规范可持续发展、社会经济的进行具有积极意义。从这种意义上来说，舆情治理主体应该辩证地对待旅游网络舆情，不能将它完全视作消极的事物或者现象，而应是积极引导舆情和净化舆情传播空间，进而维护旅游及相关管理部门的威信。

相比一般公共危机网络舆情治理，旅游网络舆情治理具有以下特征：

第一，综合性。旅游网络舆情治理工作的开展具有非常明显的综合性特征，这种综合性一方面表现为治理学科领域的综合性，另一方面源于旅游本身的跨行业性。从本质上来讲，网络舆情治理这项工作属于一项多领域交叉和多学科交流的治理工作。网络舆情治理的技术方法和手段来源于统计学、新闻传播学、情报学、信息学等多类学科的基础方法，尤其是随着大数据时代的到来，网络舆情治理工作又需要现代信息技术的辅助和支持，从而借助大数据技术来完成信息的收集、整理、分析和监测等核心治理环节，以此为基础构建起系统完备和科学高效的综合性网络舆情治理模式①。另外，旅游业本身具有跨行业特征，旅游中的"吃住行娱购游"六要素涉及公共安全、公共卫生、公共交通、公共服务等多个综合领域，舆情治理无疑是一项综合性工作。

第二，管理性。网络舆情治理是国家治理体系中的重要组成部分，因此以政府为主体的网络舆情治理体系具备一定的管理性特征，无论是国家相关政策法律的出台，还是行业调控及突发事件危机处理，旅游管理相关部门都发挥着重要的管理作用。尤其是当前旅游危机事件网络舆情多由游客对于旅游服务不满进行曝光而引发公众关注引起的，管理部门第一时间介入进行处理或者借助政府公信力第一时间澄清真相并引导公众舆论是舆情治理的重要环节。

7.1.3 旅游网络舆情治理中的重点关注问题

243

互联网的双面刃特性为网民抒发情绪、表达诉求提供了舆论阵地，也为负面网络舆情的滋生提供了沃土。所谓负面网络舆情，是

① 孙海文，陆腊梅，何毅. 大数据时代网络舆情治理模式探讨[J]. 数字通信世界，2020(3)：283.

指在互联网中围绕中介性社会事件的发生、发展和变化，网民对执政者及其政治取向所持有的消极的、否定的甚至是敌对的社会政治态度①。类似网络谣言、网络暴力等负面网络舆情的消极影响甚大，已成为近些年来群体性事件频发的直接诱因，也成为网络舆情治理需要关注的重点问题②。

(1)充斥在网络舆情中的网络谣言需要综合治理

不同于传统线下的人际传播，虚拟网络空间上的舆情传播具有匿名化、符号化特征，即传播主体身份往往是一个独有的网络代号。即使网络用户发表了与现实真实情况、社会伦理道德相悖的言论，也会因为信息不对称原因受到线下现实生活中的谴责甚至攻击。对于普通网民来说，在官方权威未介入之前，由于无法对发表的言论进行考证，容易与其他网民一起盲从这些所谓的"事实真相"。特别是对于一些涉及普通大众利益、容易触犯"众怒"的事件，网民往往倾向于根据个人情感沉迷于自己所希冀的"真相"之中，进一步加剧了网络虚假信息向网络谣言的转化。另外，传统媒体中的审核把关机制在网络上也常处于失效状态，网络编辑、计算机敏感词筛选无法完成对海量信息的一一过滤和把关，更无法保证传播信息的真实性，从而导致这些失真的信息传播至网络受众。

值得注意的是，随着中国互联网的普及化程度加快和网民规模的不断扩大，尤其是智能手机的普及，网络舆情生态呈现出越来越复杂的态势，网络谣言层出不穷。尤其是近年来出现了众多以商业营利为主要目的的"网络推手公司""网络公关公司"，他们为了获取不当得利，以规模化、专业化、职业化方式制造、传播谣言，大肆组织网络水军在互联网上制作虚假新闻或者故意扭曲事实来引发炒作和制造事端，严重污染了网络空间，破坏了网络生态，并阻碍

---

① 冯世强. 负面网络舆情及其治理研究［D］. 长沙：湖南师范大学，2010.

② 蒋大龙，马军. 网络舆情分析师教程［M］. 北京：电子工业出版社，2014.

了正常民意在网络上的顺利表达。网络平台本应是一个自由、平等、开放的公共舆论空间，能够让更多独立、理性、客观的声音在网络上百花齐放，而不是一边倒地只存在一种声音，也是各方舆论共同的期待，构建新时期的网络舆论的议事规则就成为一种必需，而要达成此目标，把隐藏在网络中的各种专业化、职业化制造网络谣言的力量清理出去也就成为旅游网络舆情治理的重要任务。

当然我们必须看到，打击网络谣言需在法律的框架下进行，要分清不同性质的社会矛盾。对于危害社会秩序等违法行为需要依法打击；而对于一般误信误传不实信息的网友主要的落脚点还是提高他们的媒介素养，增强他们识别真伪的能力。另外，仅仅采取措施是无法杜绝谣言的，如今的互联网上之所以谣言肆虐，与社会上还存在有培养谣言种子的土壤不无关联，很多谣言的出现是因为现实社会的公信力缺失，解决网络谣言要综合治理、生态治理。要想彻底根除谣言，净化网络环境，还需要相关的公共机构进行必要的信息公开，打铁还需自身硬，政府部门的信息公开透明才能挽回自身的公信力。公众缺乏的是对于言论的辨别能力，政府部门缺失的是官方的公信力。如何提高公众对于信息的辨别能力，如何重塑政府的公信力是比抓造谣者更为重要的事情。

（2）网络舆情中炒作和非理性因素值得关注

在旅游网络舆情这个大的网络场域中，游客、旅游消费者借助网络发布消息已经成为常态化现象，通过网络名人、意见领袖的个人影响力开展各种公益活动、监督公权力执行、追求旅游公共事件缘由也不少见。然而，也有部分网民、旅游企业为了个人利益进行炒作，比如，部分网民或者机构出于个人目的，发布具有噱头的信息引导网民围观或者吸引消费者购买产品和服务；有的发表言论时过于冲动而不详查真相，在无意中充当了谣言的传播工具；还有的为了满足网民猎奇心理，制作一些故弄玄虚、夸大其词的新闻或者故事，借此提升个人影响力和企业知名度，等等。如此种种，皆是网络中非理性因素的体现。在这种非理性因素甚至戾气的影响之下，违背社会公序良俗、触碰法律底线的事件时有发生。

245

可以说，网络舆论场流行的非理性因素及网络炒作不但破坏了网民对于网络媒体及网络信息的信任感，还降低了网民乃至社会公众对于网站、政府管理部门的公信力。在网民心中，互联网是政府管理下的舆论阵地，互联网是政府为网民进行信息交流开设的"第四媒体"，不断出现的虚假信息、网络谣言既颠覆了网民对于社会的认知，还助长了社会浮躁风气。一旦网民知悉其获取的网络信息是部分网站或者个人进行炒作的结果，他们会逐步失去对于网络的信任感，网络舆论场的正确舆论引导功能和社会真相阐释功能则不复存在，互联网最终成为没人相信的传闻、流言、谣言的聚集地，互联网信息传播"第四媒体"地位不保，进而出现社会信任危机。因此，在开展旅游网络舆情治理时，要特别关注网络舆情中的炒作行为和大量非理性因素，通过治理手段使其消失在萌芽阶段。

（3）网络舆情中网络暴力和非法因素不容忽视

众所周知，网络舆情作为积极的力量对促进社会和法制进步作出了巨大的贡献，无论是早期的"孙志刚事件"还是后来的各种"门"事件，都不同程度地影响了相关领域的监管和社会公序良俗的形成。然而，少数网络舆情事件在网络上会以一种非常态化形式进行传播，即经过网民热议或者在不法分子推动下走向极端，以另外一种对社会具有巨大破坏性的力量的形式出现，形成网络舆情暴力。相比传统暴力事件借助肢体或者工具对于他人进行伤害，网络暴力多通过网络言论、文字、图片、音频视频等形式对于网络上的个人或者特定群体进行谩骂、抨击、侮辱、诽谤等，从而造成他人"社会性死亡"甚至现实中精神失常乃至死亡的行为。网络暴力往往伴随着对于其对象隐私权、名誉权或者人身安全权利的损害，如网络上比较典型的"人肉搜索"。从法律角度来说，网络暴力大多属于民法典中的人身权侵害事件，应依法承担民事责任，严重者还可能构成侮辱、诽谤等刑事犯罪。

从实质上来说，网络暴力其实是一类特殊的网络舆情。第一，其表达方式仍是网络言论，只不过相较一般网络言论更加暴力极端。网络暴力的实施主体往往会以自己的道德标准、价值观为评价标准，对于与自身价值观相悖的其他网民行会作出偏激的回应，如谩骂、侮辱甚至诽谤，而且在表达意见时采用非常粗鲁和偏激的语言。第二，其行为空间仍发生在虚拟网络之中，行为方式多以网络打压甚至威胁为主。网络暴力多源于实施者对持不同意见网民的打击，实施空间仍在互联网空间之中，但多采用相对偏激的肆意攻击手段，以期被打击对象服软、认罪甚至受到实施者心理上认可的"惩戒"，使其"沉默"或者转移阵地。第三，其后果多对网络暴力对象产生精神和生活上的困扰，进而从影响个人到影响整个网络空间。无论是"人肉搜索"还是网络曝光，网络暴力均对其对象产生了各种困扰甚至侵害，如个人隐私、网络安全、个人尊严和人格等，也会间接对其家人、朋友甚至工作单位带来巨大的压力和困扰。

在旅游网络舆情传播中，"网络暴力"有更广阔的社会传播效应，不仅会给当事人造成直接伤害，间接地腐蚀社会的道德信任，甚至成为造成社会不稳定的因素，它比社会暴力有更恶劣的影响和更严重的后果。网络暴力形成的主要原因，在于网民的"非理性"状态，网民在互联网上表现出来的建立在"非理性"和"非逻辑"基础上的心理状态和具体行为，为网络暴力的发生埋下了伏笔。同时，网络具有"匿名性"的特质，身处互联网的虚拟世界里，很容易让人显露出与现实世界不一样的人格特点，肆无忌惮地攻击别人，"匿名性"是网络暴力环境的形成的重要因素之一，从具有匿名性的网络空间中发现网络暴力迹象并进行有效治理也是旅游网络舆情治理需要重点关注的问题。

7.2 旅游网络舆情治理模式

互联网的无国界性带来了网络舆情的全球性，全球化背景下的网络舆情治理成为检验世界各国政府公共治理能力的试金石。近年来，世界各国加大了网络治理力度，从多个方面探索了网络舆情治理模式：从全球网络治理范式演化路径看，全球互联网治理在大体历经从个人管理到以互联网名称与数字地址分配机构为核心的网络化治理后，正不断迈向"赋权社群"主导的、基于"多利益攸关方"模式的全球共治阶段演进。国外各国，尤其是发达国家高度重视对网络舆情的研究，已能因地制宜、有的放矢地发展出适合自身发展阶段的网络舆情治理模式。这些模式不仅对于我国网络舆情治理具有重要的经验借鉴，对于治理旅游舆情这一特殊客体也具有重要的指导意义。

7.2.1　国外网络舆情治理的特色模式

(1) 政府与社会协同治理模式

政府与社会协同治理模式，是指政府与其他非政府组织(包括社会组织、NGO 非政府组织、行业协会等)、社会大众、网络媒体等开展协作进行互联网治理的模式。其中，政府在网络舆情治理中处于主导地位，负责网络立法与制度体系建设、配套基础设施建设和推进网络关键应用技术的研发与应用，如内容分级过滤、网络交易认证等；而其他非政府组织则协作完成网络环境净化、行业自律、社会舆论引导等工作。美国、法国等国家是其中的典型代表。

作为世界互联网发源地及网络强国，美国具有相对成熟和规范的网络舆情治理经验。一方面，美国注重推进互联网法治化管理，在《信息自由法》《隐私法》等法律基础上制定了《电子通信隐私法》《计算机安全法》等全国性专门法律；同时，各州还结合地方互联网应用制定了法律法规，逐步形成适合具有当地特色的互联网治理制度体系。另一方面，美国注重从技术层面进行互联网治理，依托联邦通信委员会及互联网行业协会推进网络安全技术的研发与应用，如建立网络分级制度标准、研发网络安全认证技术和信息屏蔽技术、实现对网络信息内容的精准检索与过滤把关等以此推进网络舆情内容的动态治理。

法国的网络舆情治理也大体遵循政府与社会协同治理的路径，媒体在国家中的运行总体遵循自由原则，强化法律秩序和媒体自由运行的二者间平衡性。法国的互联网治理历经早期调控、自动调控和共同调控三个重要阶段。国家成立信息与自由委员会，颁布《信息技术与自由法》《戈弗兰法》等法律条文，在强化行业自律和网民自律的同时，遵从法治的框架逻辑，并充分发挥政府、网络技术开发商和网络用户三者之间的协商对话与协作，突出强化共同调控治理模式①。

可以看出，美国与法国在网络舆情治理中均强调国家与社会治理的协同联动，即既通过常规的法律手段和技术手段加强互联网管控和内容管理，减少网络舆情对于网络空间秩序和社会生活秩序带来的冲击，又借助行业协会、互联网企业、新闻媒体等社会力量推进行业自律和网民个人自律，在充分保障公民言论自由的同时实现政府对网络舆情的内容调控和网络舆情内容的动态治理。

（2）政府主导的监管治理模式

政府主导的监管治理是一种建立在政府对于网络舆情内容进行强制性介入和管控基础之上的治理模式，一般都需要相应法律、技术及舆情综合治理体系的支持。其中，新加坡、加拿大是开展政府主导的监管治理的典型代表。

作为一个非常强调国家安全与公共利益的国家，新加坡推行的是政府主导监管模式。在实践中表现为以下几个方面：第一，强化法律监管体系建设，把好互联网准入关。一方面，新加坡政府出台了《诽谤法》《煽动法》《广播法》等法律法规，规范媒体运营和言论，在此基础上制定了《互联网行为准则》，规范网络运营商、服务商及网民的网络行为；另一方面，新加坡相关法律法规规范了网络运营商、服务商的义务，包括网络谣言的监管、敏感关键词及不当网络内容的删除、强化网络准入机制等。第二，构建网络自律管理体系，加强网络内容审计。除了通过网络准入资格审核管控网络媒体和网民外，新加坡还重点对政治、宗教、文化、种族等领域的网络内容进行审核把关，出台了《互联网操作规则》《行业内容操作

249

————————

① 钱彩平. 国外网络舆情治理：特色模式、典型经验与现实启示[J]. 天津行政学院学报，2019，21(6)：43-49，86.

手册》等规范性行业文件实施网络内容筛选和过滤，以期将经过审核的内容呈现到网民和公众眼前。

与新加坡不同，加拿大政府构建了一套政府主导的网络舆情完备监管体系，即借助完备的网络监管立法体系和完备的网络监管组织体系推进网络舆情治理。在网络立法方面，除了早年发布的《信息获取法》《统一电子证据法》《隐私权法》外，2017 年还颁布了《网络安全法案》，涉及包括网络安全服务提供商的监管和许可在内的4 个网络安全监管领域。在网络监管组织体系建设方面，构建了先进的电子政务网络体系和应急管理体系，涵盖了包括国家情报服务部门、网络通信安全研究部门、网络安全事件响应部门在内的多个部门，如加拿大安全情报服务局、加拿大网络事故响应中心等均在其中发挥着重要作用。

可以看出，新加坡和加拿大两国均将政府定位为网络舆情管控的主导者及权威的管理主体，并通过完备的网络立法及先进组织管理体系推动网络舆情治理，进而形成科学合理的网络舆情应急响应机制和健全完备的网络舆情监管治理网络。

（3）网络自治型治理模式

网络自治型治理模式是一种建立在互联网行业与用户自组织形成的自律机制之上的治理模式。在这种模式下，网络服务提供商、内容提供商、网络用户自发组建行业协会或者其他组织，协商制定行业规则及组织纪律。网络自治模式与政府主导模式等网络他治模式相对立，充分遵循减少他治的必然要求，凸显网民和行业协会自律主导地位，能够有效规避政府在网络治理中存在的集权现象，但也不排斥政府服务和综合协调配套职能在网络治理中的作用发挥。其中，韩国、英国是推行网络自治型治理模式的典型代表。

韩国的自治型治理主要是借助网络实名制实现的，即通过规范网络运营商对用户真实身份的核准和监管来倒逼网络运营商、网民进行自治。2006 年，韩国国会通过了《促进使用信息通信网络及信息保护关联法》，规定各主要网站在网民留言前必须对其身份信息进行记录（即实施实名制认证），强化真实信息身份的核准和备案，形成网络运营商与网民自律自治机制；2021 年 2 月，韩国修订了《促进使用信息通信网络及信息保护关联法》，要求所有网站和移动 APP 需要主动屏蔽有关暴力、违法和涉嫌诋毁他人的文字及影像资料，通过技术管控和网民自律净化网络舆情空间，规避网络谣言的产生，从而保障网民权益。

英国在强化政府、国家安全部门和网民大众合作治理的同时，也突出强化自治型治理路径的实施。1996 年英国政府颁布了第一个网络监管行业性法规《3R 安全规则》，其中，"3R"分别代表分级认定（rating）、举报告发（reporting）、承担责任（responsibility）①。同年，英国成立了半官方性质的互联网观察基金会（Internet Watch Foundation，IWF），主要在行业规范《3R 安全规则》框架下承担网络安全监管和网络舆情管控工作。为了推进网络自治，IWF 与政府合作制定网络行业准则，推动网络用户自律自管、网络内容分级、用户安全教育和内容标注等工作。

在具体实施网络自治模式时，各个国家往往采取的都是政府前期加强与行业协会、网络运营商等多类自治理主体的合作，加强引导和监督；一旦多主体自治模式成熟，政府会主动退出并充分发挥自治型治理模式的优势，以更大的自主权推进行业协会和社会组织自主式网络治理作用发挥。

7.2.2 旅游网络舆情治理模式

相比公共舆情治理，旅游网络舆情治理因其跨行业、突发性强等特征有其特有的治理模式。

（1）政府与社会的协同治理模式

与传统政府主导的治理模式不同，旅游网络舆情由于涉及面广、舆情主体复杂、突发事件参与者多，需要采取协同治理模式。

---

① 新浪网. 互联网行业自律［EB/OL］. https://news.sina.com.cn/o/2005-02-06/10345069049s.shtml，2005-02-06.

政府与社会的协同治理模式旨在加强政府对互联网的规范、法规的制定，提高网络技术的安全和过滤效率，重视行业协会的作用，加强与民间的合作。[①] 在具体实施时，政府主要做好舆情治理相关法律法规及配套机制的建设，如出台网络管控法律、应急预案等。近年来，我国政府制定了从国家到地方的总体预案和部门预案，如《中华人民共和国突发事件应急法》《网络安全法》《国家突发公共卫生事件应急预案》《国家食品安全事故应急预案》等。另外，在加强法治建设的同时，旅游相关管理部门也要协同工信、网信等部门加强网络安全技术及行业标准规范的推广，比如制定网络安全分级标准、关键词甄别提取跟踪标准等，联合信息行业研发舆情监测与预警系统。在协同治理过程中，需要发挥行业组织、协会的作用，利用行业协会的影响力实现行业监管和舆情引导。可以说，政府与社会的协同治理既要发挥政府在制度建设、资源配置方面的主导优势，也不能忽视行业协会、社会公众在舆情治理方面的重要作用。

（2）"软硬兼施"治理模式

所谓"软硬兼施"模式，是指在相较于西方国家治理模式中常采用的协同治理模式，其更加强调政府主管部门对互联网内容的必要介入及控制，以及从软环境上加强行业自治及行业自律。如针对旅游舆情中频繁出现的网络谣言，旅游管理部门需要重视网络谣言的情绪化特征及对国家安全、公共利益、市场秩序的危害性，采取有效的管制措施。因此，在"软硬兼施"治理模式中，要从政策法律方面实施"硬措施"，加大舆情执法力度；还要出台配套的行业自律规范，如行业内容发布规范、审核操作流程等，对于涉及旅游舆情的管理部门、旅游企业、从业人员、游客、普通网民等各主体的权利、义务进行规范，进而形成完整的行业自律体系。

（3）网络自治型治理模式

所谓网络自治，是指由网络运营商、旅游企业积极组建行业协

---

① 黄禹然. 微传播环境下突发公共事件的网络舆情治理研究[D]. 昆明：云南财经大学，2022.

会或者自律性组织，协商制定行业规则与组织纪律并约束所有参与者进行舆情治理。这种模式强调网民、行业协会以及自律组织本身的自律性，不提倡强制干预，凸显政府服务和综合协调配套职能的发挥。一般来说，网络自治型治理模式比较适合旅游业态成熟、网络依赖性较强的企业，如在线旅服务商 OTA。如 2020 年 10 月，在北京市监管部门指导下，携程、去哪儿网、同程、艺龙等 5 家互联网旅游服务企业共同发布《互联网旅游服务行业自律公约》①。公约的出发点旨在加强在线平台经营者通过信息共享，对于损害消费者权益并造成严重影响的平台进行自治性质的处罚，将其纳入黑名单。同时，借助《公约》等自治型治理渠道，能够进一步建立健全互联网旅游服务业务标准化流程，公示服务项目，规范旅游服务行为，进而规避大数据杀熟、零负团负面问题。可以说，网络自治型治理模式能够在旅游业中形成"企业自治、行业自律、社会监督、政府监管"的新型网络舆情治理机制。从管理上看，这种模式需要以企业自治为主，才能更好地推进行业自律，而政府监管则放在最后。但从具体执行上看，政府部门的监督决定监管底线，所以需要按照"政府管平台，平台管供应商"的思路来进行管理。

7.3 旅游网络舆情治理策略

7.3.1 培养网络舆情治理观念，树立现代旅游公共服务理念

253

近些年，随着政府对于旅游行业治理的推进及网络舆情治理的不断重视，旅游突发事件网络舆情治理相关的前期技术工作如信息采集、预警研判与危机评估工作取得了相当大的成效，旅游网络舆

---

① 搜狐网. 线上旅游业自律公约，打造北京行业自治新业态 [EB/OL].
https://www.sohu.com/a/428446410_120586932, 2020-10-30.

情的技术治理格局基本形成。但是，对于旅游网络舆情这一突发性强、涉及面广、演化错综复杂的舆情对象，在开展治理时仍存在"重管理轻治理、重处置轻监测"的现象，尚未形成旅游网络舆情现代化治理的理念，加之旅游网络舆情治理涉及行业及部门较多，政府管理部门对于舆情治理的角色缺乏清晰的定位，导致舆情治理效果不佳。基于这种情况，政府公共管理部门在开展旅游网络舆情治理时，需要加强网络舆情治理观念的培养，牢固树立现代旅游公共服务理念。

首先，加强对于旅游网络舆情治理规律的认识。对政府而言，网络舆情是一个新生事物，需要不断探索和认识舆情生成演化及治理规律。互联网及移动互联网的应用和推广，为社会公众提供了新的话语渠道，也为旅游者发布旅游体验、表达利益诉求提供了平台。在旅游行业突发事件发生后，不同地区的社会民众会迅速在网络聚集，发布信息、表达观点、提出诉求，不断扩大事件的影响范围，形成网络舆情，并对旅游目的地、政府、当地旅游行业产生影响。其中，蕴含在其中的负面评价，尤其是网络谣言会直接降低游客的出游意愿，损害当地政府形象。因此，厘清舆情事件规律是理顺舆情治理规律的前提，组织政府管理人员、旅游企业管理人员及从业人员参加旅游网络舆情专题培训则是加强规律认识的必要步骤。

其次，转变传统的舆情治理思维方式，重新进行角色定位。面对旅游行业突发事件网络舆情，政府不仅是网络信息的接收者、官方信息的发布者，还是舆论风向的引导者、网络舆情的治理者。①基于这种定位认识，政府管理部门既要转变传统的对待网络舆情信息的瞒、删、封等治理思维方式，积极履行舆情真相阐释、舆情引导的重要责任。首先，政府要积极扮演旅游网络舆情传播者的角色，作为舆情阐释的最佳对象，政府应该通过网络议题设置、新闻发布会等形式将事件真相、后续处置方式等正确舆情信息传递给网

① 魏颖.内蒙古旅游行业突发事件网络舆情政府治理研究［D］.呼和浩特市：内蒙古师范大学，2021.

民，与网络媒体合作进行舆情疏导，引导舆情向正面演化。其次，政府要积极扮演舆情阐释者及平等对话者的角色，一旦出现旅游网络舆情，政府绝不能仍摆出一副高高在上的姿态，而是要抱着解决问题、化解矛盾的心态与广大网民、游客进行平等对话，耐心阐释事件经过及解决措施。随后，政府要学会团结广大网民和媒体，寻求他们的支持和呼应，形成"政府——媒体——网民"协同发声的舆论场域，在最短的时间内化解旅游网络舆情危机。

最后，把握旅游舆情治理需求，树立现代公共服务理念。舆情治理的终极目的是提升游客服务质量，实施导向是建立现代公共旅游服务体系。为了更好地应对旅游网络舆情，政府及公共管理部门应该从梳理舆情治理需求入手，以服务游客为出发点，厘清舆情事件演化中的各种矛盾，为旅游消费者提供有针对性的公共服务。在治理过程中，政府应该尽量本着客观公正、为民服务的原则，实事求是地对舆情事件及影响进行回应，积极与媒体、网民合作推进舆情空间的净化与舆情的治理。

7.3.2 划分舆情事件发生类别，打造相关主体主动负责机制

在旅游网络舆情发生过程中，由于事件诱因不一、涉及主体不同、发生时空各异等原因，旅游网络舆情事件呈现出不同的类别，按类治理也是当前舆情治理的主要原则。其中，在旅游舆情事件中，按涉事主体分类最为直观，如涉及旅游管理行政部门、执法人员、旅游企业、从业人员、导游、旁观者、网络意见领袖、其他等。这里之所以把导游单独列出来，主要是因为导游作为一类特殊的旅游从业人员，在旅游网络舆情事件中扮演了重要的角色。据不完全统计，这些年发生的旅游网络舆情危机事件中，有近1/3与导游有关，或者是导游伙同旅游企业（如旅行社、酒店、餐馆、景区商店等）诱发的。在这种情况下，厘清各类参与主体的责任，以此为依据引导各主体承担责任，进行舆情治理和危机处理势在必行。

首先，按涉事主体划分舆情事件类型并确定责任。在上述不同

255

的涉事主体中,其在舆情事件中的作用地位是不相同的,如在涉及消费欺诈的旅游舆情事件中,旅游管理部门、涉事企业、旅行社及导游(跟团游的情况下)、旅游消费者、其他网民等是涉事主体,其中,管理部门、企业则是主要责任人;同理,在旅游执法不公导致的舆情事件中,执法人员、管理人员则是责任主体;在黑导游、"零团费"类舆情事件中,旅行社、导游和旅游监管部门则是主要责任主体;在涉旅网络谣言事件中,传播网民、意见领袖等则是责任主体。在厘清责任基础上引导该类群体主动应对舆情,是舆情治理的重要环节。

其次,引导不同主体意识责任并主动担当作为。在旅游舆情事件中,政府管理部门应该引导不同参与主体及时意识到自身的责任,主动利用自己在社交网络平台的官方账号进行突发事件的关键信息披露,如及时公布事件真相、处理措施、事件进展等情况,并借助意见领袖、网络发言人积极引导事件话题的群体情绪。同时,行业监管部门、旅游媒体还应积极发声,把握好舆情阐释的时机和话语主动权,尽量避免网络舆情传播中外界因素对事件真相的干扰和对舆论的诱导,尤其是网络意见领袖、营销号等。

最后,建立全过程的舆情主体担当作为机制。旅游网络舆情相关主体对于舆情事件的处理和担当作为贯穿在舆情事件全过程,如事件前的预警和舆情态势研判,事件中对于舆情的回应和及时发布信息,尤其是对于公众质疑、事件处理效果的回应,事件后的善后处理和反馈改进。全过程担当作为机制体现了旅游管理部门、媒体等主体维护公众权益、利益的价值观念,能够有效推进舆情事件的解决和保障良好网络舆论生态环境的形成。

7.3.3 识别舆情发展演化阶段,健全官方网络舆情引导策略

在厘清旅游网络舆情传播演化规律基础上,通过构建舆情传播阶段识别模型,判断媒体传播中的情绪演变趋势及舆情演化所处的阶段(如第三章所阐述的,旅游网络舆情发展演化分为若干阶段,

如孕育阶段、爆发阶段、高潮阶段、回落阶段、长尾阶段等）。尤其是在孕育阶段，网络舆情尚未爆发，采取相应的舆情管控措施和疏导策略是最有效果的，因此，健全以政府为主导的官方网络舆情引导机制是最为重要的。

首先，政府及相关管理部门事前积极引导可以掌握舆情阐释主动权。旅游网络舆情的爆发，大多是游客个人利益受损与公共管理缺位相辅相成的产物，也有部分是往年类似事件未得到妥善解决诱发的。因此，政府管理部门在事前舆情孕育阶段或者酝酿期加强对相关舆情的引导，第一时间掌握对于舆情事件的话语阐释权，主动公布舆情演化发展信息，不推诿、不逃避责任。

其次，建立健全舆情宣传疏导机制能够及时预控事件向坏的方向演化。一旦舆情爆发，与之相关的网民对事件的持续关注和情绪、意见不断释放，网络关注不断攀升从而进一步推动事件演化。在这个阶段，政府相关部门及时利用舆论宣传工具进行舆情的干预和引导，可以帮助网民了解真相，疏导网民和普通民众情绪，引导良好价值观念的建立。

最后，利用新媒体全过程与网民互动提升政府公信力和推进事件解决。旅游网络舆情具有较强的动态性，仅靠传统媒体及官网的舆情报道和跟踪可能无法及时干预舆情进展和解决事件。政府相关部门可以借助网络新媒体平台和工具，在社交媒体平台和网站上全过程与网民互动，实时公布事件进展，公开表明对于舆情事件的立场和态度及相应的处理意见，最终促进舆情事件的圆满解决。可以说，畅通的沟通机制也是树立政府公信力的有效途径。

7.3.4 治理舆情传播网络空间，关注网络媒体社会情绪动态

旅游网络舆情的产生、演化都是在无序的互联网空间内完成的，做好舆情治理的首要任务就是做好网络空间治理。早在2016年，习近平总书记在北京主持召开网络安全和信息化工作座谈会就强调"我们要本着对社会负责、对人民负责的态度，依法加强网络

257

空间治理，加强网络内容建设，做强网上正面宣传"，指出了建设网络良好生态，维护网络空间安全的重要性①。同时，出于商业利益或个人利益考虑，部分网民群体为获得流量和关注，形成了独具特色和影响力的网络"意见领袖"，他们在旅游网络舆情中要么扮演"网络大 V"透露内幕，引导和阐释舆情信息，要么以"营销号"的形式进行话题引导和过度解读，从而进一步加剧了舆情事件话题在网络空间里的讨论和传播。更有甚者实质上是破坏社会稳定和旅游市场秩序的不法分子，别有用心地煽动闹事和破坏社会稳定，是舆情治理中的不稳定因素。

首先，加强网络舆情空间治理的各项配套措施建设。一是继续加强互联网基础设施建设，以现代 5G 等技术为主导建设互联网；二是加强网站监管，完善网站域名备案审核制度；三是建立健全网络空间综合性评估体系，对网络空间发展情况进行系统性评估，构建良好的网络生态；四是提升网络空间治理法治化水平，加快厘清、调整有关网络空间治理的各项法律法规关系，完善相关衔接配套，以建立健全网络空间综合治理体系为目标，积极完善网络空间的立法机制和法规体系，强化网络空间治理的制度支撑，并加快建立长效治理工作机制，加强网络空间建设与管理②。

其次，区分舆情参与人群属性，实现分类治理。利用大数据分析、语义分析等技术对旅游舆情事件中的情感倾向进行识别，区分旅游危机舆情事件爆发时参与人群属性特征，有效识别哪些是盲目跟风的，哪些属于别有用心的（如造谣惑众分子、网暴实施分子、煽动闹事分子等），哪些属于恶意攻击的，并根据不同群体采取不同的治理策略，如对于盲目跟风地进行引导，对于别有用心的进行网络噤声，对于恶意攻击的实施抓捕和惩处，最终实现舆情监管、

① 人民网-中国共产党新闻网. 推进网络空间治理 习近平这样部署［EB/OL］.［2021-04-17］. http://cpc.people.com.cn/n1/2021/0417/c164113-32080488.html.

② 我国网络空间治理现状及发展趋势［EB/OL］. http://www.71.cn/2022/0419/1165276.shtml.

疏导和治理的一体化①。

最后，关注群体舆论情绪动态，杜绝网络群体事件发生。在旅游舆情事件中，网民表达的情绪具有传染性，特别是那些涉及权益受损、利益分配、公平正义的事件极易引起极端情绪，容易让网民和公众失去对事件本身理性的思考，进而"跟风"引发相关群体对社会、政府、旅游行业的对立情绪。对于此类情绪及时介入并跟踪引导，能够有效避免网络群体性事件的发生和演变。

7.3.5 强化网络世界法律监管，制定社交平台信息审核制度

在网络新媒体环境下，旅游舆情随着以微博、微信、抖音、B站为代表的社交媒体得以肆意传播，逐步从普通的事件吐槽、倾诉上升到对当事人的恶意批判和攻击乃至网络暴力。更有甚者，部分社交媒体上的言论已经触及体制、文化、道德和人性的攻击，充满了对社会制度的抱怨，对国家治理的攻击，严重破坏了社会安定团结和社会稳定。从法律监管角度规范网络言论，营造风清气正的网络舆情传播环境是舆情治理的当务之急。

首先，加强网络世界法治建设和监管。一是制定网络安全相关的法律法规，如综合性法律《中华人民共和国网络安全法》(2017)及相关解释法；二是制定网络数据管理和个人隐私保护相关法律法规及条例，如《数据安全管理办法》(2019)、《关于开展 APP 违法违规收集个人信息专项治理的公告》(2019)；三是制定社交媒体平台信息传播相关的条例，这些应该是由行业主管部门主导完成；四是加大对旅游网络立法的研究和探索，针对旅游网络行为和言论进行立法实践，从法律层面规范网民行为，在保障网民权益的同时规范网民在互联网的行为和言论。

其次，制定网络准入制度和社交平台信息审核制度。通过制定

259

---

① 李靖宇. 新媒体背景下社会突发事件网络舆情传播特征与治理研究[J]. 新媒体研究，2022，8(8)：11-14.

网络准入制度和信息审核制度，把好社交平台接入互联网的事前审计关，规范广大网民在社交媒体上发布信息的内容和形式。同时，各个社交网络平台自身要设立信息审核部门，精准识别和重点监管社交平台上不良的网络博主和意见领袖，建立黑名单和举报制度，对于一批恶意的网络"营销号"、段子手进行严惩。

最后，培养网民旅游网络素养，引导网民正确行使权利参与管理。加大对于普通网民的培训和引导，逐步提升网民的网络舆情认知水平和在互联网上的法律意识、维权意识、参与管理意识，引导正确的价值观念，最终形成政府与媒体、网民共建共享、正能量传播、社会监督与治理的新型网络空间。

7.4　大数据背景下的旅游网络舆情治理

作为云时代的产物，大数据是继物联网、云计算之后新的技术热点和商业应用模式。大数据既是一种技术范式，能够充分实现海量数据的技术整合，并推演出其中的数据关联和数据规律；又是一类特殊信息资源，是政府管理部门、企事业单位制定决策、提升竞争力、预测市场和行业前景的数据依据，也是政府管理部门实行科学管理和治理决策制定的重要依据。对于旅游网络舆情来说，涉旅舆情主体数量多、舆情演化复杂、突发事件与舆情交互性强，舆情信息大数据化特征明显，成为当前舆情治理的难点。

7.4.1　大数据背景下的旅游网络舆情治理方式

大数据背景下的旅游网络舆情治理是一项系统工程，涉及政府、媒体、网民等多类主体，治理手段涵盖技术、行政、伦理等多种方式。网络舆情技术治理是主要手段，借助技术手段实现舆情监测和分析，提供舆情预警；舆情行政治理则主要借助公共管理部门采取行政干预、政策调控等手段进行舆论引导、事件解决；舆情伦理治理则通过营造良性网络空间，引导网民自律自治完成，是一种辅助手段。

（1）旅游网络舆情技术治理

这是旅游网络舆情治理的主要手段，借助大数据分析、人工智能、智能信息处理等技术方式对网络舆情的载体、内容进行采集、监测、分析、处理，进而研判舆情发展态势、预警舆情风险等级，提出治理策略。通过网络舆情技术治理，可以实现对旅游网络舆情的精准引导、精准监管、精准掌控。

在技术治理方式中，大数据技术起到关键作用[1]。

①改变了舆情数据采集方法。

网络舆情信息的本质是离散于网络空间的网络新闻、用户评论及用户行为数据（如访问记录、频次、偏好等），大数据技术的应用，将舆情数据采集层面从依附在网络媒体上的表层信息文本内容拓展到深层的用户行为数据和行为模式，进而形成更加全面、深层舆情数据分析源。借助大数据技术的支持，游客在旅游平台、旅游体验中产生的商品搜索信息、服务体验信息、网络交易信息、社群交流信息等可以为旅游网络舆情研究提供更加真实可信的动态数据集，避免传统"抽样调查"数据采集中样本数据偏少、采集深度不高带来的弊端，最大限度地减少舆情分析中个体信息噪声对最终结果的影响。同时，借助机器学习算法、关键信息提取、自然语言理解等大数据分析后形成的数据群体样本与特征也能有效地提高数据结果的可信度和准确度。

②改进了舆情测量评估方法。

相比传统散布在纸质载体、音频视频设备中的记录型信息，互联网能够利用数字化形式保存网络意见、网民评论以及其他交互式舆情信息。这些信息能够方便网络爬虫进行抓取和保存在数据库中，更易于进行词频统计、关键词分布、情感倾向测度等量化分析，进而构建舆情评估模型和分析用户习惯、兴趣和行为信息，这

261

① 张俊杰. 大数据在网络舆情治理中的应用[J]. 中国国情国力，2021（1）：42-45.

些都是进行网络舆情分析的基础。基于网络环境下的舆情评估，可以让管理部门清晰了解网民群体对于舆情事件的态度、舆情话题的传播扩散过程及影响，进而制定后续治理决策。

③提高了舆情预测分析精度。

相比传统的基于小样本集、静态数据的分析预测方法，大数据方法基于海量动态数据从多个维度进行分析预测，从无序舆情数据集合中推演出舆情演化规律、群体情感倾向、群体行为模式等舆情治理中的关键信息。可以说，大数据技术在舆情治理的应用，一方面避免了传统舆情分析预测的滞后性，实现了对舆情动态预测；另一方面优化了舆情分析预测方法，避免了传统经验主义、定性分析中缺少量化分析的不足，对于解决复杂网络中的非结构化数据信息分析具有重要作用。尤其是大数据分析预测的结果往往以可视化图表、知识地图等形式呈现，科学性和直观性更强。

（2）旅游网络舆情行政治理

这是旅游网络舆情治理的传统手段，主要是借助政府行政手段（行政立法、行政监管等）对旅游网络舆情的各类主体、舆情客体进行监管和引导，最终塑造风清气正的舆情空间。

在网络舆情行政治理中，政府起到了主导作用。

第一，行政立法是行政治理的基础。"不以规矩，无以方圆"。只有加强法治建设，完善网络舆情相关的法律法规，弥补法律的空白和漏洞，才能从容应对各种网络舆情突发事件，不畏惧网络舆情的负面炒作。同时，行政治理还要注意加强行政执法，规范执法行为及建立网络舆情管理责任追究机制，建立执法台账以增强行政执法信度，加强对网络舆情的监测研判。通过加强法治建设，也有利于营造和谐稳定的社会氛围，维护良好的社会秩序，在群众遇到难题寻求有关部门处理时，有关部门能有法可依、有法必依，妥善解决群众的难处，真正做到让群众满意，在群众将现实矛盾反映到网络上之前就及时将问题给解决，从而减少网络舆情对相关部门工作的负面作用。

第二，政府响应是行政治理的关键。政府响应是各级政府机关对于舆情事件响应情况，主要包含响应速度、响应态度和响应层级等指标①。

舆情事件发生以后，各级党政职能部门能否及时发挥重要作用，现行相关法律法规是否严格执行，党政主要领导人是否重视和及时响应，是否及时迅速召集相关主体和管理部门进行事件应对和处置是考量政府响应的重要依据。从长期的舆情监测来看，虽然"政府响应"已成为政务舆情应对重要指标，也越来越受到各级党政部门和领导人的重视和践行，但是近年来，在"政府响应"方面出现的舆情应对失当的案例仍然占据多数。

第三，舆情引导是行政治理的有效渠道。舆情引导就是对监测到的网络舆情动向，通过官方或者官方指定的舆情信息评论员进行网络舆论导向，发挥意见领袖的积极作用，对日常舆情开展引导。在具体实施时，一方面对于突发舆情进行实时评论，及时跟帖批驳舆情中的负面情绪或者反面声音；另一方面通过发帖、跟帖等形式发表引导性评论，及时发布正面观点或者真相信息。

7.4.2 基于大数据的旅游网络舆情云治理平台

2015 年政府工作报告中，李克强总理提出了"互联网+"行动计划，要求大力推行大数据、云计算、物联网等信息技术在社会治理领域中的应用，而智慧旅游的发展也对旅游网络舆情系统化、信息化提出了要求，借助大数据、云计算等现代信息技术搭建舆情治理平台，是实现旅游网络舆情治理现代化的重要途径。

263

（1）平台构建原则

基于大数据的旅游网络舆情云治理平台充分运用大数据、云计算、人工智能、区块链等现代信息技术，突出舆情智能分析和研判

① 易婷. "凤凰收费"事件中的网络舆情研究［D］. 长沙：湖南大学，2014.

作用，具有舆情数据分析更准确、舆情监管服务更精细、舆情研判决策更智能、使用体验更便捷、平台访问更安全等五大鲜明特点。借助大数据舆情分析平台，能够实现网络舆情监测、分析和治理的"智治"。基于此，平台构建应遵循以下原则。

第一，以数据共享和资源集成为开发导向。旅游舆情治理是一项公共管理事务，涉及的舆情数据多为旅游公共业务，牵涉的部门也非常多，既有旅游目的地管理部门，也有客源地、途经地及网络管理部门。为了发挥大数据分析的作用，平台需要将所有的舆情数据存储在云端，将各种数据资源集成为标准化数据，平台用户根据相应的权限进入平台获取资源和享受服务。

第二，以混合云为服务模式。旅游网络舆情载体多为公共网络空间（如新闻网站、论坛等），也有部分分布在游客或者网民个人空间（如微博、微信朋友圈等），这样的舆情分布规律也为当前舆情治理云平台搭建提出了要求，即单一的公有云和私有云均无法满足舆情治理要求。公有云拥有统一访问的开放接口，但安全性差；私有云搭建成本高，访问困难。因此，可以考虑利用混合云模式提供舆情服务，即将网络舆情的标准数据、公共数据存储在公有云端，以便大数据服务开展；将网络舆情的隐私数据、分析研判结果数据存储在私有云端，实现安全保障。

第三，以数据服务为业务导向。作为公共舆情治理平台，大数据服务开展是平台功能实现的保障。旅游网络舆情大数据特征明显，海量的舆情信息适合通过文本挖掘、语义情感分析等大数据分析算法来进行分类、聚类、情感倾向识别等操作，从而更好地完成舆情监测、研判和预警业务。基于大数据分析的数据服务为舆情工作业务开展奠定了技术基础。

第四，以用户需求和信息公开为服务导向。旅游舆情信息服务既面向公共管理部门，也是智慧旅游的有机组成部分。在设计云治理平台时，应该坚持以顾客为中心的服务理念，设置用户服务功能板块，同时及时向用户公开公共信息。

第五，以信息安全为平台保障。网络舆情平台既是一个服务平台，也是一个数据平台，涉及大量旅游用户信息和舆情信息。在设计云治理平台时，应该充分考虑系统的安全性，包括数据接口安全、数据安全、系统运营安全等。

（2）平台架构

基于大数据的旅游网络舆情云治理平台是针对传统舆情平台在开展舆情分析预警时存在的实时性差、舆情分析结果精度不高的问题提出的新思路，平台基于 Web 数据挖掘这一典型大数据分析技术在舆情信息分析和知识发现中的优势，综合应用 Web 挖掘、语义分析、信息集成等大数据技术，平台体系构建如图 7-1 所示。平台架构包括舆情采集层、舆情挖掘层、舆情分析层和治理应用层等4 层，集成和整合了旅游网络舆情分析预警与治理全过程的重要功能，实现突发事件网络舆情采集、分析处理、危机预警的自动化、智能化和实时化①。

①舆情采集层

舆情采集层是本系统的最底层，主要负责完成旅游网络舆情信息的采集和预处理，为舆情挖掘和分析提供所需的数据。在采集时，一方面可以利用聚集爬虫对各主要门户网站、新闻网站、时事论坛、微博和博客、BBS 论坛、新媒体 APP 等进行信息抓取，获取最新动态；另一方面，可以结合近年来旅游突发事件相关的舆情多发主题，对网络曝光率和点击率较高的微博/QQ 空间、主流论坛/BBS、知名门户网站、各大网络媒体、知名人士博客/空间、主流搜索工具、国外媒体等网络新媒体上的信息进行实时监测，及时采集敏感信息。对采集回来的舆情信息网页进行 URL 抽取、网页解析、关键内容提取等处理后整理存储到舆情信息库中。

②舆情挖掘层

舆情挖掘层主要完成对舆情信息库中信息内容的多维挖掘和处理，利用 Web 挖掘技术对网络舆情的内容、结构和使用记录进行挖掘。为了更好地实现对旅游网络舆情突发事件的监控和预警，在

265

---

① 董坚峰. 基于 Web 挖掘的突发事件网络舆情预警研究［J］. 现代情报，2014，34（2）：43-47，51.

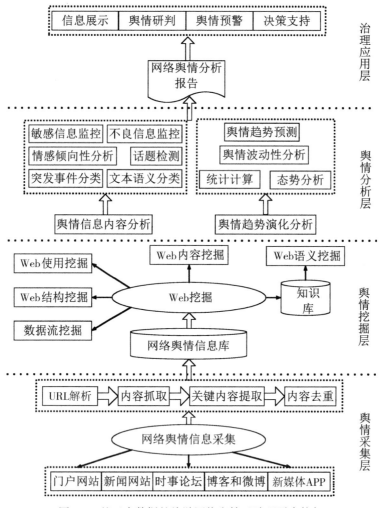

图 7-1 基于大数据的旅游网络舆情云治理平台构架

本层需要综合采用多种 Web 挖掘方法，除传统的 Web 使用挖掘、Web 结构挖掘和 Web 内容挖掘外，还需要采用以下两类挖掘技术：第一，Web 数据流挖掘。突发事件网络舆情在网络上的发生和演变具有极强的时空演化性，可以看成一种连续不断到达的、时变的、有序的且快速流动的数据元素组成的文本数据流，利用频繁项挖掘或突变检测等数据流挖掘方法可以快速获取敏感网页和话题。第二，Web语义挖掘。利用XML-Ontology技术对舆情信息库中的数据进行语义抽取、标注和描述，在此基础上建立与旅游突发事件相关领域的语义知识库，并利用工具挖掘舆情规律。

③舆情分析层

舆情分析层是本模型的核心层，也是实现突发事件舆情预警的前提。本层主要从舆情信息内容和舆情演变态势两个方面分析突发事件网络舆情的内容和发展趋势，并生成舆情分析报告。第一，舆情信息内容分析。主要实现网络突发事件的分类、应用语义分析对文本的分类、对论坛及评论中的舆情情感倾向性分析、对构成危害的敏感信息的监控和不良信息的过滤等功能。第二，舆情趋势演化分析。主要根据突发事件体现出的网页数量的变化、词频的变化、转载及扩散的变化建立合适的统计模型来分析演变态势和波动性，实现舆情演变的趋势监测功能①。

④治理应用层

本层主要根据在舆情分析层所得到的舆情分析报告，从舆情热度、特性、危险性等指标进行舆情信息评测，研判是否发布舆情预警信号，并提供舆情信息摘要、舆情简报等信息内容展示，为相关职能部门快速了解舆情动态、掌握热点事件突发事件的来龙去脉提供决策依据，从而进一步采取针对性的舆情治理措施。第一，热度研判。主要从报道量、点击量、评论量、发帖/发文量、转载/转播量和搜索量等多个数据指标来判断当前网民和媒体对事件或信息的关注度，判断是否可能形成并爆发网络舆情突发事件。通常，关注度或热度越高，越容易形成和爆发网络舆情，朝着存在安全隐患和不安全的路径演变；反之亦然。第二，特性研判。主要从事件或信息的主题敏感程度、内容真伪性和来源的权威性3个角度来判断其自身特性。其中，涉及公共安全、贫富差距、国计民生、公平公正等方面的主题为敏感主题，关注程度较高；内容真伪性主要是甄别

267

① 董坚峰. 基于Web挖掘的突发事件网络舆情预警研究［J］. 现代情报，2014，34（2）：43-47，51.

信息内容的虚假和失真性，避免被个别人或团体非法利用和转播，以谣言和讹传诋毁政府形象；来源的权威性主要是从信息发布者的知名度、活跃度、信息质量等角度研判，越是权威的信息越容易成为网络热点。因此，舆情特性越明显，隐含的不安全因素就越高，越容易向不安全和危险性路径发展演变。第三，危险性研判。主要从网络覆盖度、地域覆盖度、网民情绪、网民态度和行为等5个角度进行网络舆情的危险性研判。一般来说，网络和地域覆盖度越大，网民情绪越激动和愤怒，态度越负面，网络行为越偏激，危险性则越大，突发事件越容易产生或者激化。

（3）关键技术环节

上述平台模型介绍了各功能层能完成地对网络舆情突发事件从资源采集到事件预警治理的功能和流程，下面重点对突发事件监控与预警中的一些关键环节进行分析。

①突发事件分类。由突发事件引发的网络舆情信息，从内容形式来看主要为文本，因此，突发事件分类可以转化为文本分类问题。在具体实施时，可以通过网页内容的分类分析将相关主题网页都划分到同一个类别，并通过关联分析和序列分析追踪舆情源头，有效地辅助发现并预警不良信息，及时制止舆情的进一步突变，起到辅助决策支持的作用。

②文本数据流突发检测。文本流突发检测主要是借助Kleinberg方法来实现：在文本分类的基础上，针对某一特定主题的舆情文本，按照其到来的时间顺序定义为文本序列，利用形式化方法的无穷状态自动机对文本流进行建模。若 $\{t_1, t_2, \cdots, t_n, t_{n+1}, \cdots\}$ 为文本序列，两个文本的时间间隔为 x_t，x_t 随着单位时间内的文本数量的变化而变化。如果有突发事件，短时间内与此事件相关的文本增多，导致 x_t 变短，就将此时的状态定义为突发状态 S_b（Burst State），如果没有突发即为普通状态 S_n（Normal State）。从普通状态到突发状态的转换则可以通过时间间隔 x_t 的变化带来的改变检测到。

③趋势预测分析。通过对某个与突发事件相关的主题在不同的

时间段内被关注的程度进行跟踪，获取舆情随时间的发展变化趋势或规律，实现对舆情环境的监控和预警，进行适时控制和疏导。

④敏感话题监控。借助敏感词典等工具对突发事件、涉及内容安全的话题尤其是敏感话题进行有效监控和预警。一方面，根据舆情分析结果对用户关注的舆情内容进行有效分类，从中找出与突发事件主题相关的敏感话题；另一方面，根据分类结果评估分析突发事件网络舆情发展态势并给出预警信息。

⑤情感倾向分析。对网民发布的与突发事件主题相关的话题进行情感倾向性分析，了解和归纳网民的主流观点和情感趋势——赞同、反对、高兴或者悲伤，识别和统计其情感倾向及随时间的演化规律，从中获取与突发事件相关的各类征兆。

作为重要的大数据分析方法，Web 挖掘能在处理海量网络数据和发现隐含知识规律中充分发挥作用，进而实现网络舆情信息的自动化、智能化获取和深层次、多维化分析，达到突发事件网络舆情动态预警和辅助决策的目的。本书设计的基于大数据的旅游网络舆情云治理平台是将 Web 挖掘融入突发事件网络舆情分析、预警与治理应用中的一次有益探索，也是一种提高网络舆情预警监控系统智能化水平的有效途径，相关研究仍需在实践中进一步地检验和证明。

第8章 旅游网络舆情危机应对与处置

近年来，随着旅游经济的快速发展，发生在旅游目的地的负面旅游事件也层出不穷，与之相呼应的旅游网络舆情的高发频发突发态势，使得政府公共管理部门应对舆情危机压力倍增。与传统的公共舆情相比，旅游舆情的刺激性事件主体不再是政府这一唯一主体，涉旅企业、网络媒体、游客群体、普通消费者都是旅游舆情的刺激性主体。曾经发生在山东、云南、黑龙江等地的诸如"天价虾事件""雪乡宰客事件"等均是由于普通旅游消费者在旅游体验中遭受消费欺诈后经网络媒体的披露引发的网络舆情危机。旅游管理部门、涉旅企业等能否对危机做出积极的回应，化解公众情绪和引导舆论走向，是关系旅游网络舆情危机处置和舆情治理的重要议题。

8.1 旅游网络舆情危机

8.1.1 旅游网络舆情危机及其内涵

作为一种特殊的旅游危机类型，旅游网络舆情危机是由旅游网络舆情发酵产生的危机形态。根据世界旅游组织对于旅游危机的定义，"旅游危机是影响旅游者对一个旅游目的地的信心和扰乱继续正常经营的非预期性事件"①。近年来，随着旅游业的蓬勃发展，旅游市场中的各类乱象不断挑战游客的道德底线，也严重影响着旅游目的地的品牌形象、旅游管理部门的公信力。丽江古城的"打人事件"、内蒙古的"游客碾压草原事件"等均既是旅游危机事件，更是旅游网络舆情危机事件。

所谓旅游网络舆情危机，是指由旅游行业或者涉及旅游要素的某个或者某类特殊刺激事项引发的，危及旅游行业形象和产生发展、损害广大游客消费权益利益的舆情，该类舆情聚焦度高、敏感性强，容易在相对较短时间内产生大量信息并引起来自社会公众、社区社群网民的强烈的社会反应，并最终与刺激事物交互形成激烈的观点对抗甚至爆发冲突②。从这个意义上来看，旅游网络舆情危机的爆发有其刺激事项（如强制消费、消费欺诈、游客不文明行为、执法不公等)，也会通过各种网络社区甚至新媒体平台掀起高强度舆论冲突或者风暴，最终酝酿成影响社会公众的危机事件。可以说，旅游网络舆情危机既是一种影响政府公信决策的情境状态，也是一种危及社会及旅游组织目标和利益的突发事件通过网络传播形成的一种危险态势。对于旅游业来说，旅游网络舆情危机是指由旅游网络舆情演化而成的危机态势，即网民及媒体对旅游现象及相关议题表达意见、态度与行为倾向，而引起公众及有关主体的集中关注并使其发表意见、评论，形成对特定组织或个人具有严重威胁的舆情，组织或个人必须在物资、时间和信息有限的条件下快速做出决策的一种非常危险或者困难的状态。③

根据上述对于旅游网络舆情危机概念的描述，可以看出旅游网络舆情危机的具有以下形式要件：

271

---

① 付磊. 世界旅游组织发布《旅游业危机管理指南》[N]. 中国旅游报，2003-05-26.

② 刘毅. 网络舆情研究概论[M]. 天津：天津人民出版社，2007.

③ 梁俊山. 旅游网络舆情危机与政府治理创新——以五台山景区为例[M]. 北京：中国书籍出版社，2018.

(1) 网络媒介是旅游网络舆情危机生成的重要载体

互联网、移动互联网是重要的网络媒介，也是传播速度最快、受众范围最广的舆情媒介。在新媒体环境下，微博、微信、移动APP、抖音等媒体形式逐步取代了网络新闻、论坛等传统网络媒介，在舆情传播、话题热议、信息交互方面发挥了重要作用，成为旅游网络舆情危机形成的重要载体。

(2) 网民和媒体是旅游网络舆情危机的推动主体

旅游业是典型的体验经济代表，游客在旅游体验中的亲身经历和遭遇是旅游网络舆情的最好内容素材。借助网络媒体，网民将自身旅游体验发布到网络论坛或者自媒体平台上，从而引起其他网民的关注和共鸣。从信息传播的视角来讲，网民是旅游网络舆情的引发者和创造者，为媒体提供传播内容，而媒体为网民提供舆论空间。随着事件中大量网民的迅速围观，旅游网络舆情事件的关注度呈爆发式增长，最终使得旅游网络舆情事件转化为旅游网络舆情危机。

(3) 旅游热点议题是旅游网络舆情危机的核心

舆情的特质就是民众态度、情绪的反映，而受到广大网民关注的舆情则是热点议题。在旅游网络舆情中，能够演变为网络舆情危机的热点议题具备以下特征：第一，舆情事件本身的性质。即旅游热点议题本身的内容能否得到网友的广泛关注和讨论，是否涉及广大网民的切身利益。第二，议题爆发的后果。旅游热点事件爆发后事件的发展、爆发的后果以及影响的范围、变化程度等都将决定事件能否演化成舆情危机。第三，事件处置的结果。热点事件爆发后，相关责任主体应对处置的程序、方式、公平公正情况等都会影响事件处置的结果，也决定着其是否转化为舆情危机。

(4) 旅游网络舆情的恶化是导火索

旅游网络舆情的恶化主要是指在网络舆情出现一段时间后，由于相关责任主体对网络其他相关主体的诉求把握不当、处置不当、回应不当导致旅游网络舆情朝着不可控的方向发展，这也是旅游网络舆情危机形成的最终导火索。

8.1.2 旅游网络舆情危机特征

第一，涉事主体多元，主体诉求多样。

旅游业复杂的产业链结构和参与主体的多元性深刻影响着旅游网络舆情事件的发展和演化。无论是"青岛天价虾"事件、凤凰门票收费事件还是云南导游辱骂游客强制消费事件，涉及的参与主体既包括导游、游客、旅游服务提供商，还包括旅游目的地管理部门和从业人员，涵盖旅游吃住行游购娱等多类要素，这种涉事主体的多元性无疑使得旅游网络舆情危机处理难度变大。同时，涉及旅游舆情危机的各方诉求也呈现多样化特征，传统环境中一元化的舆论研讨态势很难在网络中再现，关于旅游议题的争执、分歧甚至对抗都借助网络舆情暴露出来。

旅游产品和服务提供的多元化影响着游客旅游体验，舆情危机涉事主体的多元化加大了危机处理的难度，舆情各方诉求的多样化更加加剧了危机演化速度，在这种情况下，旅游管理部门需要会同媒体、旅游服务提供商等对舆情危机进行协同应对，构建信息发布和危机应对机制有效处理危机。

第二，危机形势突发，事发原因复杂。

旅游网络舆情危机与其他危机一样具有突发性的特点，网络舆情本身就具有其鲜明的特点，即必然存在一个导火索或者爆点，这个爆点可以是一个表情，也可以是一个动作或言语，抑或一个事件。

分析近些年的旅游网络舆情危机事件，可以发现旅游网络舆情危机事件的爆点（事发原因）比较多样，但主要聚焦于涉及游客权益、利益、安全的方面，如景区规划不合理或者缺乏公共设施、旅游消费超出常规、低价团现象、导游强制消费现象、旅游目的地治安不好等。这些事件一旦被游客通过网络平台或者社交媒体进行曝光，必然会引发其他网民跟进和反馈，进而诱发网民群体不满及形成极化情绪。其中，旅游宰客是引发旅游舆情危机的主要原因之一。① 一般来说，游客外出旅游的目的主要是领略异地风土人情、释放生活压力、体验休闲娱乐等，对于旅游消费既有心理体验的预期，也有资金支出的预期。然而，部分商家为了攫取不当利润，采用"零团费""低价团"等名义招揽游客而后榨取游客钱财，甚至出现甩客、敲诈等情节恶劣事件。这些围绕破坏旅游经济市场秩序的事件屡屡引发纠纷，是舆情重要的爆点因素。以旅游宰客中最突出的餐饮业为例，近些年曝光的多起事件均与餐饮有关，尤其是在旅游旺季的知名旅游城市之中，涉及的餐品多为海鲜、酒水。此外，导游强制游客购物也是典型的旅游宰客现象，部分导游为了谋求高额回扣对所带团队中的游客进行威胁、谩骂、设置购物底线等事件频频发生，如"云南导游威胁游客买不够1万我把你弄死""云南谢江导游强制游客购物买得少饭都不让吃"等，这些事件极大地影响了旅游目的地的品牌形象，成为重要的舆情危机诱因。

可以说，在上述旅游网络舆情危机的成因中，游客作为旅游消费者，始终是旅游舆情危机的核心，即游客在旅游体验中的权益受损是舆情危机爆点，维护好、关注好游客权益成为化解和解决旅游网络舆情危机的关键。

第三，时空分布集中，影响后果巨大。

统计这些年来频发的旅游网络舆情危机事件，在时间和空间上的分布都呈现出极强的集中性规律，即时间上多聚焦于节假日，空间上多集中为经济较为落后的热门旅游目的地（景区）。之所以出现这种情况，一方面是由于节假日（含法定节假日及学生的寒暑假）游客出行较方便，人流量较集中，容易引发旅游舆情危机；另一方面是热门旅游目的地（景区）更加容易吸引游客前往旅游，而经济较为落后的景区则因缺乏相对完善的旅游配套设施、服务接待能力，旅游舆情危机意识也较为淡薄，导致旅游舆情危机频发。

另外，在时空上集中的旅游舆情危机事件扩散影响范围大、容

---

① 王历晴. 旅游网络舆情危机应对研究[D]. 长沙：湖南大学，2017.

易与其他事件产生共鸣共振甚至反复出现，破坏性更强，从而为旅游行业带来巨大的影响。

8.2 旅游网络舆情危机应对

旅游出行的增多，媒介环境的重大变革，增加了旅游网络舆情危机的发生频率和应对难度。旅游多部门的应对参与、网络自媒体等新媒体的介入、回应语言的得当与否，都影响着旅游网络舆情危机的处置效果。在旅游网络舆情危机应对中，厘清应对主体、应对速度、应对渠道和应对话语等要素是构建应对机制的关键，加强舆情引导、增强政府回应力则是妥善应对舆情危机的有效策略。

8.2.1 旅游网络舆情危机应对机制

旅游网络舆情危机应对机制是指针对舆情应对要求，由政府公共管理部门等舆情主体，借助互联网、新媒体、新闻发布会等渠道，运用科学合理的舆情话语化解舆情的工作方式。由于旅游网络舆情涉及面广、破坏性强、应对形势复杂，在具体应对时需要做好以下几个方面：

第一，确定舆情应对的对象和重点内容。

第二，协同旅游管理部门、涉旅企业、网络媒体等应对主体，制定舆情应对策略，有效开展舆情应对工作。

第三，制定舆情应对相关的各项预案和工作制度，包括日常舆情汇集制度、突发事件网络舆情应急预案、舆情应对领导责任制等。

第四，预防和疏导并举，及时回应和网络引导并举，推进舆情危机化解。

为了推进政府管理部门应对舆情危机，尤其是有效化解舆情危机，旅游网络舆情危机应对机制必须具备以下要素：

(1)应对主体

它是指承担网络舆情监测、危机预警和处置应对的机构和人员。其中,政府管理部门、涉旅企业、行业协会等是主要应对主体。基于旅游舆情危机波及面不仅局限于旅游业,其他行业行政管理部门也是重要的应对主体。一般来说,旅游网络舆情危机在涉及多主体协同应对时,应对主体类型可以划分为平行型、递增型、递减型、波浪型 4 种。① 其中,平行型即回应发生在同级部门之间或者同一部门内,回应主体往往比较固定,回应内容也相对来说比较简单。如凤凰古城闹停业事件、云南涉事导游对游客提出三大买满事件,当地旅游地仅作出一次回应或仅由单一部门作出回应。递增型即在回应时回应主体层级逐步向上递升,往往经历由最初的低层级部门回应到高层级部门介入,回应内容也从最初的就事论事到出台相关政策。如在张家口"草原天路"变景区收费事件中,由张北县旅游局、县物价局再到张家口市有关部门负责人,最后河北省人民政府新闻办公室官方微博发布取消收费的通知,回应部门呈上升趋势。递减型即回应主体的部门层级向下递减,由高层级向低层级主体跟进。如云南西双版纳的全国首例导游强迫交易案中,云南省旅游发展委员会通过官方网站发声明进行回应,此后由当地旅游管理部门进行回应和处理。波浪型回应是指回应主体在低层级与高层级之间交替回应,共同推进事件解决。如 2012 年春节"三亚宰客门"事件中,管理方先后以"零投诉"和"无法投诉"冷漠回应引发舆情,此后,三亚市政府新闻办连发 3 条微博回应,但由于回应内容存在争议再次引发舆情,此后市、县工商税务部门跟进调查并回应,最后以海南省副省长、三亚市委书记在新闻发布会上公开道歉落幕。可以看出,在这些应对主体中,不管是哪种类型,当地政府旅游管理部门(如旅游局、旅发委)、涉旅企业(如景区、酒店)、其他公共管理部门(宣传部门、执法部门)均是主要的应对主体。

---

① 陈婉聪. 网络舆情危机地方政府回应研究[D]. 广州:华南理工大学,2019.

（2）应对速度

应对速度是指在旅游危机事件曝光后，涉事部门作出回应的快慢程度，其衡量标准一般为回应速度和回应次数。其中，回应速度即从旅游网络舆情出现后，涉事主体通过新闻发布会、官微、官博等渠道回应事件的时间，回应次数是指在舆情事件不同的演化阶段，涉事主体回应的频次。2014年《国务院办公厅关于在政务公开工作中进一步做好政务舆情回应的通知》要求，为了提高政务舆情回应实效，对涉及特别重大、重大突发事件的政务舆情，要快速反应、及时发声，最迟应在24小时内举行新闻发布会，对其他政务舆情应在48小时内予以回应，并根据工作进展情况，持续发布权威信息。这里就体现了舆情应对的速度和次数要求。但是，在实际操作中，由于网络舆情的及时性和互动性特征，对其回应往往打破了这一规律，即将此时间远远缩短。如早在2010年，人民网舆情监测室就提出了"黄金4小时"概念，强调网络舆情应对要做到及时回应、及时引导，并给出了"速报事实、慎报原因"的回应工作原则。近年来，随着移动新媒体的传播和应用，舆情回应速度从"黄金4小时"又到了"黄金1小时"，做好舆情事件的"第一定义者"已经成为网络舆情应对的共识。在回应次数上，舆情回应也经历着从以往的单次发声到现在的多次发声。据不完全统计，旅游网络舆情回应次数平均达到5~7次，其中一些波动时间长、社会影响力大的事件甚至高达几十次。如2015年的"东方之星"沉没事件回应达到30次以上，回应主体包括长江航务、海事、当地政府等部门。

舆情回应次数除了与舆情事件影响程度、波动情况有关外，还与舆情事件演化有一定关系。从操作上来看，舆情回应应该把握舆情回应的关键时间点。在旅游网络舆情事件中，每个阶段都有第一时间。旅游危机事件的信息发布不能指望一次发布就可以解决所有问题，必须根据舆情事件演化的各个阶段、危机事件处理的各个关键时间节点实行动态发布，及时向社会公众通告事件的发展情况及相应的处置措施。首先，初期要正面发声。在事件初期，相关舆情尚未扩散，这也是澄清事实的最好时机。因此，事件初期一定要第一时间发声，尤其是借助权威主流媒体发声。尽管从传播时效来说，传统媒体不如网络媒体、新媒体快捷，但具有更高的权威度和公信力。在这种情况下，权威主流媒体可以在其官微或者网站上发布消息，及时满足公众对于事件信息的获取需求，尽量将事件化解在萌芽阶段。其次，中期要跟进阐释。旅游舆情事件涉及主体多、成因复杂、事件演化动态性强，因此需要在事件中期向公众详细阐释事件进展及采取的相应措施、政府各级各类部门在事件应对中的职责。值得注意的是，事件阐释并不是要政府包揽责任，而是需要政府表达出一种官方的态度，及时引导舆论走向和创造良好舆论环境，以便更好地处理舆情事件。最后，后期要放大正义。在舆情事件后期，回应舆情时要突出事件处理措施及效果，利用各类媒体报道正能量信息，尽量减少负面影响，以便总结经验和推进舆情事件的善后处理。

（3）应对渠道

网络舆情的应对渠道是指在舆情事件应对主体回应、引导、处置舆情的空间途径，包括线下渠道、传统网络渠道和新媒体渠道等。第一，旅游网络舆情应对的传统渠道主要是由旅游目的地政府、涉旅企业举行的新闻发布会、官方报纸、广播电视等。尤其是新闻发布会，能够全面地报道舆情事件及原因，往往是非常有效的应对渠道。但是传统渠道一般时效性和空间覆盖面有限，现在多借助网络新媒体渠道直播或者转播。如 2020 年初开始的新冠肺炎疫情，国务院多次召开新闻发布会，并以此为契机形成了疫情日报制度。第二，旅游网络舆情应对的传统网络渠道，包括政府及涉旅企业官网、新闻网站、网络论坛、网络社区、专题贴吧等。新媒体兴起之前，传统网络渠道在旅游网络舆情信息发布、引导和处理方面发挥了重要的作用，尤其是政府官网、新闻网站因其发布信息权威性高、信息系统全面、受众面广成为政府应对网络舆情危机的得力助手。第三，网络新媒体渠道。网络新媒体是伴随现代移动互联网、数字技术的广泛应用而产生的新媒体形态，包括微博、微信、直播、App 等。与传统网络媒体不同，网络新媒体具有实时性强、交互容易、碎片化表达及富媒体等特征，对于及时处置旅游网络舆情危机意义重大。近年来，一些典型旅游舆情事件都是在微博等新媒体平台上被报道和处理的，如"青岛天价虾"事件既是第一时间在微博上发布出来的，也是通过政府官方新浪微博等渠道逐步被平息和处理的。尤其是近两年来兴起的抖音、快手等直播平台，在舆情应对方面融合了微博微信及广播电视的优势，互动效果好，成为舆情应对的另一块阵地。

通过梳理近年来的旅游舆情应对案例，旅游舆情应对现在普遍采用多渠道并举的形式进行。也就是说，当旅游舆情事件爆发后，很少有单位依赖单一的渠道进行应对，多是几种方式并举，其中最常用的是微博、新闻网站和网络论坛共同发声，尤其是官方微博和微信公众号使用较多。另外，直播这一渠道也得到了应用，在旅游突发事件应急救援、疫情防控和监测方面部分旅游管理部门联合公安、应急等部门进行实时直播，起到了很好的效果。

（4）应对话语

应对话语是指舆情应对主体针对舆情事件进行回应的内容、语气、形式等。前已叙及，旅游网络舆情危机事件涉及面广、参与者众多，既有涉事游客，也有普通网民，更有利益驱动方和浑水摸鱼的第三方。在这种情况下，舆情应该采取什么样的话语非常重要，既要考虑话语内容，还要考虑话语的语气和形式。其中，话语内容需要根据舆情的核心诉求，或者舆情的聚焦点来确定相关的回应内容。如舆情关注的是事件的本质，则回应的内容就应该与事实真相相关；如舆情关注的是游客诉求，那么回应的内容应该包括诉求的理解及对应的具体解决措施。一般来说，旅游舆情事件涉事方多为游客，内容也多与解决问题、追求公平等诉求有关，因此回复话语则需要注意聚焦诉求相关话题，至少不能偏离太远，以免引起更大的舆情危机。对于旁观者来说，则更多的是追求真相，应对内容则应该聚集于舆情事件过程性信息及相关诱因。应对话语语气和形式则指回应时的语气语调及形式，如是公文语言、媒体语言还是媒体语言。一般来说，舆情回应过程中一定要区别公文语言与媒体语言，切忌官话套话，远离"语言吹捧"，警惕"雷言雷语"，避免过于绝对，保持诚恳的态度等。

8.2.2　旅游网络舆情危机应对策略

根据上文阐述的旅游网络舆情危机应对机制，结合危机应对的现实需求，可以从以下方面推进旅游网络舆情危机应对。①

(1)设立专门机构，建立健全舆情危机应对协同运作机制

旅游网络舆情牵涉的行业多，这就要求旅游业在应对网络舆情危机时，必须组织专门的应对机构，加强联动应对能力。鉴于此，旅游主管部门应该联合网宣、工商等部门，成立协同应急机构，承担旅游网络舆情危机研判、预警发布、紧急回应、事后总结等工作，逐步积累危机处置经验和优化网络舆情治理方案。以"东戴河旅游宰客"为例，当旅游突发事件出现时，辽宁市委、绥中县委县政府第一时间发声，在作出批示的同时成立了应急领导小组和工作小组，在查明事实真相的基础上第一时间召开新闻发布会，积极回应游客和网民的诉求。此后，绥中县委县政府认真总结经验教训，制定了系列措施和专项方案进行治理，采取遇到投诉就调查、事实确凿就关停、后果严重就立案等方式树立了政府作为形象。

构建旅游网络舆情协同应对机制，将政府管理部门、公安民警、社会媒体、行业协会等民间组织及广大公众纳入协同应急组织机构之中，整合社会应急管理资源和构建非常规突发事件管理机制，使各类应急组织机构、社会资源形成旅游网络舆情协同应急合力以推进旅游舆情危机事件的处置。

首先，建立旅游管理部门内部协同应对机制。作为旅游行业的政府管理部门，各级旅游管理部门(如文旅局、旅发委等)承担着对于旅游企业、旅游从业人员以及旅游消费者的管理和权益维护，

---

① 王历晴. 旅游网络舆情危机应对研究[D]. 长沙：湖南大学，2017.

也能第一时间在权责范围内对各类旅游事件进行处理。因此，建立旅游管理部门内的协同应急机制，包括旅游管理内部之间（如不同处室）、上级管理部门与下辖部门之间（如文旅局与旅游监管所）、管理部门与下辖景区之间的协同机制，能够更加有利于旅游网络舆情危机的解决，并且提高危机应对的效率。

其次，建立涉旅各职能部门之间的协同应急机制。旅游网络舆情危机爆发迅速、涉及面广，并且需要旅游目的地当地工商、税务、公安等部门的支持方能处理。如在哈尔滨天价鱼事件中，事件的处理牵动了省税务局、哈尔滨市政府、哈尔滨松北区政府、松北区市场监督管理局等各级管理部门，事件从披露到调查到解决是省市多个职能部门协同作用的结果。多部门协同应对旅游网络舆情危机，能够实现旅游舆情危机的快速调查和"第一时间"发声，避免出现调查失之偏颇、舆情大范围扩散等情况。当然，各职能部门之间的协同要求建有良好的沟通机制，能够及时沟通并第一时间对舆情危机进行反应，以此保障危机处理质量和旅游消费者的权益。

最后，建立旅游管理部门与媒体的协同应对机制。媒体，尤其是网络媒体是旅游网络舆情的"传导器"，是在舆情传播或舆情危机化解中不可或缺的角色。在旅游网络舆情危机爆发后，旅游管理部门一定要与媒体，尤其是政府官媒、重要门户网站建立沟通对话，积极开展舆情事件阐释工作。

（2）畅通沟通渠道，强化舆情应对技巧

一般来说，旅游网络舆情危机中出现的负面舆情往往源于监管领域投诉渠道不畅通或者问题处理有瑕疵，从而引起旅游消费者和网民的不满。因此，在旅游网络舆情危机应对时加强与游客、网民的沟通与互动，及时以真诚、公正公开的态度让对方了解管理部门的态度及事件处理进展，以高效沟通来及时疏导负面舆情和化解舆情危机。

首先，保障及时沟通。一旦爆发旅游舆情危机事件，管理部门应该及时与事件涉事主体（一般为游客）、事件爆料人进行沟通，就事件细节、预期解决方案等进行对话，并及时向社会公众和网民通报最新事件处理情况，从而将舆情引导主导权掌握在自己手中，将网络谣言、网络流言等扼杀在萌芽状态。其次，保障真诚沟通。网络舆情危机之所以爆发，就是因为事件相关责任主体在应对游客和网民时对于事件发布遮遮掩掩甚至发布一些扭曲事实、推卸责任的虚假信息，从而降低了游客及社会公众对于政府、旅游企业的信任感。可以说，向公众发布真实信息是保障公众知情权的必要要求，是构建政府、媒体和公众良性信息互动关系的基础，也是加强公众对于政府信任的基础。希冀借助虚假信息或者片面信息化解危机最终反而会加剧危机各方矛盾的激化，不利于事件的解决。最后，保障高效沟通。高效沟通既体现在旅游舆情危机各方主体沟通的即时性和全面性，也是构建各主体协同应对机制的基础。旅游网络舆情危机应对过程中充满了信息不对称，政府、媒体、网民、游客等一旦出现信息沟通不畅就会出现突发情况。因此，当出现旅游突发事件时，旅游管理部门和涉事企业不但要及时回应网民关注，向社会公众公布事件、前因后果及相关处理情况，还要正面引导公众参与旅游监管工作之中，让广大网民和游客成为旅游行业不良现象的监管者，从而实现旅游管理部门、媒体、公众的高效互动，共促共推风清气正的舆论场形成和旅游高质量发展。

为了提升旅游网络舆情应对效果，还需要掌握一定的舆情应对技巧，如主动承担责任以提升政府公信力、研判舆情发展趋势以分阶段化解危机、协同意见领袖以正面引导舆论、使用网络话语体系以拉近与网民公众的距离，等等。首先，主动担当责任。负责任是政府管理部门和旅游企业作为担当的首要条件，是构建良好政府公信力和企业品牌形象的前提。面对旅游突发事件，政府管理部门应该积极介入事件，主动发声表明态度、认真调研查清真相、不推诿责任以获取网民好感，从而获取舆论支持和社会认可，使得危机事件得以顺利化解。其次，研判舆情发展趋势。旅游舆情既不会凭空出现，也不会转瞬即逝，必然有其传播演化的生命周期。一旦爆发旅游负面舆情，管理部门需要联合宣传、网监等部门对其进行监测及跟踪研判，尤其是对于其所处的发生、扩散、高潮、回落等各阶段进行准确研判，制定预警方案和及时介入引导。一般来说，对处于发生及扩散阶段的舆情可以积极加以正面引导，借助官网官微、新闻发布会、组织活动等形式吸引媒体和公众注意力，从而营造良好的舆论环境和及时化解危机。再次，协同意见领袖。网络舆情议程设置主体话语权的分散和转移造就了大批网络意见领袖，他们通过介入旅游舆情事件的信息传播和阐释活动推动舆情事件向不同方向演化。为了便于旅游舆情危机的化解，旅游管理部门应该积极协同这些意见领袖，尤其是其中的旅游官员、旅游学者及旅游达人，使其成为旅游舆情应对中的中流砥柱，从而引导正面舆论场域的建立。最后，使用网络话语体系。在应对舆情危机时采取充满人情关怀和贴近网民生活的网络话语能够拉近管理部门与网民的距离，缓解双方的对立情绪，从而"润物细无声"地化解危机。尤其是一些旅游安全类事件，充满人文关怀的言语和人情味的表态能够让受害者及社会公众感受到关注和尊重，有利于舆情的缓解和后续事件的处置。

（3）加强信息监管，实现全过程动态应对

旅游网络舆情危机应对工作实际上是一项信息工作，应对的主要依据来自舆情监测部门或者系统对于动态舆情信息的监测和研判。其中，实时采集游客舆情是开展舆情信息监测的数据基础，尤其是对于游客在旅游过程中产生的旅行订票、景点游览、餐饮住宿消费、服务体验等信息需要进行全过程动态采集。通过对这些信息的动态采集和实时监测，可以发现与旅游业、旅游服务、旅游消费相关的热点信息、敏感信息，进而研判舆情趋势和引导舆论走向。目前，我国已经初步形成了覆盖全国的旅游信息监测体系。2016年 10 月，国家旅游局主导建成了国家旅游产业运行监测与应急指挥平台，陆续对接了国家旅游局假日旅游统计系统、旅游厕所管理系统、导游管理系统、旅行社管理系统、饭店统计管理系统等 15 个系统，实现了与四川、天津、宁夏、福建、重庆、广东、安徽等 17 个省(市、区)、144 个景区、558 路景区视频监控对接；同时，该平台还对接了旅游网上舆情、游客投诉等数据，可以及时了解游

283

客咨询及投诉情况①。与此同时，各个省（市）也开展了旅游行业监管平台建设的探索和实践，截至 2019 年 6 月 30 日，已有 24 个省市区的文化和旅游主管部门建成综合监测与应急指挥类信息化管理平台，占全国省份总数的 75%②。借助一系列旅游舆情监测综合平台建设和应用，全国范围内的跨区域、跨系统的信息共享格局基本形成，文旅行业信息系统整合工作有力推进，功能完善、互联互通、数据共享的旅游网络舆情综合监测和应急指挥体系业已构建，能够满足旅游舆情应对与危机处置的需求。

　　未来，旅游管理部门还应该进一步完善旅游舆情实时监测系统功能，扩大监测范围和数据规模，基于大数据分析、人工智能、智能信息处理等技术实现对于动态化、大数据化、非结构化旅游舆情信息的精准分析和研判，并构建专业化、科学化的舆情预警指标体系实现旅游网络舆情的智能预警与实时处理。

8.3　旅游网络舆情危机处置

　　作为危机管理的一部分，危机处置是公共管理部门应对危机并化解危机的重要步骤。旅游网络舆情危机的处置是指在确认危机发生后，由旅游舆情相关主体采取相应措施，消减危机损失，化解各方面矛盾的过程。在这个过程中，旅游主管部门等舆情处置主体需要综合协调各部门、资源和网络媒体，借助现代化危机监测预警技术和危机处置预案，对于旅游网络舆情进行综合治理并化解已经发生和潜在的危机风险。

8.3.1　旅游网络舆情危机处置的原则

　　综观各类旅游网络舆情危机事件，危机的发生或出现大多是由

---

　　① 李志刚. 国家旅游产业运行监测与应急指挥平台 10 月 1 日启动 行业监管添利器 服务游客出实招［N］. 中国旅游报，2016-10-02.

　　② 朱超. 我国旅游产业运行监测与应急指挥平台发展现状与趋势［J］. 电子技术与软件工程，2020（9）：208-211.

偶发因素引起的，但其背后也确实存在着一系列必然因素。从这种意义上来说，要做好旅游网络舆情危机处置，首先就是做好找到并解决这些背后隐藏的必然因素。基于以上考虑，可以按照"全程掌控、主动导控、分类处置"的原则进行旅游网络舆情危机的处置。

(1) 全程掌控原则

旅游舆情危机的发生并非一蹴而就，而是长期利益冲突和矛盾冲击的结果。旅游管理部门在处置舆情危机时，要全程掌控舆情危机演化的各个阶段事态发展，做到思路清晰、措施有力。危机事前要制定好处置预案，做到舆情处置有据可依；危机事中要适时发布舆情通报，既不推卸责任也不刻意炒作，主动设置议题积极应对舆论，化解各种矛盾；事后要妥善处置危机事件，用积极正面的舆论引导大众，用权威科学的信息击破谎言①。

(2) 主动导控原则

在处置旅游网络舆情危机时，旅游管理部门非常有必要构建完善的舆情主动导控机制，以掌控旅游网络舆情传播和议程设置中的话语权，如建立舆情导控工作机构、科学设置舆情议题、与媒体协同推进舆论走向等。此外，注意掌握舆情危机处置的尺度，既要在法律法规准绳内处置舆情危机，又要注意舆情处置的科学规律，遵循科学规律和理论制定旅游网络舆情危机应对与处置方案。

(3) 分类处置原则

在处置旅游网络舆情危机时，舆情监测人员和管理部门要根据不同的舆情类别进行快速反应，积极处置舆情事件。①问题类舆情。对于涉及旅游管理、旅游服务中出现的各类问题引发的舆情危机，要做到"及时致歉叫停、后续整改到位"，即及时向问题致损方道歉并进行内部整改，解决各类潜在危机的问题。②突发事件类

285

① 李小波. 谈互联网舆情危机处置中的艺术把握［J］. 公安学刊(浙江警察学院学报)，2010(1)：44-46.

舆情。对于涉及旅游安全、公共交通、公共卫生等突发事件，要"及时赶赴现场、尽快了解真相、实时通报进展"，使社会公众及时了解事件进展。③敏感类舆情。对于涉及政治、宗教及敏感群体(如官员、富人、明星及二代)的舆情危机事件，要做到"重讲态度，慎讲原因，防止炒作"，避免舆情危机的扩大化。④意见建议类舆情。对于涉及旅游消费者、社会公众对于旅游管理部门、旅游企业、旅游服务提出的各类意见和建议，要做到"及时致谢肯定，及时梳理归纳，后报落实效果"，保证舆情对于旅游行业的促进作用。⑤造谣诽谤类舆情。对于涉及旅游服务、旅游消费中造谣生事、恶意诋毁旅游企业、旅游品牌、旅游消费者的舆情危机，要做到"及时辟谣、澄清事实、依法问责"，减少舆情的负面影响，尤其是严重损害单位和个人名誉的，报公安机关依法惩处。

8.3.2 旅游网络舆情危机处置能力

网络舆情危机处置是一项建立在科学研判基础之上的政治性、技术性工作，需要舆情处置人员及相关管理人员具有丰富的危机处置能力①。

(1)政治动员能力

网络舆情作为现实社会事件在网络社会中的映射，是网络中的个体或者群体行为的体现。从政治角度来说，网络政治动员是网络中以网民为代表的政治个体或者群体借助网络媒介对网络社会中的其他个体(群体)或者现实中的其他人施加影响的政治行为体现，其实质上是一种政治信息传播行为。由于网络政治动员施加的影响可能对他人乃至政府管理部门产生影响甚至冲击，借助网络舆情管理规范网络政治信息传播，有利于增强政治动员能力。在旅游网络舆情处置中，把握政府政治动员能力实施的主体地位，有利于发挥

---

① 曾润喜，陈强，赵峰. 网络舆情在服务型政府建设中的影响与作用[J]. 图书情报工作，2010，54(13)：115-119.

旅游管理部门与媒体在维护政府公信力、旅游行业秩序和社会稳定方面的协同作用，也有利于借助政府权威合理回应游客和网民合理的政治诉求，引领全社会形成积极的网络政治动员。

（2）舆论驾驭能力

引导和驾驭公众舆论是政府作为的表现，也是维护社会稳定的基石。网络舆情在传播过程中具有"群体极化"和"蝴蝶效应"，稍不注意就会引发轩然大波。政府管理部门作为网络舆情的管控者和舆情危机处置的主体，必须具有掌握舆论、驾驭舆论的能力。一方面，政府要正确认识网络舆情，学会分辨舆论与言论。具体来说，就是政府对于网络舆情要有正确的认识，既不能将其视作洪水猛兽、避之不及，又不能抱有无所谓的态度，在应对舆情时疏忽大意。同时，要注意将公众言论和舆论加以区分，学会辨识公众正常言论和非正常言论。另一方面，政府管理部门要掌握舆论疏导和管理的相关技能，善于了解网络心理。了解网民心理和诉求是疏导舆情的前提，借助网络调研、大数据分析等技术手段和舆情监测管理平台把握网民心理、行为及诉求是有效疏导和驾驭舆论的重要技巧，实现全程管理、实时监测是系统疏导舆论的要求。

（3）形象再造能力

形象再造能力是指政府管理部门在舆情危机处置后对于危机涉及主体公众形象的再造，包括政府形象塑造能力和官员形象塑造能力。尽管旅游网络舆情危机事件的诱因和涉事主体大多与政府及官员无关，但由此产生的影响无疑会波及政府公信力和官员管理能力。因此，在舆情危机应对中，要注意对政府及官员形象的重塑：一是实现政务公开，优化组织和权力结构，努力构建电子政务；二是加强与民众互动，及时公布处置结果；三是提高官员职业素养和信息素养，强化网络对于政府行政及官员言行的监督。

（4）议程设置能力

网络新媒体的应用和旅游突发事件的跨界化导致旅游网络舆情

287

的议程设置权下放和设置者泛化，即普通的草根网民即可轻易设置议程，良莠不齐的网络议题干扰了公众的关注视角，也影响了公众对于政府议程设置主体地位的认知。目前，旅游管理部门对于突发事件网络舆情进行议程设置时往往处于被动和滞后的状态，网络舆情中的舆论引领和带动表率作用没有得到突显。因此，提升议程设置能力也是处置旅游网络舆情危机的重要能力。具体来说，一是要应对旅游网络舆情危机时做到"第一发声"，全方位、立体化地阐明政府态度和意见，把握议程设置主动权；二是加强与媒体的互动与协同，学习市场化媒体的先进舆论传播经验，整合媒体资源让其共同参与到网络舆情发布和阐释之中；三是加强"网络评论员"队伍建设，让政府发言人、管理人员代表、网络意见领袖共同参与对于网络舆情的内容把关和舆论引导之中。

（5）危机研判能力

网络舆情危机研判是危机处置的前提，也是政府应对舆情危机的依据。对于旅游网络舆情危机事件来说，其研判对象主要是舆情事件的波及范围、事件性质的严重程度等，研判主体多为专业的网络舆情分析师。具体而言，危机研判包括时空研判、民意研判、社会研判等。第一，时空研判，即对舆情发生的敏感时间和重要地点的初步判断，如舆情危机的发生地区是否为政治经济中心、波及范围是否广泛、发生时间是否重大或者为敏感节庆活动时间，是否会迁延日久等；第二，民意研判，即对舆情危机事件相关的媒体报道、网络评论的情感倾向进行分析研判，如是否带有负面、暴力等倾向，舆情危机是否会演化为舆情风暴等；第三，社会研判，即将舆情危机事件置于整个社会系统中进行系统考察的研判方式，其更加注重舆情危机对于政治民主、社会稳定、国民经济的作用和影响。

8.3.3　旅游网络舆情危机处置策略

（1）科学做好旅游网络舆情处置的顶层设计

旅游网络舆情处置涉及组织机构、技术方案、处置流程和管理预案等一整套体系，需要通过完善顶层设计保障舆情处置的科学性和效果。一般来说，网络舆情管理预案和与之配套的舆情管理机制是顶层设计的主要内容。① 其中，网络舆情管理预案涵盖了舆情监测、舆情研判、预警措施等多项内容，能够针对未来可能出现的舆情或者现有舆情可能的演化态势进行科学研判和采取后续行动，以此预防网络舆情的出现和控制舆情的蔓延。网络舆情预案分为引导性预案和管制性预案两类。其中，前者主要甄别不同来源的舆情信息并研判其风险，进而采取舆情引导措施，主要适用于由于信息不对称、沟通不及时引起的误解性舆情处置；管制性预案则主要针对不法舆情主体发布或者生产的蓄意攻击类舆情，如网络谣言、网络流言、网络暴力等，其主要目的是采取强制性措施管制舆情的生产与传播。此外，网络舆情管理机制涵盖舆情管理机构、主体责任落实、工作机制等方面内容，其主要目的是建立集中式应急处置指挥组织，成立专家咨询队伍和建立健全技术响应机制，实现对于网络舆情的实时监测、分析、预警和应对。

（2）建立健全旅游网络舆情预警和处置的组织体系

组织体系是实现旅游网络舆情处置的组织保障，也是推进网络舆情管理和处置的主体。近年来，我国非常重视各个行业领域的公共危机预警与处置工作，在国家安全、公共卫生等领域建立了相应的危机预警组织体系，中华人民共和国应急管理部、国务院应急管理办公室等更是从国家全局方面负责公共危机应急工作。针对频发旅游突发事件网络舆情，有必要构建科学合理的预警组织体系。

首先，建立协同联动各职能部门的横向体系，将文化旅游、宣传、应急管理、公安及市场监督、工商税务等职能部门纳入组织体系之中，建立各部门协同联动处置网络舆情的协作机制，形成覆盖多领域、多区域的工作网络；其次，建立上下协作的各职能部门参与的纵向体系，将中央、省、市、县（区）的各级宣传、文旅、维稳系统纳入工作网络之中，形成"点——线——面"式工作体系，

① 王雪乙兰. 基层政府处置网络舆情策略研究［D］. 宜昌：三峡大学，2019.

推进舆情预警和应急处置工作的全面开展。再次，建立政府、媒体、公众互动协作的立体体系，正如应急管理部新闻发言人申展利在 2019 中国网络媒体论坛中所表示的"希望与主流媒体建立舆情联动共享机制"一样，应急管理部希望借助主流媒体和商业平台的渠道优势、技术优势、人才优势，共同推进网络舆情引导和应急处置工作，① 网络舆情处置的立体体系由政府、媒体、社会机构、公众等多类主体共同组成，其中，政府是危机预警和舆情处置的主体，旅游行业协会、商业舆情机构、专业科研院所等社会机构承担舆情引导、阐释及危机预警等功能和提供技术支持，媒体是舆情处置的协同者，社会公众则是网络舆情的传播主体和受众。最后，建立线上线下联动的工作体系，旅游网络舆情危机处置既要搜集网络动态又要关注线下民意，并借助线上线下渠道感知舆情热点和了解危机演变态势，从而作出科学准确的应急处置决策部署。

（3）强化旅游网络舆情危机的源头监控

据不完全统计，近年来爆发的旅游网络舆情危机事件多发生在旅游行业内部，跨行业危机事件仅占少数，旅游舆情危机诱因内部化趋势明显。行业标准不确定、收费标准不统一、服务提供不到位、行业监管缺失、服务人员素质参差不齐等，造成了多种多样的旅游网络舆情危机。从行业自身出发，是控制舆情危机发生的有效途径。

在旅游舆情危机处置过程中，旅游行业管理部门应该定期对行业内部的规章制度履行情况、旅游企业经营情况、旅游服务提供情况等进行排查，重点排查涉事频率高、影响力大的旅游目的地及企业。一是排查旅游企业、旅游从业人员履行行业法律法规情况，查看是否存在欺骗消费者、宰客甩客等现象；二是排查旅游行政管理部门及工作人员履责尽职情况，查看是否存在监管不力、执法不

---

① 澎湃新闻. 应急管理部：希望与主流媒体建立舆情联动共享机制 [EB/OL]. http://m.aqsc.cn/news/201907/30/c111025.html, 2019-07-30.

严、与旅游企业沆瀣一气的情况；三是排查旅游危机事件处置中存在的问题，重点查看已经在网上多次曝光事件的处置情况。经过定期排查行业内部诱因，既能够防患于未然，又能向公众展示政府处置舆情危机的决策和公信力。

（4）动态调整危机处置策略

在目前的旅游网络舆情危机传播场域中，交错分布着多种媒体形态，除了随着智慧旅游应用兴起的两微一端外，网络出版物、网络短视频、社交网站、论坛贴吧等均成为网络舆情重要的传播载体。在旅游网络舆情危机处置过程中，舆情处置工作机构及人员既要熟练掌握舆情监测、分析的专业技术工具，还应熟悉不同的传播载体在舆情传播中的作用、功能及应用效果，以便更好地提出针对性的舆情处置方案。尤其是不同的载体渠道发布的信息内容、受众网民面、语言话语语态都不一样，在舆情处置中需要动态采用不同的策略。如景区、酒店官方的微博、App，舆情内容多为游客留言或者服务评价，舆情处置人员的回应话语形式、语态与百度贴吧、新闻网站上的就应该完全不一样。因此，舆情处置人员应该结合网民特点，针对性地采用不同类型、不同体裁的话语形式与游客进行沟通与回应，提高舆情回应效率和舆情处置能力。

（5）建立与完善旅游舆情网络问政机制

所谓网络问政，是指政府为应对以微博、微信等自媒体为代表的信息技术的高速发展环境下，公众政治参与的愿望日渐强烈带来的挑战而采取的新型管理模式①。借助网络问政平台，政府与公众可以实现双向互动，即政府可以收集民众关于政务情况的意见和建议，公众也可以直接表达出个人或者群众的利益诉求，推进公众议程进入政府决策议程和诉求问题的解决。一般来说，网络问政的形

291

---

① 中共中央宣传部舆情信息局. 舆情信息汇集分析机制研究［M］. 北京：学习出版社，2006.

式主要分为专题型网络问政、留言板型网络问政两类。① 随着移动互联网在政务管理中的应用深入，基于微内容、交互式网络问政成为当前网络问政的主流方式，如政务官微、直播问政等。第一，"专题型"网络问政，这是一种政府根据决策需要或地方发展需要在专门的问政平台上设置相关议题供公众讨论，从公众意见中筛选有代表性、参考价值的信息纳入政策议程。在这种模式中，政府在网络问政中处于主导地位，普通网民和公众不具备议题设置权或者议题设置权较弱，在旅游舆情危机处置上主要发挥危机事后处置的措施选择、效果评价等作用，在危机前的预防、危机中的实时交互处置上发挥作用有限。第二，"留言板型"网络问政，这是一种由政府在其官网、官微或第三方权威媒体上建立留言平台并提供公众信息交互的网络问政模式，相比"专题型"网络问政，公众可以相对自由、方便地将自己的诉求、建议以留言的方式发布在平台中供政府浏览、回复。"留言板型"网络问政是指政府在其官网、官方公众号或者相对权威的第三方网站上建立一个留言平台，公众通过该平台将自己的利益诉求以留言的形式进行发布，政府管理部门则在浏览、关注后进行相应回复。"留言板型"网络问政形式充分考虑了公众设置议程和交互的需要，是相对比较方便的问政形式。但该方式主要通过人工形式进行回复，对于处理数据庞大、事件复杂的舆情则有心无力，无法保证舆情危机处置的及时性。第三，政务微博、政务微信形式。这是借助微博、微信的广泛传播性和强交互性特征建立的新型网络问政形式，在舆情危机发布、危机全过程监管和事件处置方面发挥了重要作用。如"11.22"四川康定地震事件的发布和处置都是在"四川发布"这一四川省委省政府政务新媒体平台上完成的，关于舆情报道的及时性、政府应对的快速响应、网民的互动性等优势都在这一新媒体上得以体现，对于塑造政府形象、提高公信力具有重要的作用。

---

　　① 　王晨曦. 互联网环境下公众议程对政策议程的影响研究［D］. 武汉：华中科技大学，2015.

因此，在旅游网络舆情处置中，加强网络问政平台的建设和政府、网民互动问政机制的构建，一方面可以为网民倾听民意、表达诉求提供官方的渠道，让管理部门第一时间了解舆情民意，解决舆情危机；另一方面可以让公众更好地参与政府治理之中，起到良好的政务监督作用。

8.3.4 旅游网络舆情危机处置预案样本

×××× 市文化旅游和广播电视局突发事件及舆情处置应急预案①

为规范和完善 ×××× 市文化和旅游突发事件及舆情应对工作，切实提升对突发事件和舆情的综合研判、科学处置和正向引导能力，为全市文化和旅游工作健康有序发展营造良好的社会舆论环境，依据《国务院办公厅关于在政务公开工作中进一步做好政务舆情回应的通知》（国办发〔2016〕6 号）、《×××× 省人民政府突发公共事件总体应急预案》《×××× 省文化和旅游厅突发事件及舆情处置应急预案》和有关法律法规制定本预案。

（1）适用范围

本《预案》适用于全市文化和旅游系统，涉及对全市社会稳定、公共安全、人民群众生活可能产生重大影响的文化和旅游方面的突发事件舆情，以及国内外各类媒体对我市文旅业发展、宣传推广发布、文物保护利用、公共服务、公共安全和市场综合执法等新闻信息所引发的负面舆论的应急处置。

（2）工作原则

①把准方向，加强领导。文化和旅游突发事件及舆情应对处置

293

---

① 铁岭市文化旅游和广播电视局. 铁岭市文化旅游和广播电视局突发事件及舆情处置应急预案［EB/OL］.［2021-12-14］. http://www.tieling.gov.cn/eportal/ui? pageId=184358&articleKey=1315332&columnId=1303428.

工作要坚持把握正确的政治方向，坚持正向引导作用，并纳入×××
×市文化和旅游全局工作中统筹安排。成立××××市文化旅游和广播
电视局突发事件及舆情应急处置工作领导小组，在市委、市政府领
导下，具体组织实施应对处置工作。

②科学处置，注重实效。舆情处置坚持"属地管理、各司其
职"的原则。突发事件及舆情发生后，事发地行政部门要按要求上
报并协调相关部门，及时掌握准确情况，积极应对处置，管控舆论
炒作。第一时间向公众发布权威信息，最大限度避免和减少社会公
众猜测和媒体不实报道，牢牢掌握舆论主动权。

③预防为主，防治结合。建立科学有效的突发事件和舆情综合
研判机制、信息通报机制，及时发现和掌握涉及全市文化和旅游信
息动态、苗头性和预警性信息。尤其要加强对节假日期间全市文化
与旅游市场突发事件和舆情的监测，必要时采取法律、技术、政府
疏导等综合措施，妥善处置突发事件各类舆情。

（3）组织机构和职责

成立××××市文化旅游和广播电视局突发事件及舆情应急处
置工作领导小组，局党组书记、局长任组长，局分管业务工作的副
局长和市公共文化服务中心主要负责同志任副组长，机关各科室、
各县（市）区文化和旅游行政主管部门主要负责同志为小组成员。
领导小组负责制定全市文化和旅游突发事件及舆情应急处置方案、
综合研判和组织协调工作，并督导各县（市）区文化和旅游行政部
门科学有序开展相应工作。

领导小组办公室设在市局办公室。负责沟通协调本行业突发事
件舆情应急处置工作并向领导小组报告情况，组织执行领导小组工
作安排。

各县（市）区文化和旅游行政主管部门参照设立相关机构。

（4）工作程序

①综合研判预警。对全市文化和旅游可能引发重大舆论的突发
事件、热点敏感问题，及时搜集掌握相关信息，关注网络舆情，增

强舆情处置的前瞻性和实效性。局党组每季度进行一次舆情研判，明确阶段工作任务，对热点敏感问题提出预案，做到早发现、早报告、早处置。

②快速反应通报。各级文化和旅游行政主管部门要履行职责，突发事件舆情产生后，按相关应急响应程序，逐级报告情况。事发地文化和旅游行政主管部门原则上1小时内向上级行政部门和同级人民政府报告信息，特殊情况下，可直接向市文化和旅游行政部门报告。同时，按照《××××省人民政府突发公共事件总体应急预案》规定，逐级报告同级和上级人民政府。报告内容包括时间、地点、信息来源、事件性质、影响范围、事件发展趋势及已采取的措施等，确保及时续报有关情况。特殊情况下可先电话报告，然后做好续报工作。不得迟报、谎报、瞒报和漏报。同时启动应急处置预案，成立专门工作组，及时掌握真实情况并与相关部门沟通协调，妥善处置突发事件。及时通过官方渠道发布权威信息，及时跟踪并回复网络负面信息，正向引导社会舆论。重大舆情由市文化和旅游行政部门报告市政府，联合相关管理部门，统一发布权威信息。

③科学分类处置。全市各地出现的涉及文化和旅游重大突发事件及舆情，应严格执行保密法律法规和新闻宣传纪律等规定，按照事件和舆情具体性质，进行分类处置：

a. 公众诉求、质疑咨询类舆情。由职能部门依法依规提出办理、答复意见，经单位主要负责人审定后统一回复。能立即回复的要立即回复，需要办理后回复的，要及时告知诉求人并在办结当日及时回复处理意见和处理结果。

b. 对突发事件或敏感问题进行恶意传播或网络炒作类舆情。应依法告知事实真相和事件处置情况，并通过宣传部门和网络管理部门介入终止恶意传播或网络炒作行为。对已造成重大负面影响或严重损失，或经告知事实真相、事件处置情况后仍继续恶意传播或炒作的，应商请执法部门介入，依法依规进行查处。

c. 歪曲事实、恶意诽谤、煽动群众闹事，或涉嫌网上违法犯罪活动类的，要依法澄清事实真相，并报告公安部门依法进行查处。

④动态跟踪反馈。各级文化和旅游行政主管部门要明确专人对突发事件和重大舆情应急处置后的相关情况进行动态跟踪，并及时将处置效果、后续事态发展等情况反馈给本单位负责同志和上级行政主管部门，坚决预防负面舆情二次发酵，确保应急处置工作效果。

⑤认真评估总结。在突发事件或舆情影响趋于平稳或消除后，各级文化和旅游主管部门要对突发事件或负面舆情的产生原因、传播情况、处置情况，以及应急处置工作中存在的问题和不足等进行认真梳理、总结和反思，提出舆情应急管理的措施方法，并形成总结报告报送上级行政主管部门。

（5）工作保障

①保障人员设备。各级文化和旅游行政主管部门要配备必要的舆情监控设备和人员，保障必要的工作经费，建设政治素质高、责任心强、懂政策法规、应变能力强的舆论引导员队伍，做好日常舆论正向引导工作，为全市文化和旅游工作打好公众舆论基础。

②建立鼓励机制。对在突发事件及舆情应急处置工作中表现突出的集体和个人，应给予适当奖励；对工作不力、玩忽职守，甚至导致严重后果的，视情节轻重追究相关责任人责任。

第9章 新环境下的旅游网络舆情

旅游网络舆情的产生、发展与演化离不开环境的影响，以虚拟现实、5G为代表的新技术改变了舆情传播形式和态势，以智慧旅游、文创旅游为代表的新业态丰富了旅游网络舆情的内容，新冠肺炎疫情防控常态化则将旅游网络舆情推向更加复杂多变的发展趋势，新环境下旅游网络舆情的发展将为公共危机管理带来更多的挑战和机遇。

9.1 新技术环境下的旅游网络舆情

近年来，现代信息技术和通信技术正逐步改变着网络舆情传播的路径和依存的互联网空间。大数据技术已经在全球范围内改变着媒体生态，第五代移动术(5G)正在越来越广大的区域内推广，虚拟现实(VR)、增强现实(AR)、混合现实(MR)、人工智能(AI)、区块链(Blockchain)技术来势迅猛、潜力巨大。在未来数十年内，这些前沿技术的发展新技术的衍生将全面改变网络生态，对互联网和移动互联网的传播介质、传播特征产生颠覆性的影响。

9.1.1 移动通信技术的迭代发展和推广拓展了网络舆情传播的速度和渠道

从人类有传播活动以来，从语言到文字，从印刷术到电子媒介，传播媒介不断更新换代，并"深刻影响着社会结构"①。无论是传统媒介还是电子媒介甚至网络数字媒介，媒介技术的升级和变革推进着舆情的生成和传播，不断降低着舆情信息表达和传播的门槛，进而影响着网络舆情的传播。从 2G、3G、4G、5G 到未来的6G、7G 乃至"天网"，舆情传播的技术瓶颈不断突破，舆情表达无门槛化特征明显，媒体逐步实现了从传统广播、电视端转向网络移动端、视频端。如 2019 年，中国广播电视网络有限公司与天脉聚源合作打造了中国广电融媒云，提出了"移动优先、视频优先、落地优先"的发展战略；2021 年，中央电视台将 5G 技术纳入视频信息传播应用之中，从多媒体文件传输、新媒体直播、VR 应用、4K超高清直播等方面进行了规划部署。

与此同时，由于网速增加、流量费降低，视频直播渐成常态，直播问政、直播带货成为新的公共治理和舆情关注热点。如在新型冠状病毒疫情期间，多地党委、政府联合媒体在直播平台上发文通报疫情防控情况、复产复工情况，旅游目的地官员、导游在抖音、快手上直播带货、直播引流等现象也屡见不鲜。

9.1.2　5G 的应用推进了舆情传播场域的重构

5G，亦称第 5 代移动通信技术，是一种具有高速率、低时延和大连接特点的新一代宽带移动通信技术，也是当前人、机、物互联的物质基础。5G 的应用深刻影响着信息传播格局，并从发生地、传播主体、作用客体等方面重构了新媒体环境下的网络舆情传播场域。② 首先，以 5G 为技术基石的万物互联重构了网络舆情的发生场地。5G 具备的超大链接特性突破了传统信息传播中的时间、空间和人数的限制，并有机地将人、物借助物联网技术实现了互联，

① 陈力丹. 试看传播媒介如何影响社会结构——从古登堡到"第五媒体"[J]. 国际新闻界，2004(6)：33-35.
② 宋航，经羽伦 .5G 时代网络舆情的新特征[J]. 青年记者，2021，(9)：66-67.

从而形成了人-人、人-物、物-物互联格局，推进了网络舆情传播的物联网应用新格局。在这种格局之下，传统依附于互联网、移动互联网的舆情信息可能会衍生至物联网空间，舆情信息交互场景多元化趋势明显，"移动互联网舆情"或将演化为"物联网舆情"。其次，MGC 成为网络舆情新的信息内容来源。在以 5G 技术为代表的物联网环境中，分散在物联网空间中的"物"逐步从工具转化为信息内容的生成者，并具备信息自动采集、自动加工及传播的智能化特性。随着具有智能化的"物"加入网络舆情信息传播，其所携带的舆情观点、情感逐步演化为网络舆情传播的内容要素，即实现了机器生产内容(MGC, Machine Generate Content)，进而影响着网络舆情的内容表达。正如 2017 年 12 月 26 日新华社借助"媒体人工智能平台——媒体大脑"发布的 MGC 视频新闻《新华社发布国内首条MGC 视频新闻，媒体大脑来了!》所展现的，MGC 能够独立承担舆情内容表达，并能克服传统舆情生产中出现的情绪化、非理性化弊端，能够相对客观、完整地反映舆情所对应的现实或者事实。也就是说，借助于 5G 技术变革带来的物联网成为网络舆情新的智能化参与主体。再次，5G 改变了网络舆情传播结构，推进了"去中介化"的舆情交互网络构建。5G 技术的应用，使得传统 2G、3G 时代无法实现的虚拟现实(VR)、增强现实(AR)等技术从实验室走向社会应用，推进了以"人机互嵌"为技术基础的"赛博人"的出现及应用。普通网民借助一定的智能穿戴设备及 VR 应用软件即可成为"赛博人"在虚拟场景中进行交互，促进网络舆情信息在类人际传播中进行传播和交流。另外，5G 技术使得互联网上的任何一个人或物都能轻易成为网络信息交流的节点，信息发布、信息传播、信息接收"去中介化"特征明显，传统的信息中介价值逐步减少甚至消除，网络舆情"去中介化"交互网络逐步构建。最后，5G 环境下舆情表现形式流媒体化、网络舆情泛在化明显。基于 5G 网络的高速率和移动便捷化的实现，传统以图片、文字为主要呈现形式的舆情逐步被视频流媒体形式取代，网络舆情信息呈现富媒体特征，以富媒体视频为代表的舆情在用户间传播和交互，形成了视频社交新舆情交互范式。另外，5G 高达 10~20Gbit/s 的峰值速率促使舆情信息传播和演化呈现聚合即时化、传播短促化等特性，突破了舆情传播的时空限制和人数限制，任何一个移动终端、一个用户均可成为传播参与主体，网络舆情传播泛在化特征明显。

就旅游业而言，5G 的应用使得每位游客可以在便捷地应用移动手机终端的同时享受高速流媒体信息服务，从而发布和传播具有富媒体特征的舆情信息。同时，5G 的应用推进了智慧旅游的提质升级，重构了基于物联网、智慧旅游基础上的网络舆情场域，为用户带来了全新的舆情传播体验。

9.1.3　区块链技术的应用打造了全新的舆情机制

作为一种基于块链式数据结构来验证和存储数据的方式，区块链按照时间顺序将数据区块相连并提供数据安全服务。在信息传播中，区块链技术赋予数据传播和访问较大的安全性，使信息传播具有明显的不可篡改性和去中心化特征，从而可以方便用于打造全新的舆情机制。① 尤其是区块链构成节点能够实现信息可溯源、多节点辅助验证，保证了舆情信息传播的可信任和可约束。首先，区块链技术打造了全新舆情传播信任机制。由于区块链技术是利用块链式数据结构验证与存储数据，利用分布式节点共识算法生成和更新数据，因此在进行信息生产和传播时可以有效防止数据被篡改，也无法伪造数据。同时，区块链技术的实现本身就建立在各信息主体共识基础之上，共同的数据安全协议要求各主体遵守协议并履行管理、监督数据安全的义务。就网络舆情而言，一旦网民发布虚假信息，信息将迅速存储在各分布节点之上，若经系统标识为"虚假消息"或者"谣言"，信息发布记录将永久存储并记入个人诚信记录。从这种意义上来说，制造、发布和传播网络谣言的代价将极其大。区块链的这种信息机制可以有效地杜绝网络谣言、虚拟信息的发布

---

① 周婕. 基于区块链技术的大连高校舆情防控机制研究[J]. 图书馆学刊，2022，44（1）：13-20.

和传播，从而形成安全有序的网络舆情传播环境。其次，区块链技术构建了快捷方便的舆情追踪溯源机制。网络舆情工作之所以复杂，主要原因就是舆情监管无法有效触及数据真实性溯源跟踪和验证这一核心工作。利用区块链技术中的时间戳、交易哈希、共识机制，网络舆情信息一经上链则无法更改或删除，从而实现对于发布的舆情信息进行全过程溯源跟踪。值得注意的是，区块链可以将舆情信息传播的时间、过程等技术细节信息进行全过程记录，并将其与其他信息进行交叉验证，这也为舆情监管、预警研判提供了技术支撑。再次，区块链技术可以为用户提供更富有个性化的舆情信息服务。鉴于网络舆情对于政府决策、公众个人信息需求的重要性，舆情信息服务提供的便捷性、安全性及定制性成为决定服务质量的重要标准。一方面，广大网民希望能够在事件发生的第一时间获得舆情信息，满足其信息需求，并保证在信息获取、信息使用过程中的数据隐私安全性；另一方面，面对网络舆情中的信息爆炸，用户更加期望能够获得满足个人个性化需求的定制类舆情信息，而不是海量的虚假信息、无用信息。而区块链中的智能合约则可以根据其编程属性，结合用户的浏览足迹及专业方向等信息，实现分布式阅读数据的全收集，进行数据挖掘及分析，预测用户喜好倾向，根据其需求及浏览、评论、转发等偏好提供精准的个性化数字舆情服务。最后，区块链技术可以提供舆情传播和获取的隐私安全机制。基于区块链的信息传播网络，所有的用户信息交互都是通过私有云、哈希加密处理完成的，具有较强的匿名性和数据安全性。当前，旅游网络舆情信息资源离散分布于门户新闻网站、网络论坛、微信微博等自媒体网站、移动 App 和直播平台中，一旦用户想获取相关信息，必然得进行注册登录等操作，个人身份信息、隐私信息得不到保护；同理，舆情发布者的个人信息也因此受到威胁。区块链通过加密算法实现用户身份和个人数据的分离，网络唯一用户标识也是借助哈希计算后的哈希值，其他用户无法知晓其对应的真实用户身份。正是因为这种安全机制，用户在网络舆情交互中的隐私安全、言论自由得到了最大的保障。

9.1.4　虚拟现实技术改变了舆情传播形态并颠覆传统舆情传播方式

2015 年以来，随着信息技术的变革和网络带宽的提升，基于虚拟现实技术的沉浸式媒体得到逐步普及和应用，推进了网络舆情传播中的媒体融合。沉浸式媒体充分利用 VR、AR、360°视频等技术，营造了仿真式三维虚拟情境，拓展了用户的感知和行为系统，并改变着舆情传播方式。① 借助于虚拟现实等技术营造的沉浸式媒体情境，泛虚拟现实技术加持的媒介形态，很可能成为未来舆情传播的主要形态。该技术以计算机、电子信息、虚拟仿真技术为核心，通过将虚拟信息构建的情境叠加于现实或虚拟空间，形成一种多源信息融合的交互式三维动态场景和实体行为，让用户沉浸到高仿真的模拟环境中。根据虚拟信息和真实世界的交互方式，可将该技术划分为 VR、AR 和 MR 三个领域。其中，VR 技术通过建立一个全仿真虚拟空间，实现空间的元素按照一定规则与使用者进行交互。该空间独立存在时，就是 VR 虚拟现实；当其和真实世界叠加，就是 AR 增强现实；当把虚拟现实和增强现实融为一体，就是 MR 混合现实。

基于 VR 的沉浸式媒体具有不同于传统舆情的传播形态及特征。② 首先，增强了舆情传播受众的现场体验效果。借助于虚拟现实技术，受众可以感受到与传统实体环境不一样的虚拟交互场景，获取不一样的体验与感受，尤其是在一些用户在现场条件下无法到达或者无法轻易到达的场景中。不同于网络流媒体、网络直播等其他富媒体形态，VR 技术可以让受众在远离新闻现场的情况下通过

---

① Herrera F, Bailenson J, Weisz E, Ogle E, Zaki J. Building Long-term Empathy：A Large-scale Comparison of Traditional and Virtual Reality Perspective-taking[J]. PLoS One, 2018, 13(10).

② 王昊宇，丛红艳. VR 技术在新闻传播领域的应用研究[J]. 信息与电脑(理论版)，2021(14)：20-22.

各类穿戴设备获得良好的现场体验感，进而还原舆情事件现场及各种演化细节，提升受众对于舆情细节的把握和体验感，方便更好地分析和挖掘舆情内幕信息和规律。其次，打造了立体式舆情报道体系。VR技术在舆情传播中的应用，将传统舆情传播格局从传统的三维网络报道空间拓展到技术还原后的舆情事件现场，使得网民、受众能够在第一时间访问舆情事件现场，增强受众对于事件的直观感受。经VR技术还原后的现场细节性更强、立体呈现效果更佳，能给用户带来更多更有趣的交互和体验，促使他们对于舆情事件持续跟踪。最后，实现实时的反馈与互动。从技术实现来看，基于VR的舆情信息传播必须借助一定的特殊设备来实现，如智能穿戴头盔、眼镜、手套等，这些设备除了辅助用户体验外，还承担着信息采集、反馈功能，如记录用户在体验情境时的情绪、反应、生理特征等数据，这些数据可以通过信息网络反馈给传播者或者媒体，从而实现用户与传播者、媒体的双向互动，同时加速信息反馈和提高新闻传播的时效性。

可以预计，随着基于虚拟现实技术的沉浸式媒体的广泛应用，旅游网络舆情传播场景将在虚拟空间中进行重构，受众的感官功能和认知空间将在虚拟世界中加以延伸，用户体验感加强、信息交互加深，最终颠覆传统舆情传播方式。

9.2 新业态背景下的旅游网络舆情

2009年，国务院首次提出将旅游业建设成为国民经济的战略性支柱产业，并指出需要将其作为综合产业来发展。此后，随着旅游产业与其他产业的融合发展，旅游新业态化发展趋势明显，"旅游+消费""旅游+工业""旅游+农业""旅游+会展""旅游+体育""旅游+医疗""旅游+康养"等新业态形式不断呈现。旅游新业态为游客带来的全新消费体验催生了新的诉求，也赋予旅游网络舆情全新的内容。

9.2.1　旅游新业态

"业态"一词源于 20 世纪 60 年代的日本零售业，是零售店铺进行商品选品、客户选择、销售方式选择的主要经营模式。随着旅游业的纵深化、综合式发展，"业态"一词逐步被引入旅游业，主要描述旅游产品形式、经营组织方式、旅游资源配置等方面内容，而新业态则是依托技术创新和应用，从现有产业和领域中衍生叠加出的新环节、新链条、新活动形态①。旅游业与其他行业的融合交叉，催生出不同的新业态及相应的经营管理服务形式，推进旅游行业向着综合性方向发展。所谓旅游新业态，是指旅游围绕市场的发展和消费需求，与其他行业不断融合创造而产生的新的旅游产品及消费运营形式。相比构建于以观光游览为主的经济消费形式基础之上的传统旅游业态，旅游新业态则是以休闲娱乐享受为主的非经济消费模式，是以满足个性化的旅游需求为目的，旅游业及相关企业基于科技和产业融合，为旅游者提供新的旅游产品和服务而打造的一种非经济消费模式。

一般来说，旅游新业态主要包括新的旅游组织形态、新的旅游产品形态、新的旅游经营形态三大类型。② 第一，新的旅游组织形态，是指旅游市场中涌现出的新的组织形式。包括会展旅游集团、景观房产企业、旅游装备制造业等产业间融合出现的业务融合型新组织形态，携程、去哪儿网、驴妈妈等网络技术与旅游融合形成的新组织形态，连锁经营酒店、酒店联盟、旅游产业园等多类型、大批量旅游企业合作发展的新组织形态。第二，新的旅游产品形态，是根据市场需求开发出来的新的旅游产品。包括自驾车旅游、高铁旅游、邮轮旅游、太空旅游等与交通工具结合形成的新旅游产品形

①　李祎娟. 基于乡村旅游的民宿新业态及设计策略研究[D]. 长沙：湖南大学，2019.

②　郭峦. 旅游新业态的演进规律[J]. 沿海企业与科技，2011（7）：60-63.

态，夕阳红旅游、夏令营旅游、研学旅游等针对特定细分市场的新旅游产品形态，纯玩团、探险旅游、养生旅游、教育旅游等与特定出行目的结合产生的新旅游产品形态。第三，新的旅游经营形态，是企业销售旅游产品所表现出来的新经营形式。包括景点与旅行社形成的旅游专卖店、旅游大卖场，酒店和航空公司的联合营销等多类型企业形成的联合经营形态，马蜂窝网、艺龙网等现代网络技术、电子商务技术引入旅游产品销售出现的网络营销形式，广西的旅游大篷车、发放旅游消费券等借助新型营销途径和方式产生的新经营形式等。

9.2.2 旅游新业态背景下的网络舆情

旅游新业态的出现，为游客出行提供了更加丰富的选择，产业融合、现代科技与旅游融合也给游客带来了更好的情感体验。可以说，旅游新业态更好地满足了游客商务、养生、研学、休闲度假、情感、探奇等需求，并将其映射于网络舆情之中。

（1）情感体验和新产品开发成为网络舆情的主要诉求

随着游客物质生活条件的提高和对精神生活的追求，人们对旅游的需求不再仅限于"吃、住、行、游、娱、购"等传统要素，商务、养生、研学、休闲度假、情感、探奇等精神需求逐步纳入旅游产品设计要素之中。① 近年来，文旅演艺、研学旅行、电竞酒店、休闲农庄、冒险岛等旅游产品的不断推出正是满足游客情感体验需求的结果。如"印象刘三姐""魅力湘西"等大型文旅演艺节目几乎成了游客行程中的必备内容。一旦游客将这方面的需求表现在互联网上，就形成了诸如"哪里可以探险啊？""天门狐仙演艺好看不？""周末去休闲农庄玩些什么？"等议题。这些蕴含游客情感和新产品开发需求的舆情，一方面表达了旅游消费者对于新业态产品的情感

305

① 刘苏衡，穆杰，石洁. 旅游新业态背景下的旅游管理人才需求及培养思路[J]. 智库时代，2020（3）：239-240.

倾向的内在需求，另一方面也推动着旅游目的地政府、旅游企业根据需求开发新业态产品。

（2）产品非标准化和服务质量参差不齐成为网络舆情主要槽点

目前，旅游产业产品开发主要有两种模式，标准化和非标准化。以景区为例，国家旅游局于2012年出台的《旅游景区质量等级管理办法》成为国家 A 级旅游景区评定和景区创建标准化模式的依据，截至2021年底，全国共有 A 级景区 14196 个。但是，景区的标准化也带来了景区的同质化、大众化和外观上的千景一面，如仿城市广场的游客中心，雷同陈设布局的景区大门、停车场及游客通道等设施，除了景区内部个性文化上的差别以外，千景一面成为景区外在形式上的常态。① 与之相反，新业态化下旅游景区、旅游产品如果以标准化的形式提供往往会与旅游者的诉求相背离，从而影响消费者的认知。因此，当前的各种旅游新业态产品和服务大多是以非标准化的形式提供给消费者。这种做法有好的一面，如尊重了游客个性化需求、满足游客猎奇心理，但也有不好的一面，即很多旅游企业将非标准化当成了个性化甚至是随意化，在产品、服务提供方面随性而为，侵害了旅游消费者的利益。当然，也不乏部分游客对于新业态产品期望值过高，体验后发出"原来就是这样……"的感叹。因此，网民对于各种旅游新业态产品和服务的不满意或者达不到心理预期产生的失望情绪成为在互联网上宣泄的主要槽点，如《旅游演艺：粗制滥造观众不买账该多些新口味了》这篇报道则暗中指出了多地旅游演艺产品以重复、低劣、粗制滥造的节目糊弄消费者的现象②。其中，"现在的旅游演艺哪儿都有，有的一个地方就有好几处，可问题是，好的不多，有的甚至可以说是粗制滥造"成为很多游客的共识。

---

① 马牧青. 旅游景区开发与提升的新思考［N］. 中国旅游报，2019-01-01（003）.

② 海外网. 旅游演艺：粗制滥造观众不买账该多些新口味了［EB/OL］. https://www.finding.com.cn/html/ent/2022/0609/81969.html，2022-06-09.

(3)网络营销中的大数据杀熟和隐私安全舆情不容忽视

互联网和移动互联网的普及应用为旅游营销创造了便捷易用的技术环境，基于"移动互联网+旅游"的网络营销成为旅游新业态中的重要表现形式。近年来，随着越来越多的景区、酒店、旅行社在网上搭建电子商务平台，网络营销成为游客选择旅游产品、制定旅游决策的重要参考。尤其是去哪儿、携程、美团等OTA平台，更是聚合了线下各类优质旅游资源，成为消费者旅游出行的首选。但是，近年来，网上频频曝出携程、美团等OTA平台营销欺诈、大数据杀熟甚至是游客个人隐私泄露的舆情，严重影响了正常旅游市场秩序。

一般来说，有关旅游网络营销的舆情主要集中在以下几个方面：第一，消费陷阱。主要是指游客在网上预订了酒店、机票、门票后无法按网购价入住、退订退票收取高额手续费或者直接没收预付金、低价团游等。如网上出现的类似"团订房，商家违约，美团给出赔偿方案后突然取消，并大幅降低赔偿标准，欺诈消费者"的帖子。第二，大数据杀熟。主要指同样的商品或服务，老客户看到的价格反而比新客户要贵出许多的现象，这也是2018年网络舆情中的十大流行语之一。2022年8月2日晚，演员马天宇在微博(@马天宇)发文称，"你家数据'杀熟'有点恶心，明明三千多的票，点进去就变成六千多，最后变成一万多。吃相太难看!"并且直接@携程旅行网。随后，话题#马天宇吐槽携程旅行吃相太难看#登上微博热搜。数据显示，截至目前该话题的讨论高达2.5万次，阅读数达到7.7亿①。不只是携程，各大旅游电商平台都存在大数据杀熟现象。第三，隐私安全泄露。主要是指游客在OTA平台上的各种隐私信息(包括身份信息、预订信息、行程信息、偏好习惯等)被人为或者技术方式泄露出去，有的甚至被放到境外网站上进行售

---

① 新浪财经. 携程再现大数据"杀熟"疑云：明星发文吐槽，还曾多次被投诉……[EB/OL].[2022-08-05]. http://finance.sina.com.cn/chanjing/gsnews/2022-08-09/doc-imizmscv5492232.shtml.

卖。如2018年8月，多家媒体报道华住集团旗下5亿条酒店客户数据在境外暗网上被兜售，事件涉及的酒店有汉庭、美爵、禧玥、橘子、全季、星程、宜必思、海友等，有1.23亿条注册资料、1.3亿条入住身份信息和2.4亿条开房记录。① 可以看出，基于互联网的旅游新业态在方便消费者的同时，也蕴含着大量非安全性因素，与此相关的网络舆情不容忽视。

(4) 智慧旅游成为网络舆情治理的重点领域

作为重要的旅游新业态形式，智慧旅游融合了现代信息技术和旅游管理理念，借助物联网、云计算等技术和智能感知设备为旅游企业、旅游消费者和管理人员提供智能化、数字化服务。相比于传统旅游形态，智慧旅游将旅游管理、旅游服务、旅游营销等要素全部融于智能化系统平台之上，从而实现一站式服务。旅游管理部门和人员可以实时统计和监测旅游行业运行状况、游客流量，旅游企业可以实时查看游客情况并进行在线营销，游客可以借助平台LBS服务实现旅游全程的导游、导览、导航、导购。同时，智慧旅游平台还为游客提供了丰富的个性化服务和社交板块，方便游客交流旅游体验、感受智能服务。然而，由于各个旅游目的地和企业对于智慧旅游平台的重视程度不一样，资金投入和开发方式也不一样，导致游客对于智慧旅游服务体验千差万别，产生了很多负面评价。智慧旅游服务平台本身又直接接入移动互联网中，预留的接口和评价板块又更加方便了消费者"吐槽"。回应不及时、技术故障等普通的舆情事件经过平台发酵后，如果不能得到及时处理则会酿成重大舆情危机。另外，部分旅游企业为了扩大宣传和影响力，将景点照片、配套设施、旅游体验效果图等经过美化后置于智慧旅游平台显眼位置，让慕名而来的游客大呼上当，也成为网络舆情的热点话题。如2020年，国内多家景区陆续推出了"天空之镜"项目，并将

---

① 央广网. 华住集团被曝旗下5亿条酒店客户数据被兜售 警方已介入调查 [EB/OL]. [2018-08-31]. https://baijiahao.baidu.com/s?id = 1610288656935587647&wfr = spider&for = pc.

其置于平台网站、公众号显眼位置。有的景区的"天空之镜"因为面积小、镜面上布满脚印，直接盗用其他景区"天空之镜"项目效果图进行宣传以欺骗消费者，引起了非常大的舆情。

总体来说，旅游新业态的出现为游客提供了更加个性化、多样化的选择，成为旅游行业未来发展的风向标。旅游网络舆情作为对于现实旅游行业、旅游消费、旅游体验的客观反映，对于推动旅游业态升级、旅游行业可持续发展具有重要意义，旅游新业态中不完善、不合理的因素也应该成为未来旅游网络舆情治理的重要领域。

参 考 文 献

[1]梁俊山. 旅游网络舆情危机与政治治理创新——以五台山景区为例[M]. 中国书籍出版社，2018.

[2]王德胜. 企业危机预警管理模式研究[M]. 济南：山东人民出版社，2010.

[3]曾胜泉，文远竹，鲁钇山. 网络舆情学[M]. 广州：广东人民出版社，2021.

[4]黄鸣刚. 公共危机中的网络舆论预警研究——以浙江省为例[M]. 北京：中国广播电视出版社，2009.

[5]王来华. 舆情研究概论[M]. 天津：天津社会科学院出版社，2003.

[6]杜骏飞. 中国网络新闻事业管理[M]. 北京：中国人民大学出版社，2004.

[7]刘毅. 网络舆情研究概论[M]. 天津：天津人民出版社，2007.

[8]王国华，曾润喜，方付建. 解码网络舆情[M]. 武汉：华中科技大学出版社，2011.

[9]杨明刚. 大数据时代的网络舆情[M]. 深圳：海天出版社，2017.

[10]郑庆华，刘均，田锋，等. Web知识挖掘：理论、方法与应用[M]. 北京：科学出版社，2010.

[11]蒋大龙，马军. 网络舆情分析师教程[M]. 北京：电子工业出版社，2014.

[12]查先进. 信息分析[M]. 武汉：武汉大学出版社，2011.

[13]卢泰宏. 信息分析[M]. 广州：中山大学出版社，1998.

[14]郭庆光. 传播学教程[M]. 北京：中国人民大学出版社，1999.

[15]邱均平等. 网络计量学[M]. 北京：科学出版社，2010.

[16]孙建军，李江. 网络信息计量理论、工具与应用[M]. 北京：科学出版社，2009.

[17]柳军. 微内容网络舆情传播研究[M]. 武汉：武汉大学出版社，2015.

[18]蔡皖东. 网络舆情分析技术[M]. 北京：电子工业出版社，2018.

[19]邱均平，黄晓斌，段宇锋，等. 网络数据分析[M]. 北京：北京大学出版社，2004.

[20]郑庆华，刘均，田锋，等. Web知识挖掘：理论、方法与应用[M]. 北京：科学出版社，2010.

[21]王来华. 舆情研究概论[M]. 天津：天津社会科学院出版社，2003.

[22]中共中央宣传部舆情信息局. 舆情信息汇集分析机制研究[M]. 北京：学习出版社，2006.

[23]张春华. 网络舆情：社会学的阐释[M]. 社会科学文献出版社，2012.

[24]朱国圣. 突发事件网络舆情应对策略[M]. 北京：新华出版社，2014.

[25]魏超. 新媒体技术发展对网络舆情信息工作的影响研究[J]. 图书情报工作，2014，58(1)：30-34+71.

[26]宗利永，顾宝炎. 危机沟通视角下的网络舆情演变问题研究评述[J]. 情报杂志，2010，29(6)：34-37.

[27]付业勤. 旅游危机事件网络舆情的发生机理研究[J]. 合肥工业大学学报(社会科学版)，2014，28(6)：15-21.

[28]董坚峰，肖丽艳. 旅游突发事件中的网络舆情预警研究[J]. 现代情报，2015，35(6)：20-24.

[29]董坚峰，陈家鑫. 大数据背景下旅游突发事件的网络舆情治理

[J]. 福建电脑，2021，37（12）：17-21.

[30] 董坚峰. 基于 Web 挖掘的突发事件网络舆情预警研究[J]. 现代情报，2014，34（2）：43-47，51.

[31] 董坚峰，胡凤. 基于 OWL 本体的知识表示研究[J]. 情报理论与实践，2010（9）：89-92.

[32] 雷春，付业勤. 旅游网络舆情事件的时空分布与演化规律分析——以海南旅游热点事件为例[J]. 韶关学院学报，2014，35（1）：114-119.

[33] 高天琼. 转型期利益群体需要及其结构特点——以构建社会主义核心价值观为视角[J]. 湖北大学学报（哲学社会科学版），2015，42（1）：18-23.

[34] 李伟超，杨照方，潘颖婧，齐云飞. 大数据环境下网络舆情预警服务研究[J]. 情报工程，2020，6（6）：15-21.

[35] 陈楠. 政务新媒体：开展社会舆情治理的重要载体[J]. 传媒，2021（12）：53-55.

[36] 李净，谢霄男. 网络舆情治理中大数据技术的运用研究[J]. 东南传播，2020（3）：100-101.

[37] 付业勤，郑向敏. 网络新媒体时代旅游网络舆情研究：源起、价值与构想[J]. 河北学刊，2013，33（5）：182-184.

[38] 杜艳，海米提·依米提. 旅游危机事件研究——以新疆"7.5"事件为例[J]. 河北旅游职业学院学报，2011（1）：13-19.

[39] 王苗，张冰超. 社交媒体情境下旅游舆情传播路径研究——基于信息认知与情感渗透的耦合视角[J]. 财经问题研究，2020（7）：94-101.

[40] 付业勤，纪小美，郑向敏，雷春，郑文标. 旅游危机事件网络舆情的演化机理研究[J]. 江西科技师范大学学报，2014（4）：80-87.

[41] 李勇，蒋冠文，毛太田，蒋知义. 基于情感挖掘和话题分析的旅游舆情危机演化特征——以"丽江女游客被打"事件为例[J]. 旅游学刊，2019（9）：101-113.

[42] 马丽君，张家凤. 旅游危机事件网络舆情传播时空演化特征与

机理——基于网络关注度的分析[J]. 旅游导刊，2019（6）：26-47.

[43]孙海文，陆腊梅，何毅. 大数据时代网络舆情治理模式探讨[J]. 数字通信世界，2020（3）：283.

[44]钱彩平. 国外网络舆情治理：特色模式、典型经验与现实启示[J]. 天津行政学院学报，2019，21（6）：43-49+86.

[45]李靖宇. 新媒体背景下社会突发事件网络舆情传播特征与治理研究[J]. 新媒体研究，2022，8（8）：11-14.

[46]张俊杰. 大数据在网络舆情治理中的应用[J]. 中国国情国力，2021（1）：42-45.

[47]彭辉，姚颉靖. 我国政府应对网络舆情的现状及对策研究——基于33件网络舆情典型案例分析[J]. 北京交通大学学报（社会科学版），2014（3）：102-110.

[48]李小波. 谈互联网舆情危机处置中的艺术把握[J]. 公安学刊（浙江警察学院学报），2010（1）：44-46.

[49]朱超. 我国旅游产业运行监测与应急指挥平台发展现状与趋势[J]. 电子技术与软件工程，2020（9）：208-211.

[50]李莉，付业勤. 旅游危机事件的网络舆情主体特征研究——以凤凰古城收费事件为例[J]. 重庆交通大学学报（社会科学版），2015（2）：65-69.

[51]山杉. 旅游危机事件网络舆情传播机理及管控[J]. 宿州教育学院学报，2017（2）：13-14.

[52]左蒙，李昌祖. 网络舆情研究综述：从理论研究到实践应用[J]. 情报杂志，2017（10）：71-78+140.

[53] Herrera F, Bailenson J, Weisz E, Ogle E, Zaki J. Building Long-term Empathy：A Large-scale Comparison of Traditional and Virtual Reality Perspective-taking[J]. PLoS One，2018，13（10）.

[54] Woods WA. Transition Net Work Granmars for Natural Unguage Analysis[J]. CACM，1970，13（10）：591-60.

[55] TUmey P D. Thumbs up or thumbs down? Semantic orientation

applied to unsupervised classification of reviews［C］. Proceedings of the 40th Annual Meeting of the Association for Computational Linguistics, Philadelphia, 2002.

［56］Perez A G, Benjamins V R. Overview of knowledge sharing and reuse components: Ontologics and problem-solving methods［C］. Proceedings of the IJCAI-99 Workshop on Ontologics and Problem-Solving Methods. Stockholm: Sweden, 1999: 1-15.

［57］Peter D. Turney. Thumbs up or thumbs down? Semantic orientation applied to unsupervised classification of reviews［C］. Proceedings of the 40th Annual Meeting of the Association for Computational Linguistics, 2002: 417-424.

［58］Ko Fujimura, Takafumi Inoue, Massayuki Sugisaki. The eigenrumor algorithm for ranking blogs［C］. Proceedings of The 14th International World Wide Web Conference, 2005: 12-15.

［59］Du Y Y, Wu W, He Y X, et al. Microblog bursty feature detection based on dynamics model［C］. Proceedings of the International Conference on Systems and Informatics, 2012: 2304-2308.

［60］Thelwall Mike. Data Mining Emotion in Social Network Communication: Gender Differences in MySpace［J］. Journal of the American Society for Information Science and Technology, 2010(1): 190-199.

［61］董坚峰. 面向公共危机预警的网络舆情分析研究［D］. 武汉: 武汉大学, 2013.

［62］王珏. 中国网络民主发展现状与对策研究［D］. 长春: 吉林大学, 2017.

［63］赵丽莹. 网络民主对我国民主政治建设的影响及对策研究［D］. 哈尔滨: 东北农业大学, 2016.

［64］李小永. 自助游游客旅游信息消费特征研究［D］. 郑州: 河南财经政法大学, 2017.

［65］付业勤. 旅游危机事件网络舆情研究: 构成、机理与管控［D］.

常州：华侨大学，2014.

[66]李凤鸣.旅游危机事件中议程互动研究［D］.长沙：湖南大学，2018.

[67]黄敏.网络舆情中热点挖掘及文本倾向性分析技术的研究［D］.合肥：合肥工业大学，2011.

[68]王童.基于社会网络分析的突发公共卫生事件网络舆情研究［D］.银川：北方民族大学，2020.

[69]马帅.面向在线旅游服务的网络舆情监控与预警研究［D］.太原：山西财经大学，2019.

[70]郭晋珩.佳木斯市突发事件网络舆情预警分级研究［D］.哈尔滨：哈尔滨工业大学，2021.

[71]冯世强.负面网络舆情及其治理研究［D］.长沙：湖南师范大学，2010.

[72]王历晴.旅游网络舆情危机应对研究［D］.长沙：湖南大学，2017.

[73]李祎娟.基于乡村旅游的民宿新业态及设计策略研究［D］.长沙：湖南大学，2019.

[74]赵婉.疫情防控常态化下市级政府应对突发公共卫生事件精准治理研究［D］.太原：山西财经大学，2022.

[75]陈泺涵.重大突发公共卫生事件网络舆情治理研究［D］.南昌：南昌大学，2021.

[76]中国互联网络信息中心.第49次中国互联网络发展状况统计报告［EB/OL］.［2022-02-25］.http：//www.cnnic.net.cn/hlwfzyj/hlwxzbg/hlwt-jbg/202202/P020220721404263787858.pdf.

[77]铁岭市文化旅游和广播电视局.铁岭市文化旅游和广播电视局突发事件及舆情处置应急预案［EB/OL］.［2021-12-14］.http：//www.tieling.gov.cn/eportal/ui?pageId=184358&articleKey=1315332&colu-mnId=1303428.

[78]人民网-中国共产党新闻网.推进网络空间治理 习近平这样部署［EB/OL］.［2021-04-17］.http：//cpc.people.com.cn/n1/2021/0417/c1641 13-32080488.html.

［79］新浪网. 互联网行业自律［EB/OL］.［2005-02-06］. https://news.sina.com.cn/o/2005-02-06/10345069049s.shtml.

［80］彭波. 互联网治理的"中国经验"［EB/OL］.［2019-12-30］. http://www.chinareform.net/index.php?m=content&c=index&a=show&cat-id=48&id=35497.

［81］蚁坊软件. 上海迪士尼游客殴打演员事件舆情报告［EB/OL］.［2021-02-25］. https://www.eefung.com/hot-report/20210225165818.

［82］百度百科. 网络舆情分析师［EB/OL］.［2021-11-12］. https://baike.baidu.com/item/网络舆情分析师/5957188?fr=aladdin.

后　记

　　网络舆情作为一类特殊的信息客体，早在 21 世纪初就受到了来自图书情报、新闻传播、信息管理等领域学者的关注。2008 年，笔者在武汉大学攻读情报学博士学位时，就萌发了将情报学的信息分析方法融入网络舆情研究的想法，并将其付诸博士学位论文《面向公共危机预警的网络舆情分析研究》撰写之中，经过 4 年寒暑，博士论文终于完成，然而国内外网络舆情研究已经从单纯的技术管理角度演化为融技术分析、预警研判、综合治理于一体的综合管理交叉学科，涉及的领域也从单纯的社会舆情转向国计民生的各个领域。2011 年以后，笔者由于工作岗位调动，进入吉首大学旅游与管理工程学院从事旅游信息资源管理领域教学和研究，并以此为契机探索旅游网络舆情领域的研究。在国家旅游局规划基金项目"面向旅游危机事件处理的网络舆情预警机制研究"（14TACG017）、湖南省社科基金项目"微信息环境下的网络舆情智能分析研究"（14YBA318）、湖南省社科成果评审委员会课题"民族地区网络舆情生态治理研究"（XSP19YBC338）、湖南省教育厅科学研究项目"基于 Web 挖掘的网络舆情预警机制研究"（11C1051）、湖南省教育厅科学研究优秀青年项目"大数据背景下的旅游网络舆情生态治理模式及策略研究"（17B221）等课题的支持下，笔者及研究团队在近 10 年间从网络舆情预警分析转向综合治理研究，围绕旅游网络舆情分析、预警、治理开展了系统研究，并逐步形成了本书的写作思路。

317

顺延这一研究脉络，笔者从旅游危机事件中的网络舆情、旅游网络舆情的演化与传播、面向旅游危机预警的网络舆情信息工作、旅游网络舆情分析方法、旅游网络舆情分析模式、旅游网络舆情预警、旅游网络舆情治理、旅游网络舆情危机应对与处置等维度开展研究。这也构成了当前旅游网络舆情研究的理论体系和基本框架。这一体系尽管未能覆盖当前旅游网络舆情的全部领域，但也算是当前旅游网络舆情研究中的一个有益探索。笔者期望这本书能够抛砖引玉，引发广大旅游管理者、从业者、政府公共管理部门及相关领域研究者的思考，唤起更多的业界人士和学者关注旅游网络舆情这一特殊信息客体。

需要说明的是，笔者在研究过程中参考了大量文献、资料，尤其是华中科技大学王国华、曾润喜等教授领衔的舆情信息研究中心的成果，在此深表感谢。在写作过程中，笔者对引用资料尽可能地一一列举出来，但也存在疏忽或遗漏的可能，在此深表感谢和歉意。

本书在写作过程中，得到了笔者所带图书情报专业研究生的大力支持，尤其是2020级研究生陈家鑫、李亨特、曹逸伦等同学收集了大量资料，在此一并感谢。

显然，网络舆情研究方兴未艾，随着国家公共治理现代化的推进和旅游业的蓬勃发展，旅游网络舆情的研究和应用还有待完善。也许笔者所拟的研究体系和研究内容，难免会显得幼稚、粗糙，很多内容可能会有错误或者疏漏之处，很多观点可能会被日后的实践所证伪，敬请业界和学界的同行批评指正。

让我们共同为网络舆情研究的兴盛而努力。

董坚峰

2023 年 5 月 28 日于吉首大学